XQuery

Prof. Dr.-Ing. Wolfgang Lehner (geb. 1969) studierte Informatik an der Universität Erlangen-Nürnberg. Von 1995 bis 1998 war er dort als wissenschaftlicher Mitarbeiter am Lehrstuhl für Datenbanksysteme beschäftigt und promovierte 1998. Nach einem Aufenthalt am IBM Almaden Research Center, San Jose , Kalifornien, arbeitete er als wissenschaftlicher Assistent und schloss diese Tätigkeit mit der Habilitation ab. Seit Oktober 2002 ist er Inhaber des Lehrstuhls für Datenbanken an der Technischen Universität Dresden. Seine Arbeitsgebiete sind Architekturen von Datenbank- und Informationssystemen und deren Anwendungen. Im Bereich von XML-Datenbank-Lösungen ist er zudem als Berater in nationalen und internationalen Projekten tätig.

Dr.-Ing. Harald Schöning (geb. 1961) studierte Informatik an der Universität Kaiserslautern. Seit seiner Promotion 1993 ist er bei der Software AG beschäftigt, anfangs als Entwickler und Projektleiter für das Hochleistungsdatenbanksystem ADABAS, derzeit als Architekt des XML-Datenbanksystems Tamino, dem Marktführer unter den rein XML-basierten Datenbanksystemen. Lehraufträge an verschiedenen deutschen Universitäten und regelmäßige Seminare zum Thema »XML und Datenbanken« für die Deutsche Informatik-Akademie belegen sein Engagement in der Lehre. Er ist außerdem Autor des Buches »XML und Datenbanken« (Hanser, 2003).

xml.bibliothek

Die Titel der *xml.bibliothek* befassen sich mit der Extensible Markup Language XML und bieten aktuelles Wissen zu den neuen Sprachen des Web und ihren Anwendungen. Reihenherausgeber ist Prof. Dr. Robert Tolksdorf, FU Berlin.

Wolfgang Lehner · Harald Schöning

XQuery

Grundlagen und fortgeschrittene Methoden

dpunkt.verlag

E-Mail: info@xquery-buch.de

Lektorat: René Schönfeldt
Copy-Editing: Ursula Zimpfer, Herrenberg
Satz und Herstellung: VS Hegele, Dossenheim
Umschlaggestaltung: Helmut Kraus, Düsseldorf
Druck und Bindung: Koninklijke Wöhrmann B.V., Zutphen, Niederlande

Bibliografische Information Der Deutschen Bibliothek
Die Deutsche Bibliothek verzeichnet diese Publikation in der Deutschen National-
bibliografie; detaillierte bibliografische Daten sind im Internet über <http://dnd.ddb.de>
abrufbar.

ISBN 3-89864-266-6

1. Auflage 2004
Copyright © 2004 dpunkt.verlag GmbH
Ringstraße 19 b
69115 Heidelberg

Vorwort

»XML« – Kaum ein anderes Thema hat in der letzten Jahren so viel Schwung (positiv ausgedrückt) und Euphorie (negativ ausgedrückt) in die IT-Branche in summa gebracht. »XML« wurde als das Zaubermittel gegen alle Probleme bei der Speicherung und dem Austausch von (semi-)strukturierten Datenbeständen gesehen. In der Tat hat die Klarheit und Einfachheit der XML-Idee eine Vielzahl von Lösungen geschaffen, die den Austausch von Daten in Form elektronischer Dokumente gestatten.

Der Bereich der Datenbanken ist durch die rasante Entwicklung der XML-Verarbeitung insbesondere dadurch betroffen, dass XML-Dokumente nicht nur zum Datenaustausch, sondern auch als permanente Ablage von Daten verwendet werden. Die Speicherung in XML erfordert den Einsatz klassischer Datenbankfunktionalität wie die effiziente Suche bzw. die Möglichkeit, abgeleitete Sachverhalte durch Verknüpfung und Transformation bekannter Informationen zu erzeugen.

XQuery hat sich in den letzten Jahren als mächtiges und zugleich komplexes Werkzeug zur Abfrage von XML-Datenbeständen entwickelt und mittlerweile einen Status erreicht, der einer Verabschiedung als Standard sehr nahe ist. Eine Vielzahl sowohl frei verfügbarer als auch kommerzieller Systeme bietet bereits heute eine entsprechende Implementierung und damit einen XQuery-basierten Zugang zu XML-Datenbeständen an.

Sicherlich wird das relationale Datenmodell mit den entsprechenden Implementierungen und der seit drei Jahrzehnten stets weiterentwickelten Anfragesprache SQL seine Bedeutung nicht verlieren und XQuery wird sicherlich auch nicht als Nachfolger von SQL eingestuft werden dürfen, aber XQuery wird einen zentralen Platz neben SQL im Bereich des Zugriffs auf XML-basierte Datenbestände einnehmen.

Diese Mischung aus Tatsache und Vorhersage hat uns bewogen, ein eigenes XQuery-Buch zu schreiben. Ziel des Buches ist es, eine klare und auf die Sprachkonzepte fokussierte Einführung in die Anfragesprache XQuery zu geben, wobei zwei Aspekte stets berücksichtigt werden: Zum einen wird darauf verzichtet, das XML-Konzept in allgemeinster Breite zu behandeln, da mittlerweile zahlreiche und auch qualitativ hochwertige Publikationen existieren, die diesen Bereich vorzüglich abdecken. Zum anderen wird versucht, eine systematische und detaillierte Einführung mit einer Vielzahl von Beispielen und Übungsaufgaben zu geben. Im Vordergrund stehen dabei sprachliche Konzepte, so dass die hinter dieser Sprache stehende Idee dem Leser verdeutlicht und dieser zum »Spielen« mit der Sprache angeregt wird.

Das Buch eignet sich somit für den Anwendungsentwickler, der XQuery als Mittel zum Zugriff auf XML-basierte Datenbestände verwenden möchte (auch wenn aktuelle Implementierungen nicht den gesamten Sprachumfang bzw. proprietäre Dialekte unterstützen), und für den Einsatz als Lehrmaterial in Schulen und Hochschulen.

Danksagungen

Viele Personen waren indirekt an der Erstellung des Buches beteiligt. So geht ein allgemeiner Dank an alle Mitglieder des Lehrstuhls für Datenbanken der Technischen Universität Dresden. Im Speziellen seien dabei Herr Christian Kadner und Herr Christoph Künne genannt, die mit der Erstellung einer Vielzahl von Beispielen die Entstehung des Buches maßgeblich gefördert haben. Aus dem Kreise der Mitarbeiter der Software AG sei insbesondere Herrn Thorsten Fiebig und Herrn Dr. Walter Waterfeld gedankt, die als kompetente Ansprech- und Diskussionspartner fungiert haben. Des Weiteren geht Dank an alle Korrekturleser, namentlich an Frau Beate Trummer und Herrn Sven Schmidt, die das Manuskript durch ihre kritische Durchsicht erheblich in seiner Qualität gesteigert haben.

Das Buch wäre sicherlich auch nicht ohne die Unterstützung von René Schönfeldt vom dpunkt.verlag, der uns während des XQuery-Buchprojektes organisatorisch zur Seite stand, und Frau Zimpfer, die für eine sorgfältige Durchsicht des endgültigen Manuskripts verantwortlich zeichnet, entstanden; Beiden gilt es an dieser Stelle einen außerordentlichen Dank auszusprechen. Des Weiteren sei den vom Verlag bestimmten Gutachtern für die konstruktive Kritik gedankt. Der einzige uns namentlich bekannte Gutachter, Mario Jeckle, hat wertvolle Anregungen und Rückmeldungen gegeben. Umso mehr hat uns sein plötzlicher Tod betroffen gemacht.

Zum Schluss gilt der Dank insbesondere auch unseren Familien, die – trotz der Versprechen und Bemühungen, die durch das Buchpro-

jekt einhergehenden Belastungen zu minimieren – oftmals auf uns verzichten mussten und weitreichende Unterstützung geboten haben.
Ohne diesen Rückhalt wäre dieses Buchprojekt (wieder einmal) sicherlich nicht realisierbar gewesen.

Nach den vielen Dankesbekundungen wird es jetzt aber Zeit, mit
dem Buch zu beginnen. Wir wünschen allen Lesern viel Spaß mit der
XML-Anfragesprache XQuery, insbesondere beim Erlernen der Mächtigkeit und Flexibilität sowie beim Lösen der entsprechenden Übungsaufgaben.

Wolfgang Lehner und Harald Schöning
Dresden/Darmstadt, im Juni 2004

PS: Trotz sorgfältiger Erstellung und wiederholter Durchsicht ist das
Buch vermutlich nicht vollkommen fehlerfrei. Sollten Ihnen inhaltliche
Fehler auffallen, so sind wir für einen entsprechenden Hinweis per
E-Mail an `info@xquery-buch.de` dankbar. Korrekturen, aktuelle Er-
gänzungen und weiteres Folienmaterial zur direkten Verwendung in
Vorlesungen finden Sie darüber hinaus auf folgender Webseite:
`http://www.xquery-buch.de`.

Inhaltsverzeichnis

1 Einleitung

Die »eXtensible Markup Language« (XML) hat sich in den letzten Jahren als die zentrale Infrastruktur für den elektronischen Datenaustausch und für die Ablage (semi)-strukturierter Datenbestände etabliert.

Der Siegeszug von XML, der im Übrigen noch lange nicht abgeschlossen ist, sondern bei dem permanent weitere Gebiete erobert werden, basiert im Prinzip auf zwei Eigenschaften: Ein XML-Dokument ist zum einen einfach und klar strukturiert (und dadurch von Maschinen leicht verarbeitbar) und bis zu einem bestimmten Grad von Menschen les- und interpretierbar. Zum anderen ist ein XML-Dokument – im Unterschied zu einem ASCII-basierten Textdokument – an ein Schema gebunden und kann gegen dieses Schema validiert werden. Dieses Prinzip, welches als wesentliches Kennzeichen aus dem Bereich der Datenbanken stammt, bildet die Grundlage für jede Art des elektronischen Datenaustauschs, in dem sich die Partner an vereinbarte schematische Definitionen halten.

Die Existenz eines Schemas erlaubt somit den weitreichenden Einsatz von XML, angefangen von der elektronischen Bestellung über das Internet, der Formulierung eines Prozedurfernaufrufs in verteilten Systemen bis hin zur XML-basierten Rekonstruktion bereits in heterogenen Systemen existierender Datenbestände. Insbesondere der letzte Aspekt gewinnt aktuell unter dem Schlagwort der Informationsintegration (»information integration«) immer mehr an Bedeutung, wobei XML als generischer Ansatz zur Beschreibung individueller Datenbestände benutzt wird und dadurch eine XML-basierte Sicht über eine Vielzahl physisch autonom modellierter Datenbestände gelegt werden kann.

Neben Basiskonzepten wie XML selbst, XML Schema, XPath etc. hat sich in den letzten Jahren XQuery als eigenständige Anfragesprache mit dem Anspruch entwickelt, das zentrale Werkzeug zum Zugriff auf XML-Datenbestände zu sein, die entweder physisch in Form von XML-Dokumenten vorliegen oder nur virtuell existieren und durch eine Middleware-Schicht auf tatsächlich existierende autonome Systeme abgebildet werden. XQuery hat dabei das Ziel, nicht nur einen Zugriff auf XML-basierte Datenbestände zu realisieren, sondern weitreichende Möglichkeiten zur Filterung, Verknüpfung, Transformation und Konstruktion neuer XML-Dokumente zur Verfügung zu stellen. Der Umgang mit XML-Datenbanken und insbesondere die Kenntnis von XQuery wird in Zukunft den gleichen Rang wie SQL im Kontext relationaler Datenbanken einnehmen und damit fundamental sein. XQuery wird Eingang finden sowohl in den Bereich der Anwendungsentwicklung als auch in den Bereich der Lehre und Forschung. Dieser Tatsache versucht das vorliegende Buch Rechnung zu tragen und eine detaillierte Einführung in die zugrunde liegenden Sprachkonzepte von XQuery zu geben.

1.1   Warum ein XQuery-Buch?

Eine Vielzahl von Anwendungen basiert bereits auf XML-Technologien, wobei die strukturierte Ablage, der effiziente Zugriff sowie die Erzeugung abgeleiteter Datenbestände zentrale Anforderungen an XML-Technologien sind. Abbildung 1–1 zeigt die im Umfeld von XML existierenden Konzepte und Basistechnologien, wobei XQuery aus Sicht des Zugriffs auf Datenbestände einschließlich deren Filterung, Verknüpfung und Transformation eine Schlüsselrolle einnimmt.

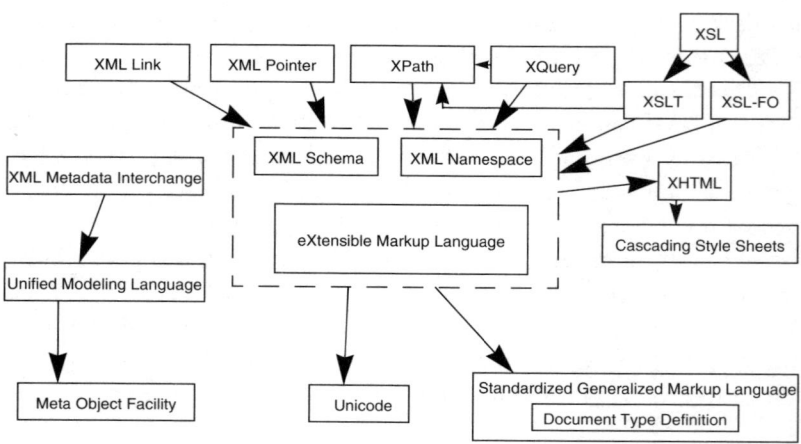

Abb. 1–1   Übersicht über die XML-Sprachfamilie (nach [Jeck03])

Insofern ist es an dieser Stelle wichtig, festzuhalten, dass das Buch *Konzentration auf XQuery*
nicht die gesamte Sprachfamilie abdecken kann, sondern sich auf
XQuery konzentriert, wobei zusätzlich eine Auffrischung von XML-
Grundkenntnissen wie XML-Strukturen, XML Schema etc. gegeben
wird.

Anmerkungen zur Darstellung von XML- und XQuery-Beispielen

Die Darstellung von XML-Fragmenten und XQuery-Anfragen zur *Download von Beispielen*
Illustration von Sprachkonzepten birgt das Problem der Darstellung,
da die Beispiele sehr schnell sehr voluminös geraten. Im Rahmen des
Buches wird versucht, nur die zentralen Punkte herauszuarbeiten, so
dass auf das Beispielszenario, welches unter http://www.xquery-buch.de
zum Download zur Verfügung steht, per Referenz verwiesen wird.

Des Weiteren sei an dieser Stelle angemerkt, dass die Ergebnisse
der Beispielanfragen oftmals insofern nicht ganz korrekt sind, als dass
sie für die Präsentation im Rahmen des Buches formatiert sind, indem
zusätzliche Leerzeichen und Zeilenabschlüsse eingefügt worden sind,
um die Lesbarkeit zu erhöhen. Der Leser möge diese Unexaktheiten
verzeihen.

Als letzte Anmerkung zur Darstellungsweise sei auf die Funktions- *Notation*
schreibweise hingewiesen. Bewusst wird an den Stellen im Buch, an
denen XQuery-Funktionen meist direkt am Beispiel eingeführt werden, die allgemeine Signatur in tabellarischer Form aufgeführt. Dabei
werden optionale Parameter mit einem []-Paar gekennzeichnet, so ist
zum Beispiel bei der Funktion fn:compare() die Angabe des Parameters
collation optional:

```
fn:compare(
   $comparand1 as xs:string?,
   $comparand2 as xs:string?[,
   $collation as xs:string])
as xs:integer?
```

In analoger Weise werden Signaturen von Funktionen kompakt dargestellt, wenn mehrere Varianten zur Auswahl stehen. Beispielsweise
existieren die beiden Funktionen fn:starts-with() bzw. fn:ends-
with(), die überprüfen, ob ein Suchstring in einer Zeichenkette jeweils
zu Beginn oder am Ende auftritt. Derartige Varianten in den Signatu-
ren werden verkürzt durch ein {}-Paar mit dem |-Symbol als Trenner
repräsentiert:

```
fn:{starts|ends}-with(
   $arg1 as xs:string?,
   $arg2 as xs:string? [,
   $collation as xs:string]) as xs:boolean
```

Das nebenstehende Symbol tritt immer dann auf, wenn eine Eigenschaft von XQuery ungewöhnlich ist oder die Gefahr, einen Fehler zu machen, besonders gegeben ist.

Gliederung des Buches

Die Gliederung des Buches orientiert sich an dem Anspruch, ein Lehrbuch mit Fokus auf die Anfragesprache XQuery und die damit einhergehenden Sprachkonzepte zu sein. Das einleitende Kapitel beschäftigt sich dabei im weiteren Verlauf mit der Historie von XQuery und gibt einen Überblick über den Umfang und den aktuellen Stand der XQuery-Standardisierung. Eine Beschreibung des Beispielszenarios, welches im weiteren Verlauf des Buches zur Illustration der XQuery-Sprachkonzepte herangezogen wird, schließt die einführenden Betrachtungen ab.

Basiskonzepte   Das zweite Kapitel widmet sich den XML-Basiskonzepten. Ziel des Kapitels ist es, die Grundkonzepte von XML so weit aufzuarbeiten, dass die XQuery-Mechanismen verstanden werden können. Beginnend mit dem generellen Aufbau von XML-Dokumenten werden dann ausführlich die Konzepte der Namensräume, der XML-Schemabeschreibung und der Realisierung von Verweisen in XML-Dokumenten erläutert. Insbesondere die Schemabeschreibung mit XML Schema repräsentiert eine wesentliche Grundlage, die für das Verständnis von XQuery fundamental ist. Das vorbereitende Kapitel schließt mit einem Ausblick auf XQuery und illustriert exemplarisch die Mächtigkeit der Anfragesprache.

Datenmodell von XQuery   Das der Anfragesprache XQuery zugrunde liegende Datenmodell wird in Kapitel 3 im Detail eingeführt. Begonnen wird dabei mit dem Konzept der Sequenz, welches die fundamentale Datenstruktur in Kontext von XQuery repräsentiert. Daran schließt sich die Beschreibung von atomaren Werten, des Vorgangs der Atomisierung und der Einführung spezieller Typen für XQuery am Beispiel der XQuery-Typhierarchie an. Die beiden darauf folgenden Abschnitte widmen sich der Aufarbeitung des Knotenkonzeptes, wobei zum einen die unterschiedlichen Knotenarten wie Element, Attribut etc. illustriert werden und zum anderen der Konstruktionsmechanismus einschließlich der unterschiedlichen Eigenschaften beschrieben wird. Das Kapitel über das XQuery-Datenmodell wird inhaltlich abgeschlossen durch die Darstellung von Typausdrücken, die eine Prüfung, Zuweisung, Zusicherung und eine Typabfrage ermöglichen.

XQuery-Sprachkonzepte   Die drei folgenden Kapitel 4, 5 und 6 behandeln den Kern der XQuery-Sprachkonzepte. Dabei konzentriert sich Kapitel 4 auf den

Mechanismus der Pfadausdrücke und erläutert im Detail den Mechanismus der Lokalisierungsschritte in Verbindung mit Navigationsachsen, Knotentests und zusätzlich existierenden Prädikaten. Kapitel 5 fokussiert sich auf die FLWOR[1]-Ausdrücke, wobei in einem ersten Teil die Semantik der unterschiedlichen Klauseln erklärt wird, während ein zweiter Teil sich auf die Formulierung von Verbund und Aggregationsanfragen konzentriert. Kapitel 6 arbeitet schließlich erweiterte Konzepte von XQuery auf. Dabei werden beispielsweise logische, konditionale und quantifizierende Ausdrücke beschrieben und am Beispiel illustriert.

Kapitel 7 stellt wesentliche Bestandteile der XQuery-Funktionsbibliothek vor, wobei mit Funktionen auf numerische und boolesche Werte begonnen wird und über Funktionen auf Zeichenketten zu der Verarbeitung von Zeit- und Datumsangaben übergegangen wird. Kapitel 7 wird abgeschlossen durch die Darstellung der Möglichkeit, benutzerdefinierte Funktionen in XQuery zu formulieren.

Funktionsbibliothek

Der letzte Teil der Vorstellung von XQuery-Sprachkonstrukten beherbergt in Kapitel 8 eine Beschreibung des Modulkonzeptes, des XQuery-Prologs und des Verarbeitungskonzeptes mit statischem und dynamischem Kontext.

XQuery-Prolog

Kapitel 9 gibt einen Ausblick auf zukünftige bzw. bereits stattfindende Entwicklungen, die jedoch (noch) nicht Gegenstand des aktuellen Standardisierungsprozesses sind. Hier werden Themen wie Änderungsoperationen an XML-Dokumenten, erweiterte Lesezugriffe (beispielsweise Sichtenkonzept) und XQueryX als XML-basierte Repräsentation einer XQuery-Anfrage in aller Kürze behandelt. Das Buch schließt mit einer Zusammenfassung (Kapitel 10) und einem umfangreichen Anhang, welcher zum Nachschlagen von Details dient.

Ausblick

1.2   XQuery-Standardisierung

Eine ausführliche Schilderung der teilweise recht komplexen Vorgänge der Standardisierung beim W3C würde den Rahmen dieses Buches sprengen. Ein kurzer Abriss der Geschichte von XQuery und einige Bemerkungen zum Fortschritt der Standardisierung sollen aber dennoch gegeben werden.

---

1. Das Akronym FLWOR steht für die Folge von For-, Let-, Where, Order-By- und Return-Klauseln.

1.2.1   Verlauf der Standardisierung

Schon kurz nach der endgültigen Verabschiedung von XML 1.0 durch das *World Wide Web Consortium* (W3C; `http://www.w3.org/`) im Februar 1998 war abzusehen, dass XML in vielen Bereichen des Web, aber auch in ganz lokalen Anwendungen eine entscheidende Rolle spielen würde, und zwar nicht nur als Format für den Datenaustausch, sondern auch als ein Format für die dauerhafte Ablage. Als Konsequenz entstand die Frage nach einer Anfragesprache für XML. Im Dezember 1998 veranstaltete das W3C einen Workshop zum Thema »Query-Sprache für XML« (`http://www.w3.org/TandS/QL/QL98/`), in dem viele Sprachvorschläge, aber auch grundsätzliche Betrachtungen zu den Anforderungen an eine XML-Anfragesprache (beispielsweise [Maie98]) diskutiert wurden. In der Folge wurde die *XML Query Working Group* beim W3C (`http://www.w3.org/XML/Query`) gegründet, deren Ergebnis eine konsolidierte Liste von Anforderungen an eine XML-Anfragesprache war [W3C-10]. Dabei wurde auch untersucht, ob überhaupt die Notwendigkeit einer eigenen Anfragesprache für XML besteht oder ob nicht eine etablierte Sprache wie etwa SQL diesen Zweck ebenso erfüllen könnte. Wegen der zu großen Unterschiede zwischen XML und dem relationalen Modell wurde jedoch die Definition einer eigenen Sprache angestrebt [Katz04].

Anforderungen an die Sprache

Es war von Anfang an unstrittig, dass die Aktivitäten der XML Query Working Group mit existierenden und entstehenden W3C-Standards koordiniert werden mussten, insbesondere mit XML 1.0 [W3C-3], XML Schema [W3C-14], XML Namespaces [W3C-4], XML Information Set [W3C-5] und XSLT [W3C-21]. Wegen der weiten Verbreitung von XPath [W3C-7], z. B. in W3C-Standards wie XSLT und XPointer [W3C-9], aber auch – in Ermangelung einer Alternative – als Anfragesprache für XML in kommerziellen Datenbanksystemen [Schö03], wurde beschlossen, XPath zu einem Teil von XQuery zu machen. Da gleichzeitig die XSL Working Group (`http://www.w3.org/Style/XSL/`) die Anforderungen für neue XPath-Funktionalität zusammentrug, und diese sich erheblich mit den Anforderungen an die neu zu definierende XML-Anfragesprache überschnitten, wurde beschlossen, XQuery gemeinsam in beiden Arbeitsgruppen zu entwickeln. Tatsächlich bilden XPath 2.0 und XQuery nun eine Familie von Spezifikationen und die Spezifikation für XPath 2.0 und die für XQuery werden aus einer gemeinsamen Textquelle erzeugt. XQuery ist allerdings nicht voll kompatibel zu XPath, XPath 2.0 hingegen schon. Auf derartige syntaktische Details wird im Rahmen dieses Buches aber nicht weiter eingegangen.

Koordination der Aktivitäten

Seit 1999 widmet sich die Working Group der Definition von XQuery als der standardisierten Anfragesprache für XML. Zur Ausgangsbasis dafür wurde die Sprache Quilt [ChRF00], die wiederum Bausteine aus verschiedenen anderen Sprachen (XPath, XQL [Robi99], XML-QL [DFF+98], SQL [ISO9075], OQL [CaAt96]) entnommen hatte – der Name weist deutlich darauf hin[2].

1.2.2   Fortschritt der Standardisierung

Obwohl die XML Query Working Group nun schon seit 1999 an der Standardisierung von XQuery arbeitet, liegt die Spezifikation nur als *Last Call Working Draft* vor (Stand Januar 2004). Das bedeutet, dass noch einmal Kommentare gesammelt werden, bevor die Arbeitsgruppe eine *Candidate Recommendation* erzeugt (falls die Kommentare nicht grundsätzliche Probleme aufwerfen). Die Herausgabe einer Candidate Recommendation ist eine Aufforderung, erste Implementierungen der Spezifikation zu erstellen, damit festgestellt werden kann, welche Teile der Spezifikation vielleicht noch der Überarbeitung bedürfen, weil sie schwierig zu implementieren oder aus anderen Gründen nicht praktikabel sind. Wenn es zu jedem Aspekt der Spezifikation Implementierungen gibt, kann die Arbeitsgruppe die Spezifikation zur *Proposed Recommendation* weitertreiben, die dann den Mitgliedern des W3C nochmals zur Begutachtung vorgelegt wird. Ist diese erfolgreich, wird die Spezifikation normalerweise zur *Recommendation*, erreicht also den endgültigen Stand der Standardisierung. In jeder vorherigen Stufe kann die Spezifikation wieder zum Working Draft werden, wenn schwerwiegende Mängel entdeckt werden.

Es ist also für XQuery noch ein langer Weg zur endgültigen Standardisierung. Allerdings gibt es schon sehr viele Implementierungen von XQuery (http://www.w3.org/XML/Query), die jedoch nicht alle den letzten Stand des Working Draft, sondern teilweise ältere Stände realisieren, und diese auch nicht immer vollständig.

Implementierungen

1.2.3   Teile der Spezifikation

Hatte die erste XML-Spezifikation (XML 1.0) noch aus einem einzigen Dokument mit wenigen Seiten bestanden, so zeigte sich schon mit XML Schema die Tendenz zu umfangreicheren Spezifikationen. Die XQuery-Arbeitsgruppe hat diesen Trend in den vier Jahren ihres Beste-

---

2.   Quilt bezeichnet eine Steppdeckenart, wie sie in Nordamerika aus verschiedenen Stoffstücken hergestellt wird (Patchwork).

hens fortgesetzt. Die Spezifikation zu XQuery und XPath 2.0 setzt sich (in ihrer ersten Version) aus zehn Einzeldokumenten zusammen:

- Die *XML Query Requirements* [W3C-10] fassen die Anforderungen an die zu standardisierende Anfragesprache zusammen. Sie werden allerdings immer noch fortentwickelt.
- *XPath Requirements Version 2.0* [W3C-15] ist das entsprechende Dokument mit Anforderungen an XPath 2.0.
- In den *XQuery Use Cases* [W3C-12] werden die Anwendungsfälle zusammengestellt, die von XQuery abgedeckt werden sollen. Die »Requirements« und die »Use Cases« waren die ersten beiden Dokumente aus der XQuery-Familie.
- Das *XQuery 1.0 and XPath 2.0 Data Model* [W3C-16] beschreibt das gemeinsame Datenmodell von XPath 2.0 und XQuery. Es übernimmt die sieben Knotenarten des XPath-1.0-Datenmodells. Als grundlegenden Datentyp von XQuery wird zudem noch die Sequenz eingeführt. Dieses Datenmodell wird in Kapitel 3 näher behandelt.
- In *XSLT 2.0 and XQuery 1.0 Serialization* [W3C-23] wird beschrieben, wie aus dem Ergebnis einer XQuery-Anfrage ein XML-Dokument (oder eine andere Ausgabeform) entsteht. Hierauf gehen wir in Abschnitt 8.3.3 näher ein.
- *XQuery 1.0 and XPath 2.0 Formal Semantics* [W3C-17] definiert eine Untermenge von XQuery, auf die alle XQuery-Anfragen abgebildet werden können. Die Semantik dieser Untermenge wird dort ebenfalls spezifiziert.
- *XQuery 1.0: An XML Query Language* [W3C-19] ist die eigentliche XQuery-Spezifikation. Hier werden die Syntax der Anfragesprache sowie ihre Semantik und ihr Verarbeitungsmodell definiert.
- *XML Syntax for XQuery 1.0 (XQueryX)* [W3C-20] definiert eine XML-basierte Syntax für XQuery. Dies war eine der Anforderungen an eine XML-Anfragesprache, die die XML Query Working Group schon sehr früh formuliert hatte. Ob diese XML-basierte Syntax Bestand haben wird, bleibt (aus unserer Sicht) abzuwarten.
- Die in XQuery eingebauten Funktionen sind in *XQuery 1.0 and XPath 2.0 Functions and Operators* [W3C-18] definiert. Wir behandeln sie in Kapitel 7. Außerdem werden in diesem Teil der Spezifikation so genannte Operatoren eingeführt, die nicht direkt aufgerufen werden können, sondern dazu dienen, die Semantik der XQuery-Operatoren (wie z. B. + oder gt) genau festzulegen.
- *XML Path Language (XPath) 2.0* [W3C-8] definiert XPath 2.0 und ist aus derselben Textquelle erzeugt wie [W3C-19].

Die meisten dieser Spezifikationen liegen im Augenblick (Juni 2004)   *Stand 12. November 2003*
im Stand vom 12. November 2003 als *Last Call Working Draft* vor. Es
gibt schon zwei weitere Spezifikationen (Abschnitt 9.4), die jedoch für
die erste Version von XQuery keine Rolle spielen werden.

1.2.4   Stand der XQuery-Implementierungen

Die Anzahl von Versuchen, XQuery im Rahmen einer Implementierung umzusetzen, ist mittlerweile recht hoch, wobei prinzipiell zwischen frei verfügbaren und kommerziellen Systemen differenziert werden muss. Alle verfügbaren Implementierungen unterscheiden sich
hinsichtlich der Umsetzung des Sprachstandards sowohl untereinander
als auch zeitlich gesehen mit Blick auf die ständige Weiterentwicklung.
Eine Auflistung der entsprechenden Implementierungen würde den
Rahmen des Buches sprengen, so dass an dieser Stelle auf das von
W3C gepflegte Verzeichnis (http://www.w3.org/XML/Query/) verwiesen
wird.

1.3   Beispielszenario

Durch das gesamte Buch hindurch zieht sich das Beispielszenario der
»Hochwaldklinik«, welches als Grundlage für die zahlreichen Erklä-
rungen dient. Als Diskursbereich wird (radikal vereinfacht) die Verwaltung eines Krankenhauses mit all seinen Einrichtungen, Mitarbeitern und Patienten betrachtet.

Die Abbildung auf das XML-Datenmodell resultiert in zwei Klassen von Datenbeständen – Stammdaten und Bewegungsdaten. Stammdaten beschreiben das Krankenhaus zusammen mit den dazugehörigen
Einrichtungen und Mitarbeitern. Den größten Teil der Bewegungsdaten nehmen die Patientendaten ein, wobei zusätzlich die Zeiterfassung
und Verbrauchsartikel aufgezeichnet werden.

Das Beispielszenario ist elektronisch verfügbar unter http://
www.xquery-buch.de.

Stammdaten

Die Stammdaten sind in der XML-Datei Hochwaldklinik.xml abgelegt.
Eine Klinik ist in dem Beispielszenario durch eine Bezeichnung der Ein-
richtung, eine Adresse (Datentyp Adresse_T) und durch drei weitere
Bereiche beschrieben (Abbildung 1–2):

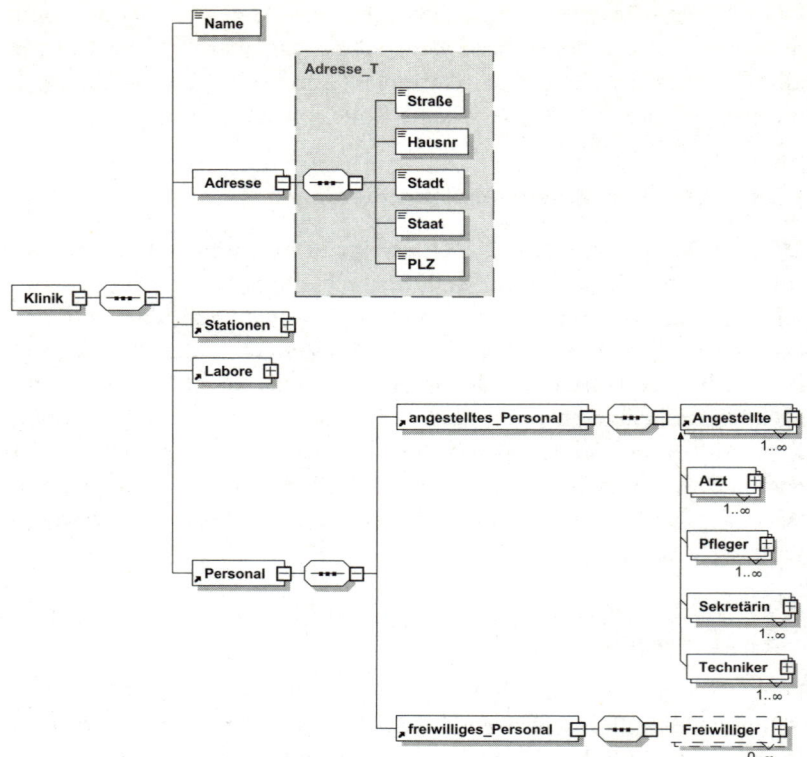

Abb. 1–2   *Aufbau des Krankenhausszenarios*

■ *Stationen*

Ein Krankenhaus kann eine Vielzahl unterschiedlicher Stationen umfassen, wobei jede Station durch einen Namen, einen Standort und eine a priori unbegrenzte Anzahl von Betten beschrieben ist. Darüber hinaus ist jeder Station ein Pfleger in Form einer Referenz auf einen Mitarbeiter des Pflegepersonals zugeordnet (Abbildung 1–3).

■ *Labore*

In Analogie zu den Stationen existieren Laboreinrichtungen, die ebenfalls durch eine Bezeichnung und einen Standort näher charakterisiert werden. Während es jedoch mindestens eine Station in einem Krankenhaus geben muss, kann auf externe Laboratorien zurückgegriffen werden, so dass nicht notwendigerweise ein Krankenhaus auch ein Labor aufweisen muss.

Abbildung 1–3 zeigt den Aufbau der Stationen und der dem Krankenhaus zugeordneten Laboreinrichtungen.

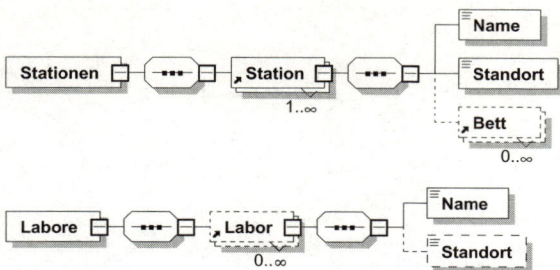

Abb. 1–3   *Strukturierung der Stationen und der Laboreinrichtungen*

■ *Personal*

Das Personal des Krankenhauses gliedert sich in den Teil der Freiwilligen und des fest angestellten Personals, welches wiederum in vier unterschiedliche Kategorien unterteilt wird (Abbildung 1–2).

Freiwillige Mitarbeiter weisen neben den Angaben zu Name, Adresse, Geburtsdatum und Telefon weiterhin eine innerhalb des Krankenhauses eindeutige Nummer, eine besondere Fähigkeit und Angaben bezüglich der Zugehörigkeit zu einer Berufsklasse auf. Abbildung 1–4 zeigt die Struktur innerhalb des entsprechenden XML-Dokumentes. Der Datentyp Person_T für persönliche Angaben wie Name, Adresse etc. wird dabei von allen Entitäten, die Personalinformationen (Ärzte, Patienten etc.) repräsentieren, verwendet.

Die weiteren Berufsgruppen des angestellten Personals umfassen Ärzte, Pfleger, Techniker und Sekretärinnen, die jeweils neben den Angaben zur Person mit entsprechend eindeutiger Nummer weitere Attribute für E-Mail und Einstellungsdatum und jeweils berufsgruppenspezifische Eigenschaften zur detaillierten Beschreibung besitzen.

Abbildung 1–5 zeigt die Struktur des bezahlten Personals mit den zusätzlichen Eigenschaften; so besitzen Ärzte neben einer bestimmten Fähigkeit ein Spezialgebiet und eine Pagernummer, unter welcher der Arzt innerhalb der Klinik erreichbar ist. Pfleger können maximal fünf Zertifikate aufweisen; Techniker weisen sich durch ihre besondere Fähigkeit (Labortechniker, Haustechniker, ...) aus. Wichtig ist an dieser Stelle, dass alle Eigenschaften von dem Obertyp Angestellte mit Angaben zur Person (Person_T) und Angaben zum Angestelltenverhältnis geerbt werden.

In die Kategorie der Stammdaten fällt weiterhin das Verzeichnis aller Verbrauchsartikel, welches in der gleichnamigen Datei Verbrauchsartikel.xml abgespeichert ist. Abbildung 1–6 zeigt die entsprechende Struktur, wobei ein Attribut Medikament des Elementes Artikel eine

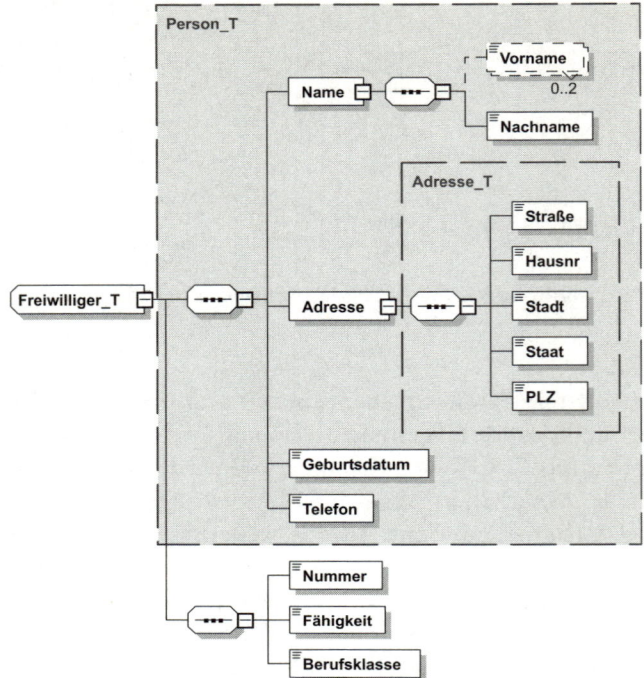

Abb. 1–4   *Strukturierung freiwillig Tätiger*

Unterscheidung in »Allgemeines Verbrauchsmaterial« und »Medikamente« erlaubt.

Patientendaten

Der zweite große Bereich des Beispielszenarios umfasst die Ablage von
Patienteninformationen (Datentyp Patient_T). Auf oberster Ebene
werden die beiden Klassen von stationären und ambulanten Patienten
unterschieden (Abbildung 1–7). Jeder Patient hat selbstverständlich
Angaben zur Person für Name, Adresse, Geburtsdatum und Telefon
und ist damit eine Spezialisierung des Datentyps Person_T. Darüber
hinaus weisen Patienten ein Kontaktdatum und die Anamnese sowie
die durchgeführten Untersuchungen und die erhaltenen Leistungen
auf. Eine Untersuchung umfasst ein Datum, eine Angabe über Art und
Menge der verbrauchten Artikel, mehrere Befunde und einen Verweis
in Form einer XLink-Angabe auf den behandelnden Arzt.

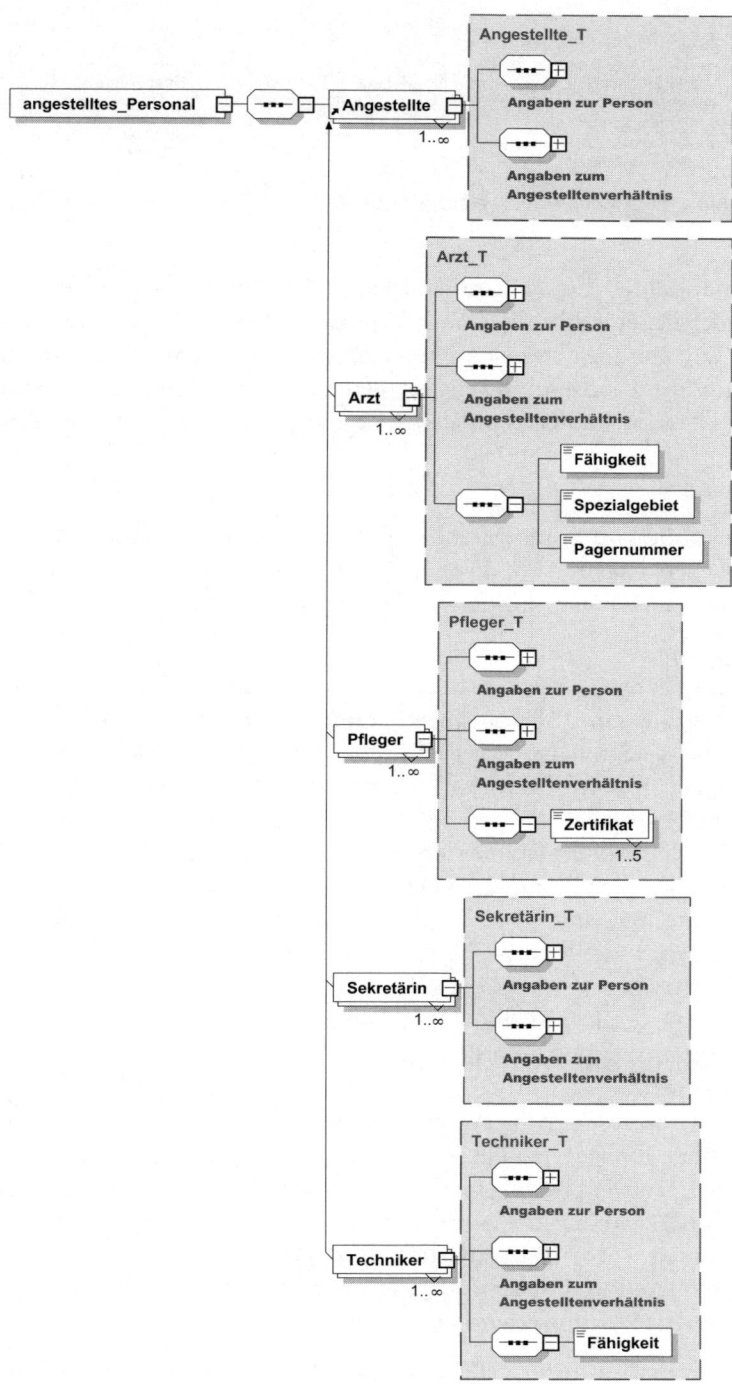

Abb. 1–5 *Strukturierung des angestellten Personals*

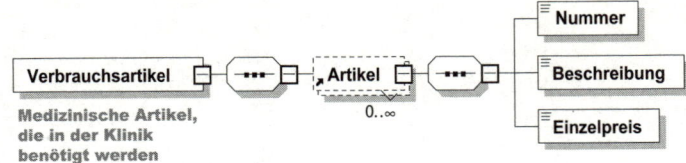

Abb. 1–6   *Strukturierung der Verbrauchsartikel*

Ein stationärer Patient enthält zusätzlich Informationen über seine Einlieferung einschließlich einer Referenz auf den einweisenden Arzt. Eine Einlieferung setzt sich wiederum zusammen aus einem Datum, einem Grund für die Einweisung, dem Ort der Unterbringung in der Klinik (Station und Bett) und einer Referenz auf den betreuenden Arzt.

Leistungen

Die zentrale Entität im Datenbestand der Patienten reflektiert die einzelnen Leistungen. Abbildung 1–5 zeigt schematisch die Struktur mit den folgenden näher skizzierten Leistungsarten:

■ *Therapie*
Eine Therapie findet unter Leitung eines Arztes auf einer Station in Form von einer Vielzahl von Sitzungen statt. Jede Sitzung besteht dabei wiederum aus einem Beginn- und Endezeitpunkt sowie optional einer Menge verbrauchter Artikel und einem Ergebnisbericht.

■ *Behandlung*
Eine Behandlung ist eine abgeschlossene Leistung, die von einem Arzt an einem bestimmten Datum durchgeführt wird. Die Angaben zur Station, d. h. dem Ort der Behandlung, zu den verbrauchten Artikeln sowie zu dem Ergebnis sind optional.

■ *Operation*
Eine Operation ist wiederum komplex strukturiert und wird im Folgenden detailliert erläutert.

■ *Labortest*
Ein Labortest wird über eine eindeutige Nummer identifiziert und basiert auf einer Reihe von Testgegenständen (vom Typ xs:any-Type), wobei optional eine Vielzahl von Testwerten – bestehend aus der Bezeichnung der Kennzahl und dem entsprechenden Wert – ermittelt wird. Ein Labortest wird üblicherweise an einem bestimmten Tag durchgeführt und findet grundsätzlich in einem per Referenz identifizierten Labor statt.

Dabei ist generell anzumerken, dass die einzelnen Leistungen eines Patienten eine Ordnung hinsichtlich der zeitlichen Reihenfolge aufweisen.

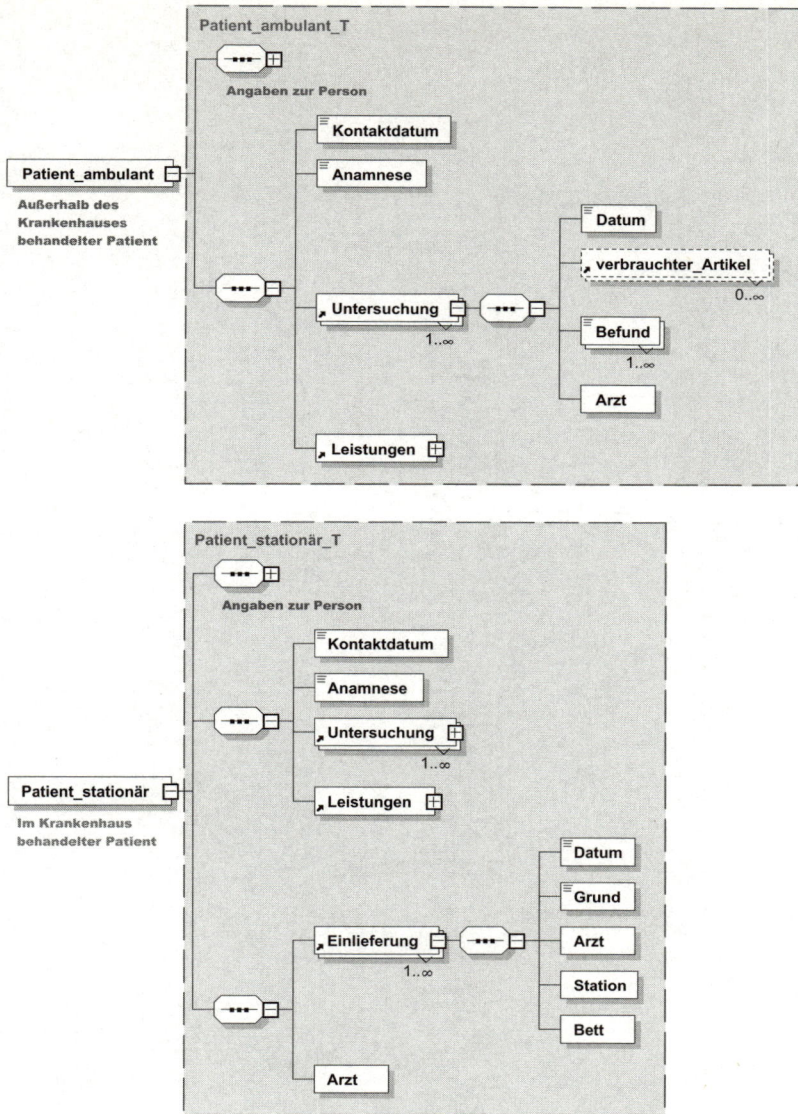

Abb. 1–7   *Strukturierung ambulanter und stationärer Patienten*

Analog gliedert sich die Leistung einer Operation in eine (möglicherweise – im Fall eines sofortigen Abbruchs – leere) Liste von einzelnen
Vorgängen. Abbildung 1–9 zeigt die Struktur und insbesondere die
unterschiedlichen Vorgänge innerhalb einer Operation. Eine Operation wird von einer Menge von Ärzten durchgeführt, wobei im Attribut Rolle die Tätigkeiten bzw. Verantwortung des jeweiligen Arztes im

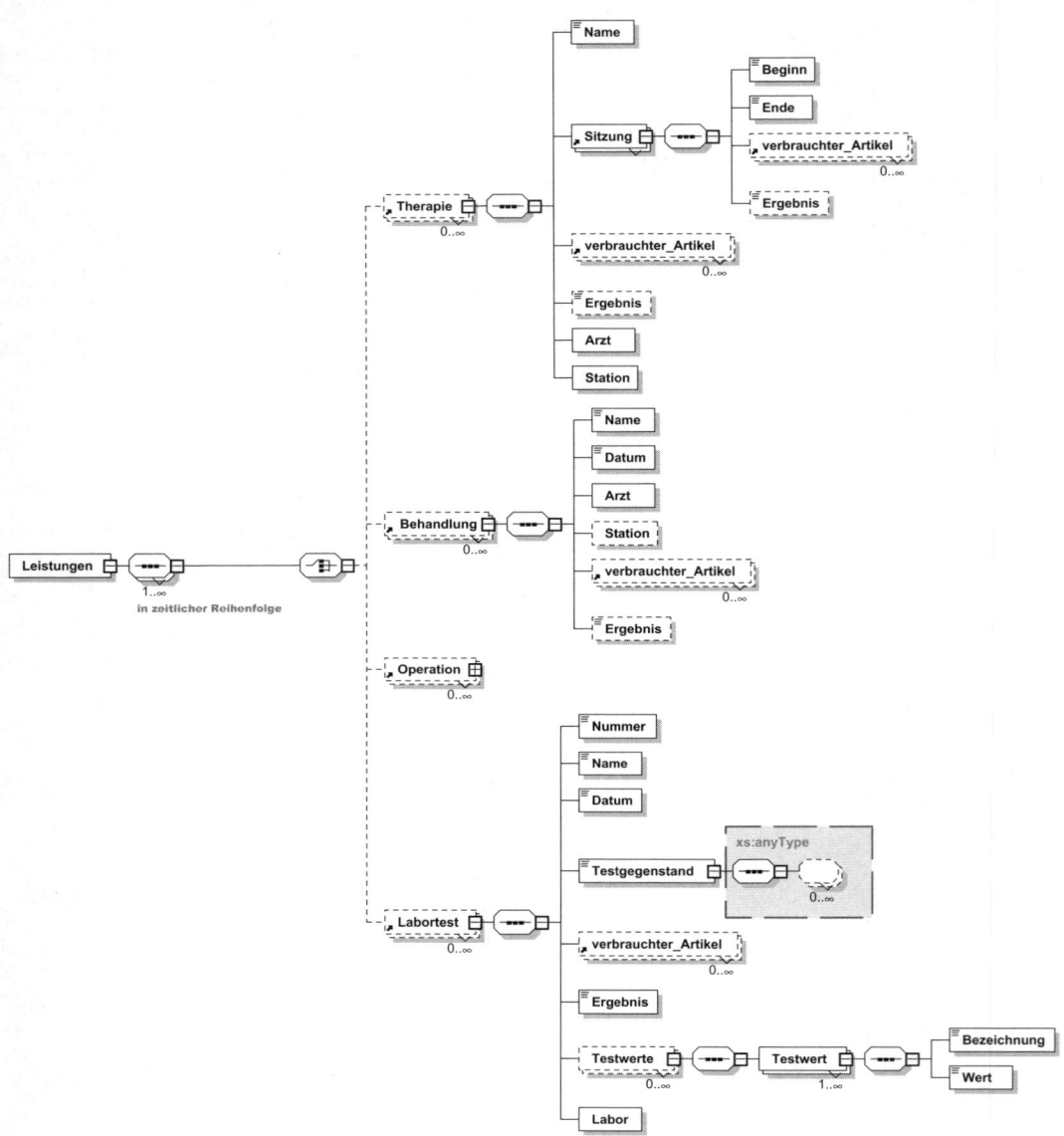

Abb. 1–8 *Strukturierung unterschiedlicher Leistungen*

Rahmen dieser Operation festgehalten wird. Beginn und Ende repräsentieren Werte vom Datentyp xs:dateTime und geben den Zeitpunkt bzw. indirekt die Zeitdauer der Operation an. Alle möglichen Vorgänge treten geordnet bzgl. ihres Zeitpunktes in dem Patientendatenbestand auf. Die Vorgänge der Anästhesie, der Injektion und der Infusion beinhalten ausschließlich eine Angabe zum verbrauchten

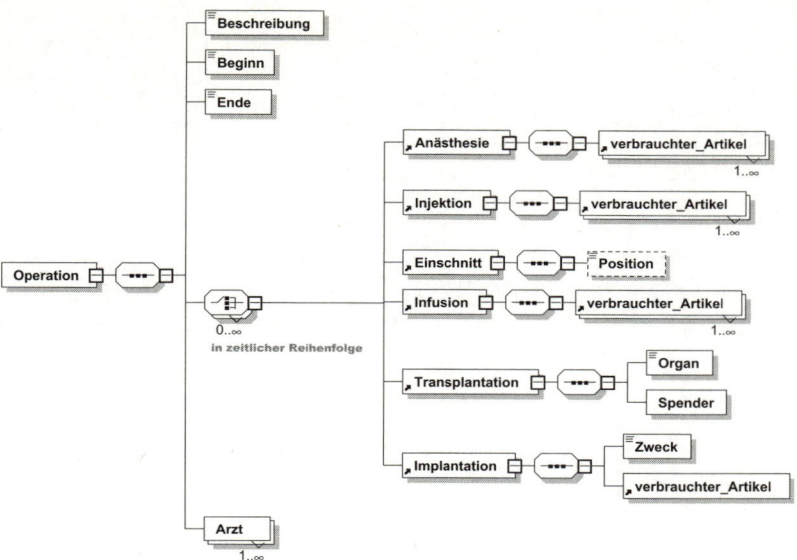

Abb. 1–9 *Strukturierung einer Operation*

Material. Bei einem Einschnitt kann optional die Position aufgezeichnet werden. Eine Transplantation weist ein Organ und – für die Nachvollziehbarkeit – einen Verweis auf den Spender auf. Der Vorgang der Implantation schließlich enthält als Unterelemente einen Zweck und einen Verweis auf das Implantat, welches ebenfalls im Artikelkatalog verwaltet wird.

1.4 Zusammenfassung

XQuery hat sich in den letzten Jahren als Anfragesprache für XML-basierte Datenbestände gebildet und ist – aus Sicht der Standardisierung – zumindest im Bereich des lesenden Zugriffs sehr weit gediehen. Dieses Kapitel gibt zunächst die Motivation für die Anfertigung dieses Buches und erläutert ausführlich den Prozess und aktuellen Stand der Entwicklung und Standardisierung von XQuery. Darüber hinaus wird in Abschnitt 1.3 das im Buch durchgängig verwendete Beispielszenario erläutert, wobei die großen Teile der Stammdaten zur Beschreibung der Klinik einschließlich ihrer Einrichtungen und des Personals von den Patientendaten mit den am Patienten durchgeführten Untersuchungen und Leistungen zu unterscheiden sind.

2 XML-Basiskonzepte

Im Rahmen dieses Buches können wir keine vollständige Einführung in alle XML-Konzepte geben. Diejenigen Konzepte von XML, die für das Verständnis von XQuery nötig sind, sollen aber dennoch in kompakter Form vorgestellt werden. Wir beginnen mit einer kurzen Besprechung der Struktur eines XML-Dokumentes (und damit der XML-1.0-Spezifikation) und einer kurzen Einführung in Unicode. Als weiteres grundlegendes Konzept folgen die XML-Namensräume, die in XML Schema und XQuery intensiv genutzt werden. XML Schema schließt sich an, wobei wir uns allerdings auf die Konzepte beschränken, die im weiteren Verlauf des Buches eine Rolle spielen. Verweise können in XML auf verschiedene Arten realisiert werden. Die im Kontext von XQuery relevanten Arten stellen wir kurz vor. Als kleinen Vorgeschmack auf XQuery zeigen wir einige beispielhafte XQuery-Anfragen, die schon wichtige Konzepte illustrieren, die in späteren Kapiteln ausführlich erklärt werden.

2.1 XML-Dokumente

XML ist eine Metasprache, also eine Sprache zur Definition von Sprachen (Vokabularen) für Informationseinheiten, die so genannten XML-Dokumente. Das Wort »Dokument« weckt hier Assoziationen zu Dokumenten im herkömmlichen Sinn, wie etwa Verträgen oder Urkunden. Tatsächlich können diese mit XML dargestellt werden – man spricht dann von *textorientierten XML-Dokumenten* [Schö03]. Allerdings bietet XML auch die Möglichkeit, Daten darzustellen, die mit lesbaren Texten wenig gemein haben, wie z. B. die Inhalte relationaler Datenbanken. In diesen Fällen spricht man von *datenorientierten XML-Dokumenten*. Dank der Flexibilität von XML sind beliebige Zwischenstufen möglich.

Textorientierte und datenorientierte Dokumente

XML gibt Syntaxregeln vor, nach denen ein XML-Dokument strukturiert sein muss. Wenn ein Dokument[1] den Syntaxregeln genügt, heißt es *wohlgeformt* (»well-formed«). Wie bereits erwähnt, lässt sich mit XML eine Sprache definieren, nämlich eine Grammatik für die erlaubte Struktur des Dokumentes. Wenn ein Dokument der jeweils erlaubten Struktur genügt, heißt es *gültig* (*valid*). Eine solche Strukturvorgabe kann entweder mit einer in der XML-1.0-Spezifikation vorgegebenen *Document Type Definition* (*DTD*) geschehen oder mit einer anderen XML-Schemabeschreibungssprache, wie zum Beispiel dem beim W3C standardisierten *XML Schema*. Den Vorgang der Prüfung, ob ein XML-Dokument gültig ist, nennt man Validierung. Wir werden sehen, dass im Rahmen einer solchen Validierung auch der Informationsgehalt eines XML-Dokumentes zunehmen kann.

XML ist aus SGML (»Standard Generalized Markup Language« [ISO8879]) entstanden, welches ebenfalls eine Metasprache ist. Die bekannteste Sprache, die mit SGML definiert wurde, ist HTML. So erstaunt es nicht, dass XML-Dokumente Strukturelemente enthalten, die aus HTML-Dokumenten bekannt sind. Es gibt sogar unter dem Namen XHTML eine Redefinition von HTML als XML-Sprache. Alle XHTML-Dokumente sind auch HTML-Dokumente. Umgekehrt gilt dies nicht, da HTML in vielen Beziehungen freizügiger ist. So unterscheidet XML im Gegensatz zu HTML Groß- und Kleinschreibung. An folgendem wohlgeformten XML-Dokument sieht man die Strukturähnlichkeit zu HTML.

```
<Klinik>
  <Name>Hochwaldklinik</Name>
  <Stationen>
    <Station Leitung="Pfleger_01">
      <Name>Notaufnahme</Name>
      <Standort>Vorort</Standort>
    </Station>
  </Stationen>
</Klinik>
```

2.1.1   Die Struktur eines XML-Dokumentes

Das *Element* ist das grundlegende Konstrukt eines XML-Dokuments. Ein Element besteht aus folgenden Komponenten:

---

1. Ab hier werden wir die Worte »Dokument« und »XML-Dokument« synonym verwenden.

- *Start-Tag*

    Ein Start-Tag[2] beginnt mit einer öffnenden spitzen Klammer, die vom Namen des Elementes, optional von Attributen und jedenfalls von einer schließenden spitzen Klammer gefolgt wird.

- *Inhalt*

    Der Inhalt eines Elementes kann aus Text und verschachtelten Elementen bestehen.

- *End-Tag*

    Ein End-Tag beginnt mit einer öffnenden spitzen Klammer und einem Schrägstrich, gefolgt vom Namen des Elementes und einer schließenden spitzen Klammer.

Wenn ein Element sowohl weitere Elemente als auch Text enthält, spricht man von gemischtem Inhalt, wie in folgendem Beispiel, in dem im Text Formatierungsanweisungen vorliegen: *Gemischter Inhalt*

```
<Befund>Mattheit, Fieber. Verdacht auf <em>schwere Grippe</em>
</Befund>
```

Für leere Elemente gibt es eine verkürzte Schreibweise. Folgende beiden Notationen sind äquivalent[3]:

```
<Bett ID="Bett_reha_25_001" Zimmernummer="025"></Bett>
<Bett ID="Bett_reha_25_001" Zimmernummer="025"/>
```

Attribute bestehen aus Name und Wert, jeweils durch ein Gleichheitszeichen verbunden (im Beispiel Zimmernummer="025"). Der Wert muss in einfachen oder doppelten Anführungszeichen eingeschlossen sein. Ein Attributname darf pro Element nur einmal vorkommen. Während die Reihenfolge von Elementen Semantik trägt und nicht geändert werden darf, ohne dass sich das XML-Dokument ändert, ist die Reihenfolge der Attribute innerhalb eines Elementes beliebig vertauschbar. *Attribute*

Zum oben gezeigten Beispieldokument ist keine Strukturbeschreibung bekannt. Es ist also zwar wohlgeformt, aber nicht gültig. XML lässt dies ausdrücklich zu. Damit ein Dokument wohlgeformt ist, muss es nur wenige Syntaxanforderungen erfüllen. Die wichtigsten sind:

- *XML-Deklaration*

    Ein XML-Dokument darf mit einer XML-Deklaration beginnen, die beispielsweise folgendermaßen aussieht:

```
<?xml version="1.0" encoding="utf-8" standalone="yes"?>
```

---

2. *Tag*: englisch »Etikett«
3. Die XML-Spezifikation [W3C-3] gibt hier allerdings den – nicht bindenden – Ratschlag: »For interoperability, the empty-element tag should be used, and should only be used, for elements which are declared EMPTY.«

encoding

standalone

Dabei gibt das optionale encoding an, welcher Zeichensatz für das Dokument verwendet wurde, und die ebenfalls optionale standalone-Direktive, ob das Dokument externe Deklarationen enthält.

▪ *DTD*
Nach der XML-Deklaration kann die Sprachdefinition in Form der *Document Type Definition* (DTD) folgen. Auf diese wird im folgenden Abschnitt näher eingegangen.

▪ *Wurzelelement*
Ein XML-Dokument muss genau ein Element (auf oberster Ebene) enthalten (das normalerweise weitere Elemente enthält). Dieses wird als Wurzelelement bezeichnet.

▪ *Kommentare*
An jeder Stelle außerhalb des Markup, also auch vor und nach dem Wurzelelement dürfen Kommentare stehen. Ein Kommentar beginnt mit <!-- und endet mit -->.

processing instruction

▪ *Verarbeitungsanweisungen*
Eine Verarbeitungsanweisung (»processing instruction«) gibt einer Applikation Hinweise, wie sie mit einem XML-Dokument umgehen soll. Bekannt ist die Verarbeitungsanweisung, die ein Stylesheet an ein XML-Dokument bindet:

```
<?xml:stylesheet type="text/xsl" href="stylesheets/print.xsl" ?>
```

Eine Verarbeitungsanweisung beginnt immer mit »<?« gefolgt vom Ziel (*target*) — hier xml:stylesheet —, anhand dessen eine Anwendung entscheidet, ob sie die Verarbeitungsanweisung interpretieren kann. Danach folgt der eigentliche Inhalt der Verarbeitungsanweisung und die abschließende Zeichenfolge »?>«.

2.1.2 Die DTD

In der *Document Type Definition* (DTD) können die im Dokument zulässigen Elementtypen mit ihren Inhaltsmodellen und Attributen definiert werden. Eine DTD ist somit eine schematische Beschreibung des XML-Dokumentes, die allerdings optional ist. Ein Schema für ein Dokument kann auch mit einer anderen Schemasprache, beispielsweise XML Schema (Abschnitt 2.5), beschrieben sein. Ist keine Validierung notwendig, so ist es auch erlaubt, überhaupt keine schematische Beschreibung zu haben.

DOCTYPE

Wenn eine DTD vorhanden ist, wird sie durch <!DOCTYPE eingeleitet. Es folgen der Name des Dokumenttyps und, von eckigen Klammern umschlossen, Elementtyp- und Attributtypdefinitionen.

```
<!DOCTYPE Klinik [ ... ]>
```

Für jeden Elementtyp werden, durch `<!ELEMENT` eingeleitet, der Name und das Inhaltsmodell definiert. Als Auswahl für das Inhaltsmodell stehen neben dem leeren Inhalt eine Kombination aus Kindelementen oder ein textueller Inhalt oder eine Mischung daraus zur Verfügung. In diesen Fällen ist das Inhaltsmodell von runden Klammern umschlossen. Ein rein textueller Inhalt wird durch (`#PCDATA`) spezifiziert. Dabei ist eine nähere Typangabe (beispielsweise numerische Daten) nicht möglich:

```
<!ELEMENT Name (#PCDATA)>
```

Ein leeres Element wird durch das Inhaltsmodell `EMPTY` in der Typdefinition gekennzeichnet. Elemente können wiederum Elemente enthalten (komplexer Elementinhalt). In diesem Fall kann man die erlaubten Elemente und Bedingungen an deren Kombination spezifizieren. Wenn mehrere Subelemente in einer bestimmten Reihenfolge auftreten sollen, werden diese durch ein Komma getrennt (»sequence«). Eine Auswahl (»choice«) aus mehreren möglichen Elementen wird durch einen senkrechten Strich spezifiziert.

Kardinalitäts-einschränkungen

```
<!ELEMENT Bett EMPTY>
<!ELEMENT Klinik (Name, Stationen)>
<!ELEMENT Adresse (Stadt, (Strasse | Postfach))>
```

Das erste Beispiel zeigt die Definition eines leeren Elementes, das zweite Beispiel die Definition eines Elementtyps `Klinik`, wobei ein Element dieses Typs als Kinder je ein Element `Name` und `Station` in dieser Reihenfolge enthalten muss, und das dritte Beispiel die Definition eines Elementtyps `Adresse`, bei dem Elemente zunächst ein Kindelement `Stadt`, und dann entweder ein Element `Strasse` oder ein Element `Postfach` enthalten müssen.

Wird nichts explizit spezifiziert, ist die Häufigkeit auf genau 1 beschränkt, d. h., ein entsprechendes Element muss genau einmal in einem Element des beschriebenen Typs vorkommen. Ein »?« kennzeichnet, dass ein solches Element höchstens einmal auftritt (also optional ist), ein »+« bedeutet, dass ein Element mindestens einmal erscheint, und ein »*« bedeutet, dass ein Element beliebig oft vorkommen (gegebenenfalls auch ganz fehlen) kann. Im folgenden Beispiel muss mindestens ein Vorname auftreten, während eine beliebige Anzahl von Telefonnummern und Faxnummern in beliebiger Reihenfolge erlaubt ist:

```
<!ELEMENT Person (Name, Vorname+, (Telefon | Fax)*)>
```

Gemischter Inhalt

Gemischter Inhalt wird dadurch beschrieben, dass an #PCDATA alle erlaubten Elementtypen mit einem senkrechten Strich angeschlossen werden. Eine Einschränkung der Kardinalität ist dabei nicht möglich – als Kardinalität des Inhaltsmodells muss »*« angegeben werden:

```
<!ELEMENT Befund (#PCDATA | b)*>
```

In manchen Fällen, so beispielsweise bei XHTML, können Elemente fast aller definierten Elementtypen als Inhalt eines Elementes vorkommen. Für eine kompakte Notation in diesem Fall wurde das Schlüsselwort ANY eingeführt. Es erlaubt alle in der DTD spezifizierten Elementtypen.

Attribute

Schließlich können in der DTD auch die für ein Element zulässigen Attribute beschrieben werden. Während Elementnamen im ganzen Dokument eindeutig sein müssen, müssen Attributnamen nur innerhalb ihres Elementes eindeutig sein. Daher werden sie unter Angabe des zugehörigen Elementtyps definiert (als ATTLIST). Eine Attributliste kann mehrere Attributtypen für einen zugehörigen Elementtyp definieren – es kann aber zu einem Elementtyp auch mehrere Attributlisten geben. Das allgemeine Format lautet:

AttlistDecl	::=	**<!ATTLIST** *Name AttDef****>**
AttDef	::=	*Name AttType DefaultDecl*
DefaultDecl	::=	**#REQUIRED** | **#IMPLIED** | **#FIXED** *AttValue* | *AttValue*

Ein Beispiel für eine solche Attributdeklaration ist:

```
<!ATTLIST Station Leitung CDATA #REQUIRED>
```

Folgende Attributtypen kann man in einer DTD verwenden:

- *Zeichenkette (String)*
  Die Zeichenkette wird als CDATA bezeichnet.
- *Identifikatortyp* ID
  Die Werte aller ID-Attribute müssen im Dokument eindeutig sein (auch wenn es sich um verschiedene Attribute handelt) und unterliegen syntaktischen Beschränkungen.
- *Referenztyp auf Attribute des Typs* ID
  Je nachdem, ob es sich um eine einzelne Referenz oder eine Liste solcher Referenzen handelt, heißt der Typ IDREF oder IDREFS.
- *Einzelnes Token (*NMTOKEN*) bzw. Liste von Tokens (*NMTOKENS*)*
  Ein einzelnes Token (»name token«) besteht aus einer Folge von Buchstaben, Zahlen und bestimmten Sonderzeichen, aber ohne Leerzeichen.

■ *Aufzählungstypen*
Die einzelne Werte sind dabei durch einen senkrechten Strich getrennt.

Außerdem gibt es in der Attributdefinition noch Angaben zu Häufigkeit und Vorbelegungswerten (»default values«).

■ `#REQUIRED`
Das Attribut muss explizit im Element vorkommen.

■ `#IMPLIED`
Das Attribut darf fehlen und hat dann keinen Vorbelegungswert.

■ *Angabe eines Vorbelegungswertes*
Dieser Wert gilt, wenn das Attribut in einem Element nicht explizit einen anderen Wert trägt.

■ `#FIXED`
Zusammen mit Angabe eines Wertes bedeutet dies einen Fehler, wenn das Attribut im Dokument mit einem anderen Wert auftritt. Der angegebene Wert gilt in jedem Fall.

Attributwerte werden bei der Verarbeitung durch einen XML-Prozessor einer Normalisierung unterzogen. Dazu gehört neben dem Auflösen von Zeichen- und Entity-Referenzen, die im Folgenden ausführlich beschrieben werden, auch die Umwandlung von Leerraum (»*white space*«): Alle Leerraumzeichen (U+0009, U+000A, U+000D) werden zunächst zu Leerzeichen (U+0020) umgewandelt.   *Normalisierung*

Die Reihenfolge der Definitionen in der DTD spielt keine Rolle. Sie kann ohne Änderung der Semantik vertauscht werden. Alle Definitionen in der DTD sind global. Das bedeutet, dass alle Elementtypdefinitionen auf alle anderen definierten Elementtypen (und sich selbst) in der Inhaltsdefinition Bezug nehmen können. Es können somit für einen Elementtyp mehrere »Elterntypen« definiert werden. Außerdem wird so auf Typebene eine direkte oder indirekte Rekursion möglich, wie hier am Beispiel einer Definition für einen Baum gezeigt wird:

```
<!ELEMENT Knoten (Knoten*)>

<!ATTLIST Knoten Name CDATA #REQUIRED>
```

Umgekehrt bedeutet die Globalität der Definitionen auch, dass Elementtypen, die in verschiedenen Kontexten verwendet werden, kein kontextspezifisches Inhaltsmodell haben können. Dies ist nur möglich, wenn der Elementtyp anders benannt wird.

Wie man sieht, sind die Typspezifikationen für Attribute und noch mehr die für Elemente recht unspezifisch. Mit XML Schema (Abschnitt 2.5) existieren viel ausgefeiltere Möglichkeiten der Typdefinition.

Externe DTD   Eine DTD kann auch extern zum Dokument vorliegen. In diesem Fall enthält das Dokument nur eine Referenz, zum Beispiel:

```
<!DOCTYPE Klinik SYSTEM "http://www.xquery-buch.de/klinik.dtd">
```

Des Weiteren ist auch die Kombination aus interner und externer DTD möglich. In diesem Fall überschreiben die Definitionen der internen DTD die der externen DTD.

Als Konsequenz können Dokumente, die alle auf dieselbe externe DTD verweisen, trotzdem unterschiedliche Typdefinitionen haben. Einige der eingeführten Konzepte zeigt das erweiterte Beispieldokument:

```
<?xml version="1.0"?>
<!DOCTYPE Klinik [
  <!ELEMENT Klinik (Name, Stationen)>
  <!ELEMENT Name (#PCDATA)>
  <!ELEMENT Stationen (Station*)>
  <!ELEMENT Station (Name, Standort)>
  <!ATTLIST Station Leitung CDATA #REQUIRED>
]>
<!-- Dokument erstellt am 1.1.2004 -->
<?xml:stylesheet type="text/xsl" href="stylesheets/print.xsl" ?>
<Klinik>
  <Name>Hochwaldklinik</Name>
  <Stationen>
    <Station Leitung="Pfleger_01">
      <Name>Notaufnahme</Name>
      <Standort>Vorort</Standort>
    </Station>
  </Stationen>
</Klinik>
```

2.1.3   Textueller Inhalt eines Elementes

Wie bereits gezeigt wurde, besteht der Inhalt eines Elementes aus Text oder aus Kindelementen oder einer Mischung von beidem. Nun kann der Text in einem Element Zeichen enthalten, die normalerweise eine besondere Bedeutung in XML haben, wie z. B. das Zeichen »<«. Damit ein XML-Prozessor erkennen kann, dass es sich hier nicht um Markup, sondern um textuellen Inhalt eines Dokumentes handelt, *CDATA*   kann man solch einen Text in einen CDATA-Abschnitt einbetten. Solche CDATA-Abschnitte sind in Elementen überall dort erlaubt, wo Zeichen stehen können. Sie beginnen mit <![CDATA[und enden mit]]> und lassen sich nicht verschachteln:

```
<Station Leitung="Pfleger_01">
  <Name><![CDATA[Notfall- & Durchgangsmedizin]]></Name>
</Station>
```

In einer DTD kann man so genannte »Parsed Entities« definieren, die *Parsed Entities*
wie die Makros in Programmiersprachen verwendet werden. Wenn sie
vollständig in der internen DTD des Dokumentes definiert sind, heißen
sie *intern*, sonst *extern*.

```
<!ENTITY hinweis "<Hinweis>Alle Angaben ohne Gewähr</Hinweis>">
<!ENTITY extern SYSTEM "http://www.xquery-buch.de/myentity">
```

Parsed Entities können Markup enthalten, wie das Beispiel zeigt
(Entity `hinweis`). Der Wert einer Parsed Entity muss jedoch wohlgeformt sein.

Eine Entity wird durch das Symbol »&«, gefolgt vom Entity-
Namen, referenziert und mit einem Semikolon abgeschlossen. Eine sol-
che Referenz löst ein XML-Prozessor durch gegebenenfalls rekursives
Einsetzen auf. Aus dem Dokumentfragment

```
<Kurs>&hinweis;20.0</Kurs>
```

wird mit obiger Entity-Definition:

```
<Kurs><Hinweis>Alle Angaben ohne Gewähr</Hinweis>20.0</Kurs>
```

In XML sind fünf Entities vordefiniert, um die Verwendung von Zei- *Vordefinierte Entities*
chen, die in XML eine besondere Bedeutung haben, zu erleichtern. Es
sind die Entities `lt` (für öffnende spitze Klammer), `gt` (für schließende
spitze Klammer), `amp` (für &), `quot` (für ") und `apos` (für '). Für obiges
XML-Fragment kann man also auch schreiben:

```
<Station Leitung="Pfleger_01">
  <Name>Notfall- &amp; Durchgangsmedizin</Name>
</Station>
```

Die vordefinierten Entities sind die einzigen Entities, die von XQuery
unterstützt werden.

Zeichenreferenzen haben die gleiche Syntax wie Entity-Referen- *Zeichenreferenzen*
zen. Das Unicode-Zeichen U+00FF kann z. B. entweder in hexadezima-
ler Form als ÿ oder in dezimaler Form als ÿ geschrieben werden. Zeichenreferenzen werden bevorzugt für Zeichen verwendet, die
auf der jeweiligen Tastatur nicht vorhanden sind, sich in der Kodierung des Quellsystems darstellen lassen oder beim Transport des
Dokumentes zu Seiteneffekten führen könnten. Zeichenreferenzen
können auch in XQuery verwendet werden.

2.2   Unicode

Von Anfang an war XML für die weltweite Verwendung entworfen
worden. Daher nimmt es auch Bezug auf entsprechende Standards, wie
z. B. Unicode [UCS03] und ISO/IEC 10646 [ISO10646], die die Kodierung aller wichtigen Buchstaben und Zeichen der Welt erlauben, sowie
RFC 1766 [RFC1766] zur Identifikation von Sprachen.

Der Unicode-Standard hat das Ziel, die Zeichen aller Schriften der
Welt zu erfassen. Dazu wird den Zeichen eine natürliche Zahl als
Codepoint zugeordnet. Ein solcher Codepoint wird üblicherweise in
der hexadezimalen Darstellung notiert, und zwar mit dem Präfix U+,
um anzuzeigen, dass es sich um einen Unicode-Codepoint handelt.
U+0020 steht beispielsweise für ein Leerzeichen. Die Codepoints bis einschließlich U+00FF entsprechen den Codepoints des in Westeuropa sehr
verbreiteten Zeichensatzes Latin-1 (ISO8859-1; [ISO8859]), bei dem
wiederum die Zeichen bis U+007F dem Zeichensatz US-ASCII
[ANSI X3.64] entsprechen. XQuery unterstellt eine Kodierung in Unicode.

Neben Codepoints legt Unicode für jedes Zeichen auch eine Reihe
von Eigenschaften fest, unter anderem äquivalente Darstellungen, die
zugehörigen Groß- oder Kleinbuchstaben oder die Kategorie des Zeichens. Jede Kategorie wird durch einen Großbuchstaben gekennzeichnet. Ein folgender Kleinbuchstabe kann eine Unterkategorie angeben.
Es gibt die Kategorien Buchstabe (L), Markierung (M), Zahl (N), Satz-
zeichen (P), Trennzeichen (Z), Symbol (S) und andere (C). Unterkategorien von Buchstabe sind neben anderen: Großbuchstabe (Lu) und
Kleinbuchstabe (Ll). Diese Kategorien werden in den regulären Ausdrücken in XML Schema und XQuery verwendet. Eine vollständige
Liste aller Unterkategorien befindet sich im Anhang über reguläre Ausdrücke.

Kodierungen von Unicode   Mit der Zuweisung von Codepoints ist noch nicht festgelegt, wie
diese Zahlen in einem Computer dargestellt werden. Tatsächlich gibt
es mehrere Kodierungsverfahren für Unicode [UCS03], von denen die
zwei wichtigsten kurz erwähnt werden sollen:

■ *UTF-16*
  Das nächstliegende Verfahren ist, jedes Zeichen mit derselben Zahl
  von Bytes zu kodieren. Da Unicode sich in den ersten Versionen auf
  Codepoints unter 65535 beschränkte, lag es nahe, zwei Byte pro
  Zeichen vorzusehen. Zeichen oberhalb von 65535 werden durch
  zweimal 2 Bytes kodiert: Unicode hat einen Bereich von Codepoints extra für diese Kodierung reserviert (die Surrogate).

■ *UTF-8*
Gerade bei englischem Text bedeutet eine Kodierung in UTF-16 eine Verdoppelung des Umfangs verglichen mit einer Kodierung in ASCII. Hier ist eine Kodierung in UTF-8 günstiger, die folgendermaßen vorgeht: Codepoints unter 128 werden in 1 Byte kodiert, Codepoints bis 2047 in 2 Bytes, Codepoints bis 65535 in 3 Bytes und alle anderen in 4 Bytes. Diese Kodierung wurde so gewählt, damit Texte, die nur Zeichen aus US-ASCII verwenden (mit Codepoints unter 128), ohne Konvertierung als Unicode verarbeitet werden können.

UTF-8 und UTF-16 sind die beiden Kodierungen, die jeder XML-Prozessor verstehen muss — es ist natürlich erlaubt, weitere Kodierungen auch anderer Zeichensätze zu verstehen (Abschnitt 7.2.4).

2.3 Namensräume

Wie bereits erläutert wurde, kann man mit XML verschiedenste Vokabulare definieren. Natürlich möchte man diese auch kombinieren können, um zum Beispiel in einem Vokabular zur Beschreibung von Verträgen auch XHTML-Formatierungen verwenden zu können. Falls nun in den zu kombinierenden Vokabularen dieselben Namen für Elemente oder Attribute verschiedener Bedeutung verwendet werden, könnte es zu Konflikten kommen.

Um dieser Problematik gerecht zu werden, hat das W3C schon bald nach der Verabschiedung der XML-Empfehlung unter dem Namen »Namespaces in XML« [W3C-4] eine weitere Empfehlung herausgegeben, die beschreibt, wie man Definitionen verschiedener Vokabulare dadurch sicher voneinander trennen kann, dass man sie verschiedenen Namensräumen zuordnet.

Ein Namensraum ist zunächst einmal durch eine URI, also einen weltweit eindeutigen Schlüssel, gegeben. Insbesondere kann es sich hierbei auch um eine URL handeln. Es ist jedoch nicht definiert, dass eine solche URL auf irgendein bestimmtes Ziel zeigen muss.

Für einen Namensraum kann in einem Dokument ein Kürzel definiert werden. Alle Element- und Attributnamen, die dieses Kürzel als Präfix haben, gehören zu diesem Namensraum. In diesem Zusammenhang wird der Begriff *qualifizierter Name* definiert: Ein qualifizierter Name besteht aus einem (optionalen) Präfix und einem lokalen Namen. Wenn ein Präfix existiert, ist es vom lokalen Namen durch einen Doppelpunkt getrennt. Weder das Präfix noch der lokale Name dürfen einen Doppelpunkt enthalten. Die Definition erfolgt mit einem

Qualifizierter Name

Attribut, dessen Name mit `xmlns:` beginnt und mit dem zu definieren-
den Präfix endet. Diese Bindung des Präfixes an einen Namensraum
gilt in dem Element, in dem sie auftritt, und in allen Nachkommen dieses Elementes, sofern sie nicht überschrieben wird:

```
<klinik:Arzt xmlns:klinik="http://www.xquery-buch.de/klinik.xsd">
  <klinik:Name>
    <klinik:Vorname>Benjamin</klinik:Vorname>
    <klinik:Nachname>Naumann</klinik:Nachname>
  </klinik:Name>
</klinik:Arzt>
```

Wird in einem inneren Element eine neue Definition für dasselbe Präfix vorgenommen, gilt diese in diesem Element und seinen Nachfol-
gern. Nicht das gewählte Kürzel, sondern der entsprechende Namensraum ist relevant. Folgendes XML-Fragment ist daher völlig
äquivalent:

```
<k:Arzt xmlns:k="http://www.xquery-buch.de/klinik.xsd">
  <k:Name>
    <k:Vorname>Benjamin</k:Vorname>
    <k:Nachname>Naumann</k:Nachname>
  </k:Name>
</k:Arzt>
```

Leider sind DTDs auf die Verwendung von Namensräumen nicht ein-
gerichtet, so dass man in einer DTD ein Präfix auswählen muss, mit
dem man die Namen bei der Definition versieht. Ein Dokument, das
dann ein anderes Präfix verwendet, validiert gegen diese DTD leider
nicht. Mit XML Schema werden wir eine Schemabeschreibungsmög-
lichkeit kennen lernen, die Namensräume kompetent behandelt.

default namespace   Ein Namensraum kann auch als Vorbelegung definiert werden
(»default namespace«) und gilt dann für alle nicht mit einem Präfix
versehenen Elementnamen in seinem Gültigkeitsbereich, nicht jedoch
für Attributnamen. Dies geschieht durch ein `xmlns`-Attribut. Das folgende XML-Fragment ist daher äquivalent zu dem obigen: Auch hier
gehören alle Elementnamen zu demselben Namensraum.

```
<Arzt xmlns="http://www.xquery-buch.de/klinik.xsd">
  <Name>
    <Vorname>Benjamin</Vorname>
    <Nachname>Naumann</Nachname>
  </Name>
</Arzt>
```

Die Eindeutigkeit von Attributen innerhalb eines Elementes muss
unter Berücksichtigung der hinter den Kürzeln stehenden Namensräume gewahrt bleiben. Alle Elemente namens »falsch« im folgenden

Beispieldokument verletzen daher die Eindeutigkeitsbedingung für Attribute und führen dazu, dass das Dokument nicht wohlgeformt ist.

```
<Beispiel xmlns="http://www.xquery-buch.de"
          xmlns:b1="http://www.xquery-buch.de"
          xmlns:b2="http://www.xquery-buch.de">
          xmlns:b3="http://www.xquery-buch.de/klinik.xsd">
   <falsch a="1" a="2"/>
   <richtig a="1" b="2"/>
   <richtig a="1" b1:a="1"/><!-- Vorbelegung des Namensraums gilt
                                nicht für Attribute -->
   <falsch b1:a="1" b2:a="2"/>
   <richtig a="1" b3:a="1" b1:a="1"/>
</Beispiel>
```

2.4   Der Namensraum xml

XML 1.0 spezifiziert zwei spezielle Attribute xml:lang und xml:space aus dem Namensraum http://www.w3.org/XML/1998/namespace. Für diesen Namensraum ist das Präfix xml immer vordefiniert.

Das Attribut xml:lang kann benutzt werden, um die Sprache zu *xml:lang* kennzeichnen, in der Element- und Attributinhalt geschrieben sind. Wie bei der Namensraumdefinition gilt der angegebene Wert für das Element, in dem er vorkommt, und alle Kindelemente, sofern er dort nicht überschrieben wird. Der Wert des Attributes richtet sich nach den in [RFC1766] definierten Sprachkennungen. Hier ist die Diagnose einmal auf Deutsch und einmal auf Latein angegeben:

```
<Patient>
   <Diagnose xml:lang="de">Erkrankung der Herzkranzgefäße</Diagnose>
   <Diagnose xml:lang="la">Angina pectoris</Diagnose>
</Patient>
```

Wenn dieses Attribut in einem gültigen Dokument verwendet werden soll, muss es wie jedes andere Attribut in der DTD oder im Schema deklariert sein:

```
<!ATTLIST Diagnose xml:lang CDATA #IMPLIED>
```

Schon die bisher gezeigten Beispiele machen deutlich, dass es zur *xml:space* Lesbarkeit von XML-Dokumenten oft hilfreich ist, Leerraum (»*white space*«) einzufügen, wie Zeilenumbrüche, Leerzeichen usw. Zur Bedeutung der Dokumente trägt dieser Leerraum nicht bei: Er kann bei der Verarbeitung getrost ignoriert werden. An anderen Stellen ist der Leerraum aber signifikant (etwa bei Gedichten) und darf nicht entfernt werden.

Ein XML-Prozessor muss zwar alle Zeichen (einschließlich Leerraum), die außerhalb von Markup stehen, an eine Anwendung weitergeben, diese ist aber in der Behandlung der Zeichen frei. Das spezielle Attribut `xml:space` kann der Anwendung signalisieren, dass Leerraum bewahrt werden soll (`xml:space="preserve"`) oder dass die Anwendung damit nach ihren Voreinstellungen verfahren soll (`xml:space="default"`). Die Angabe gilt für das Element, in dem sie auftritt, und für dessen Kindelemente (sofern sie dort nicht ebenfalls auftritt) sowie für alle in diesen Elementen auftretenden Attribute.

Auch dieses Attribut muss in der DTD deklariert werden, wenn es in einem gültigen Dokument benutzt werden soll. Es muss als Aufzählungstyp deklariert sein, z. B.:

```
<!ATTLIST Gedicht xml:space (default | preserve) "preserve">
<!ATTLIST Code xml:space (preserve) #FIXED "preserve">
```

2.5   Schemabeschreibung mit XML Schema

XML 1.0 hat mit dem DTD-Konzept einen Mechanismus für die schematische Beschreibung von XML-Dokumenten definiert. Dieses Konzept wurde aus SGML übernommen und ist daher stark auf dokumentenorientierte Bedürfnisse zugeschnitten. Im Wesentlichen dient eine DTD der Beschreibung von Inhaltsmodellen für Elemente. Datentypaspekte spielen eine untergeordnete Rolle und sind für Attribute stärker ausgeprägt als für Elemente.

Im Rahmen der – im Vergleich zu SGML – viel breiteren Verwendung von XML (und auch im Zusammenhang mit der Speicherung von XML in Datenbanken) zeigten sich schnell Defizite im DTD-Ansatz. Ein wichtiger Kritikpunkt besteht in der Tatsache, dass die DTD-Syntax kein XML ist. Somit kann eine DTD nicht wie ein beliebiges XML-Dokument behandelt werden. Ferner ist die schematische Beschreibung von XML-Dokumenten, die einem bestimmten Namensraum angehören, mit DTD nur mit Tricks und unter Aufgabe der freien Wählbarkeit des Namensraumkürzels möglich. Schließlich stört das mangelhafte Typkonzept in vielen Anwendungsszenarien.

Das W3C hat mit XML Schema [W3C-14] eine neue Möglichkeit der schematischen Beschreibung von XML-Dokumenten standardisiert. Es bietet eine Vielzahl vordefinierter Typen, darüber hinaus benutzerdefinierte Typen und strukturelle Vererbungsmechanismen zwischen diesen. Elemente können wie in der DTD global oder, was in einer DTD nicht möglich ist, nur lokal sein. Wiederverwendungsmechanismen auf Typ-, Element- und Attributebene ermöglichen einen

modularen Entwurf. Das Namensraumkonzept wird vollständig
unterstützt. In diesem Abschnitt geben wir einen kurzen Überblick
über diejenigen Konzepte von XML Schema, die für XQuery besonders wichtig sind.

2.5.1   Das Typkonzept

Ein einfacher Typ (»simple type«) im Sinne von XML Schema ist ein
Datentyp, der weder Attribute noch Kindelemente beinhaltet, der also
geeignet ist, Attributwerte und den Inhalt von Elementen zu beschreiben, die nur textuellen Inhalt haben.   *simple type*

   Ein komplexer Typ (»complex type«) besteht hingegen aus einer   *complex type*
(gegebenenfalls leeren) Menge von Attributdeklarationen und einem
Inhaltsmodell. Dieses Inhaltsmodell kann Kindelemente fordern oder
verbieten, textuellen Inhalt eines bestimmten einfachen Typs zulassen
und auch gemischten Inhalt (»mixed«) vorsehen.

   XML Schema definiert eine Vielzahl von Typen. Von diesen ausgehend können weitere, sowohl einfache als auch komplexe Typen definiert werden. Abbildung 2–1 zeigt die vordefinierten Typen, die – bis
auf anyType – alle einfache Typen sind. Man erkennt, dass diese alle
von anyType abgeleitet sind. Die Ableitung besteht im Allgemeinen in
einer Einschränkung. Dort, wo sich in der Abbildung dicke unterbro-
chene Linien finden, handelt es sich um Ableitung durch Listenbildung: Werte dieses Typs bestehen aus Listen von Werten des Basistyps.
Ein genauerer Blick auf die verschiedenen Typen lohnt sich:

   Die numerischen Typen bestehen aus den Festkommazahlen   *decimal*
(decimal), von denen verschiedene Klassen ganzer Zahlen abgeleitet   *int*
sind (integer usw.) und den Gleitkommazahlen (float und double), die   *float*
sich in der Genauigkeit unterscheiden. Bei diesen Gleitkommazahlen   *double*
gibt es gemäß [IEEE754] einige spezielle Werte, nämlich die positive
und negative Unendlichkeit (+INF und -INF), die positive und die nega-   *+INF*
tive Null (+0 und -0) und den Wert NaN (»not a number«). Dieser Wert   *-INF*
gehört zum Wertebereich der Gleitkommazahlen, und wir werden   *+0*
sehen, dass XQuery auch Rechenregeln für diesen Wert aufstellt. Es   *-0*
handelt sich also nicht um einen NULL-Wert, wie er etwa aus SQL   *NaN*
bekannt ist. Der Sinn dieses Wertes besteht darin, beliebige, auch
semantisch zunächst unsinnige Ausdrücke ohne Fehler behandeln zu
können.

   Zu beachten ist, dass boolean nicht (wie etwa aus der Program-   *boolean*
miersprache C bekannt) von einem numerischen Typ abgeleitet ist.

string   Die Zeichenkette (`string`) ist Ausgangspunkt vieler abgeleiteter Typen, die sich zum Beispiel in der Zulässigkeit und Behandlung von Leerzeichen unterscheiden. Hier findet sich auch der aus der DTD bekannte Typ `ID` wieder, für den ebenfalls besondere Syntaxregeln gelten. Nicht von `string` abgeleitet ist der Typ `anyURI` zur Darstellung einer URI und der Typ `QName`, der einen qualifizierten Namen (Abschnitt 2.2) darstellt, konzeptionell also ein Paar bildet aus dem Namen eines Namensraumes und einem lokalen Namen gemäß der Syntaxregeln von [W3C-3] und [W3C-4]. Ein `QName` kann als Kombination von Namensraumpräfix und lokalem Namen auftreten (in der syntaktischen Darstellung durch einen Doppelpunkt getrennt, also `xlink:href`) oder als expandierter QName, also als Kombination eines Namensraumes mit einem lokalen Namen. Nur in dieser Form sind QName-Werte auf Gleichheit prüfbar, da ja verschiedene Präfixe auf denselben Namensraum verweisen können.

anyURI
QName

Datum und Zeit   Zur Darstellung von Datum und/oder Zeit gibt es die Datentypen `date`, `time` und `dateTime`. Das Format für die Darstellung von Zeit ist `jjjj-mm-ttThh:mm:ss.ss...`, wobei die Kleinbuchstaben jeweils für Jahr (j), Monat (m), Tag (t), Stunde (h), Minute (m) und Sekunde (s) stehen. Der Buchstabe »T« trennt den Datumsteil vom Zeitanteil. Nachkommastellen für Sekunden sind optional, deren Anzahl ist beliebig. Als Zeitzonenangabe kann ein `Z` für Coordinated Universal Time (UTC) oder die Differenz zu UTC in Stunden und Minuten angehängt werden. Die beiden folgenden Zeitpunkte sind gleich:

```
2004-05-31T13:20:00-05:00
2004-05-31T18:20:00Z
```

Zeiträume   Zur Aufnahme von Zeiträumen gibt es den Datentyp `duration` und spezielle Typen, die zum Beispiel ein Kalenderjahr (`gYear`) darstellen. Für einen Wert vom Typ `duration` gilt folgendes Format: `PjYmMtDThHmMsS`. Komponenten, die null sind, dürfen entfallen. Folgende Wert stellen beide einen Zeitraum von 2 Jahren und 12,5 Sekunden dar:

```
P2Y0M0DT0H0M12.5S
P2YT12.5S
```

Binäre Daten   Binäre Daten können entweder als base64-kodiert (`base64Binary`) oder in Hexadezimaldarstellung (`hexBinary`) repräsentiert werden. Die folgenden beiden Zeilen zeigen die Codepointfolge von »Schöning« einmal base64-kodiert und einmal in Hexadezimaldarstellung:

```
U2No9m5pbmc=
00530063006800F6006E0069006E0067
```

Weitere einfache Typen können durch Einschränkung, Vereinigung und Listenbildung aus diesen vordefinierten Typen gebildet werden. Zur Einschränkung stehen so genannte Facetten zur Verfügung, mit denen Bedingungen an die Werte des Datentyps formuliert werden können:

Facetten

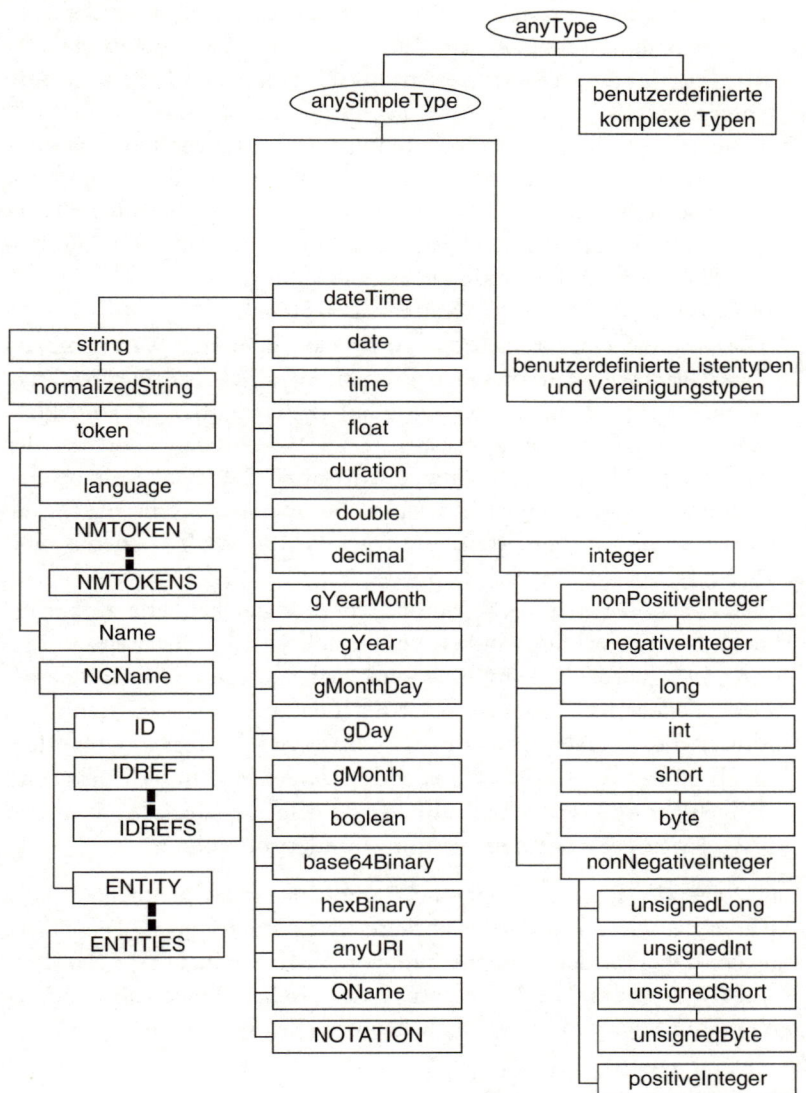

Abb. 2–1   *Vordefinierte XQuery-Typen in der Typhierarchie von XML Schema*

■ Direkte Unter-/Obergrenzen für einen geordneten Wertebereich: `minInclusive`, `minExclusive`, `maxInclusive`, `maxExclusive`.

■ Längenbeschränkungen für Zeichenketten (aus Zeichen oder Hexadezimalzeichen), Namen und URI: Die genaue Länge wird durch `length` festgelegt. Alternativ kann eine Minimal- und/oder Maximallänge über `minLength` bzw. `maxLength` definiert werden.

■ Längenbeschränkungen für Listen: Dort beschränken `length`, `minLength` und `maxLength` die Anzahl der zulässigen Listenelemente entsprechend.

■ Längenbeschränkungen für Datentypen, die von `decimal` abgeleitet sind: `totalDigits` und `fractionDigits` beschränken die Gesamtzahl von Dezimalstellen und die Anzahl der Nachkommastellen. Trotz des irreführenden Namens legt `totalDigits` nicht die genaue Stellenzahl, sondern die maximale Stellenzahl fest.

■ Aufzählung der erlaubten Werte (`enumeration`).

Reguläre Ausdrücke   ■ Die Angabe eines regulären Ausdrucks, dem der Wert genügen muss (`pattern`): Für diesen regulären Ausdruck ist eine mächtige Syntax vorgesehen, die genaue Häufigkeitsangaben, Zeichenklassen etc. vorsieht. Diese entspricht im Wesentlichen der aus der Sprache Perl bekannten Syntax (Abschnitt 7.2.6). Der Anhang enthält darüber hinaus eine Übersicht über die Spezialsymbole für die Anwendung in regulären Ausdrücken für XML Schema und XQuery.

■ Die Facette `whiteSpace` bestimmt, wie eine Zeichenkette zu behandeln ist, bevor die Validierung bezüglich des Datentyps vorgenommen wird. Bei `whiteSpace=replace` werden alle Tabulator- und Zeilenende/Wagenrücklauf-Zeichen aus der Repräsentation durch Leerzeichen ersetzt, bei `whiteSpace=collapse` außerdem noch führende und abschließende Leerzeichen unterdrückt und Folgen von Leerzeichen auf ein einziges reduziert, während `whiteSpace=preserve` den Wert unverändert übernimmt.

Das folgende Beispiel zeigt die Definition eines einfachen Typs `Wassertemperatur` auf Basis des vordefinierten Typs `decimal`. Das Präfix `xs:` steht dabei für den Namensraum von XML Schema `http://www.w3.org/2001/XMLSchema`. Die Temperatur soll zwischen 0 und 100 Grad liegen und auf höchstens zwei Nachkommastellen genau sein:

```
<xs:simpleType name="Wassertemperatur">
  <xs:restriction base="xs:decimal">
    <xs:fractionDigits value="2"/>
    <xs:minInclusive value="0.00"/>
    <xs:maxInclusive value="100.00"/>
  </xs:restriction>
</xs:simpleType>
```

Das zweite Beispiel zeigt die Verwendung der Facette pattern bei der Definition einer deutschen oder internationalen Telefonnummer mit Vorwahl:

```
<xs:simpleType name="Telefon_T">
  <xs:restriction base="xs:string">
    <xs:pattern
        value="(((\+\+|00)[1-9][0-9]{0,2})|0)[1-9][0-9-]+"/>
  </xs:restriction>
</xs:simpleType>
```

Die Zahl muss entweder mit einer Länderkennzahl (++ oder 00 gefolgt von einer Ziffer von 1 bis 9 und höchstens zwei weiteren Ziffern) oder einer 0 beginnen. Darauf muss eine Ziffer von 1 bis 9 folgen. Beliebig viele weitere Ziffern dürfen folgen.

Komplexe Typen werden benötigt, wenn modelliert werden soll, *Definition komplexer* dass Elemente über Attribute, Kindelemente oder einen leeren Inhalt *Typen* verfügen. Komplexe Typen können einen einfachen Inhalt (keine Kind-elemente, aber Inhalt) oder einen komplexen Inhalt aufweisen.

Der einfache Inhalt kann entweder durch Erweiterung oder durch *Einfacher Inhalt* Einschränkung eines einfachen Typs definiert werden. Das folgende Beispiel definiert einen komplexen Typ mit einfachem Inhalt durch Erweiterung des XML-Schematyps string um ein Attribut.

```
<xs:complexType name="Station_T">
  <xs:complexContent>
    <xs:extension base="xs:string">
      <xs:attribute name="Leitung" type="xs:string"
                    use="required"/>
    </xs:extension>
  </xs:complexContent>
</xs:complexType>
```

Folgendes Element entspricht dieser Typdefinition:

```
<Station Leitung="Schwester Anna">Radiologie</Station>
```

Dabei wird deutlich, dass der Name des Elementes unabhängig von seinem Typ ist – der Typname tritt in einem entsprechenden XML-Dokument nicht auf. Der Inhalt des Elementes ist einfach, enthält also keine Unterelemente. Trotzdem handelt es sich um einen komplexen Typ, da das Element über ein Attribut verfügt.

Komplexe Typen mit komplexem Inhalt erlauben die Angabe von *Komplexer Inhalt* Inhaltsmodellen, wobei drei Typen unterschieden werden:

■ *sequence*
  Die angeführten Unterelemente müssen in der spezifizierten Rei-henfolge vorkommen.

■ *choice*

Nur eines der angeführten Elemente darf auftreten.

■ *all*

Alle aufgeführten Elemente dürfen maximal einmal auftreten, wobei ihre Reihenfolge beliebig ist.

Urtyp Auch ein komplexer Typ mit komplexem Inhalt ist formal immer eine Erweiterung oder Einschränkung eines anderen Typs. Ist kein geeigneter anderer Typ vorhanden, kann auf den in XML Schema vordefinierten Urtyp anyType zurückgegriffen werden, wie das folgende Beispiel demonstriert:

```
<xs:complexType name="Operation_T">
  <xs:complexContent>
    <xs:restriction base="xs:anyType">
      <xs:sequence>
       <xs:element name="Beschreibung" type="xs:string"/>
       <xs:element name="Beginn" type="xs:dateTime" minOccurs="0"/>
       <xs:element name="Ende" type="xs:dateTime" minOccurs="0"/>
       <xs:choice minOccurs="0" maxOccurs="unbounded">
          <xs:element name="Anästhesie" type="xs:string"/>
          <xs:element name="Injektion" type="xs:string"/>
          <xs:element name="Infusion" type="xs:string"/>
       </xs:choice>
      </xs:sequence>
    </xs:restriction>
  </xs:complexContent>
</xs:complexType>
```

Da diese Einschränkung letztlich wenig aussagt, das Schema jedoch aufbläht, ist in diesem Fall eine verkürzte Schreibweise möglich:

```
<xs:complexType name="Operation_T">
  <xs:sequence>
    <xs:element name="Beschreibung" type="xs:string"/>
    <xs:element name="Beginn" type="xs:dateTime" minOccurs="0"/>
    <xs:element name="Ende" type="xs:dateTime" minOccurs="0"/>
    <xs:choice minOccurs="0" maxOccurs="unbounded">
      <xs:element name="Anästhesie" type="xs:string"/>
      <xs:element name="Injektion" type="xs:string"/>
      <xs:element name="Infusion" type="xs:string"/>
    </xs:choice>
  </xs:sequence>
</xs:complexType>
```

Das Beispiel zeigt, dass in sequence oder choice nicht nur Elemente, sondern auch weitere choice- oder sequence-Gruppen vorkommen dürfen. Außerdem demonstriert es die Verwendung der Häufigkeitsangaben bei Elementen. Werden minOccurs oder maxOccurs nicht angegeben, so wird jeweils der Wert 1 angenommen. Im Beispiel sind die Elemente Beginn und Ende optional, dürfen aber höchstens einmal auftreten, während die Elemente Anästhesie, Injektion und Infusion beliebig oft in beliebiger Reihenfolge erscheinen können. Folgendes Beispielelement genügt dieser Typdefinition:

```
<Operation>
  <Beschreibung>Implantation einer Metallplatte</Beschreibung>
  <Injektion>Schmerzmittel</Injektion>
  <Injektion>Narkotikum</Injektion>
  <Infusion>Kochsalzlösung</Infusion>
  <Injektion>Kreislaufmittel</Injektion>
</Operation>
```

Bei einem leeren Elementinhalt handelt es sich um einen komplexen Inhalt, da ja kein textueller Inhalt erlaubt sein soll. Dieser kann als Einschränkung von anyType definiert werden, wobei höchstens Attribute angegeben werden, also beispielsweise:

Leere Elemente und gemischter Inhalt

```
<xs:complexType name="verbrauchter_Artikel_T">
  <xs:complexContent>
    <xs:restriction base="xs:anyType">
      <xs:attribute name="Artikel_id" type="xs:string"
use="required"/>
      <xs:attribute name="Menge" type="xs:decimal" default="1.0"/>
    </xs:restriction>
  </xs:complexContent>
</xs:complexType>
```

oder kurz:

```
<xs:complexType name="verbrauchter_Artikel_T">
  <xs:attribute name="Artikel_id" type="xs:string" use="required"/>
  <xs:attribute name="Menge" type="xs:decimal" default="1.0"/>
</xs:complexType>
```

Dieses Beispiel zeigt auch die Häufigkeitsangaben für Attribute: use="required" signalisiert ein Attribut, das vorhanden sein muss, während use="optional" ein Attribut kennzeichnet, das auch entfallen darf (das ist die Voreinstellung). Ferner kann für ein Attribut ein Vorbelegungswert angegeben werden, der immer dann eingesetzt wird, wenn das Attribut nicht vorhanden ist. Für das Attribut Menge wird in diesem Fall immer der Wert 1.0 eingesetzt.

Auch hier wieder ein Beispiel für ein Element, das dieser Typdefinition entspricht:

```
<verbrauchter_Artikel Artikel_id="x1">
```

Gemischter Inhalt (»mixed content«) wird durch Hinzufügen von mixed="true" als Attribut von complexContent spezifiziert.

Gemischter Inhalt

Einschränkung bei komplexem Inhalt

Die Einschränkung von Typen mit komplexem Inhalt erfolgt dadurch, dass ein Typ definiert wird, der als Inhaltsmodell einen Ausschnitt aus dem Inhaltsmodell des eingeschränkten Typs hat: Alle Elemente oder Attribute, die bezüglich dieses Inhaltsmodells gültig sind, sind auch bezüglich des Inhaltsmodells des eingeschränkten Typs gültig. Einschränkungen können erfolgen

- in der erlaubten Anzahl (Erhöhung von minOccurs und/oder Erniedrigung von maxOccurs),
- durch Hinzufügen eines Vorbelegungswertes oder Setzen eines festen Wertes,
- durch Weglassen einer optionalen Komponente,
- durch Ersetzen eines einfachen Typs durch eine Einschränkung dieses Typs.

Der folgende Typ erlaubt nur noch höchstens eine Maßnahme in der Operation:

```
<xs:complexType name="Operation1_T">
  <xs:complexContent>
    <xs:restriction base="Operation_T">
      <xs:sequence>
        <xs:element name="Beschreibung" type="xs:string"/>
        <xs:element name="Beginn" type="xs:dateTime" minOccurs="0"/>
        <xs:element name="Ende" type="xs:dateTime" minOccurs="0"/>
        <xs:choice minOccurs="0" maxOccurs="1">
            <xs:element name="Anästhesie" type="xs:string"/>
            <xs:element name="Injektion" type="xs:string"/>
            <xs:element name="Infusion" type="xs:string"/>
        </xs:choice>
      </xs:sequence>
    </xs:restriction>
  </xs:complexContent>
</xs:complexType>
```

Attribute werden automatisch vom eingeschränkten Typ übernommen. Sollen optionale Attribute nicht übernommen werden, so können sie durch Angabe von use="prohibited" im eingeschränkten Typ unterdrückt werden.

Erweiterung von Typen

XML Schema erlaubt eine Erweiterung einer Typdefinition um Attribute und um Elemente im Inhaltsmodell. Im Inhaltsmodell kann allerdings immer nur hinten angefügt werden (dies impliziert eine sequence). In der folgenden Erweiterung werden die neuen Kindelemente Fähigkeit und Berufsklasse also hinter allen Kindelementen von Person_T angesiedelt:

```
<xs:complexType name="Freiwilliger_T">
  <xs:complexContent>
    <xs:extension base="Person_T">
      <xs:sequence>
        <xs:element name="Fähigkeit" type="xs:string"/>
        <xs:element name="Berufsklasse" type="xs:string"/>
      </xs:sequence>
    </xs:extension>
  </xs:complexContent>
</xs:complexType>
```

Die Gültigkeit bezüglich des Ursprungstyps ist für Werte des erweiterten Typs nicht gefordert. Die Erweiterung stellt also kein symmetrisches Konzept zur Einschränkung dar.

Die bisher gezeigten Typdefinitionen erzeugen benannte Typen. *Globale und lokale* Solche Typdefinitionen dürfen in einem XML Schema nur auf der ersten Hierarchiestufe stehen (als Kind des xs:schema-Elementes in einem XML Schema). Wie alle Definitionen auf dieser Stufe sind sie global, können also aus anderen Definitionen referenziert werden. Analog zu den Typen können Elemente und Attribute global definiert werden. Folgende Definition erzeugt, wenn sie auf der ersten Hierarchiestufe steht, ein globales Element vom Typ Operation_T:

Definitionen

```
<xs:element name="Operation" type="Operation_T"/>
```

Das Element könnte statt der Verwendung eines global definierten Typs auch einen lokalen anonymen Typ definieren, wie in folgender Definition:

```
<xs:element name="Bett">
  <xs:complexType>
    <xs:attribute name="ID" type="xs:ID" use="required"/>
    <xs:attribute name="Zimmernummer" type="Zimmernummer_T"/>
  </xs:complexType>
</xs:element>
```

Ein solcher anonymer Typ kann dann allerdings nicht von einer anderen Elementdefinition wiederverwendet werden.

2.5.2   Element- und Attributdefinitionen

Analog zu lokalen Typdefinitionen gibt es auch die lokalen Elementdefinitionen, wie sie bereits bei der Definition komplexer Typen verwendet wurden. Soll aber in einer solchen Definition ein global definiertes Element referenziert werden, so geschieht das durch ein ref-Attribut:

```
<xs:element name="Station">
  <xs:complexType>
    <xs:sequence>
      <xs:element name="Name" type="xs:string"/>
      <xs:element name="Standort" type="xs:string"/>
      <xs:element ref="Bett" minOccurs="0" maxOccurs="unbounded"/>
    </xs:sequence>
  </xs:complexType>
</xs:element>
```

Das Kindelement Bett wird durch Referenz auf das global definierte Element Bett definiert. Die Kindelemente Name und Standort sind lokale Elemente. Die Definition lokaler Elemente, die mit einer DTD nicht möglich ist, hat den Vorteil, dass Inhaltsmodelle gleichnamiger Elemente kontextabhängig sein können.

Analog können globale und lokale Attribute definiert und referenziert werden.

default

fixed

Wildcards

Elemente können einen komplexen oder einfachen Typ haben, Attribute hingegen nur einen einfachen Typ. Sowohl Elemente als auch Attribute können über die Attribute default und fixed mit Vorbelegungswerten oder festen Werten versehen werden.

In manchen Anwendungen ist der genaue Aufbau einiger Dokumentteile nicht relevant oder gegebenenfalls nicht a priori bekannt. Beispiel hierfür ist die Einbettung von XHTML in ein XML-Dokument. Die genaue Struktur des XHTML-Textes ist für die Schemadefinition irrelevant; interessant ist nur, dass es sich um XHTML handelt. XML Schema sieht für solche Zwecke mehrere Arten von Platzhaltern, so genannten wildcards, vor.

Als Platzhalter für Elemente gibt es any, für Attribute anyAttribute. Die erlaubten Elemente bzw. Attribute können nach ihrem Namensraum eingeschränkt sein: Es kann gefordert werden, dass sie

- einem Namensraum aus einer gegebenen Liste von Namensräumen angehören (namespace="http://www.xquery-buch/namespaces/n1 http://www.w3.org/1999/xhtml") oder
- einem bestimmten Namensraum nicht angehören (namespace="not http://www.w3.org/1999/xhtml") oder
- unqualifiziert sind (namespace="##local") oder
- demselben Namensraum angehören müssen wie das Schema (namespace="##targetNamespace") oder
- einem anderen Namensraum angehören als dem, für den das Schema definiert wurde (namespace="##other").

Außerdem kann definiert werden, ob eine Deklaration für die jeweiligen Elemente vorhanden sein muss (processContents="strict"), gemäß derer die Elemente gültig sein müssen, oder ob sie zu beachten ist, wenn vorhanden (processContents="lax"), oder ob sie zu ignorieren ist, selbst wenn sie vorhanden ist (processContents="skip"). *processContents*
Validierungsmodi

Das folgende Element erlaubt unter Befund gemischten Inhalt mit beliebigen Elementen aus dem XHTML-Namensraum, ohne deren Gültigkeit zu prüfen:

```
<xs:element name="Diagnose">
  <xs:complexType>
    <xs:sequence>
      <xs:element name="Datum" type="xs:dateTime"/>
      <xs:element name="Befund">
        <xs:complexType mixed="true">
          <xs:sequence>
            <xs:any namespace="http://www.w3.org/1999/xhtml"
                    processContents="skip"/>
          </xs:sequence>
        </xs:complexType>
      </xs:element>
      <xs:element name="Arzt" type="ArztLink_T"/>
    </xs:sequence>
  </xs:complexType>
</xs:element>
```

Die Ableitung von Typen aus anderen Typen haben wir bereits kennen gelernt. Sie stellt zunächst nur ein Konzept zur Definition dar. Jedes Element und jedes Attribut hat einen Typ, der von einem anderen abgeleitet sein kann. Wenn ein Dokument gegen die Element- oder Attributdefinition validiert wird, müssen der Name des Elementes oder Attributes und sein Typ mit der Schemadefinition übereinstimmen. Hier spielt die Ableitungshierarchie zunächst keine Rolle. Es gibt jedoch eine Möglichkeit, der Validierung zu signalisieren, dass für ein Element nicht gegen den im Schema definierten, sondern gegen einen davon abgeleiteten Typ validiert werden soll: Im zu validierenden XML-Dokument kann dem Element ein Attribut xsi:type hinzugefügt *xsi:type* werden (wobei xsi das Namensraumpräfix für den Namensraum http://www.w3.org/2001/XMLSchema-instance ist). Der Wert dieses Attributs gibt den Typ an, gegen den tatsächlich validiert werden soll. Dieser muss von dem im Schema definierten Typ durch Einschränkung oder Erweiterung abgeleitet sein. So kann man also beispielsweise in einem XML-Dokument zusätzliche Attribute für ein Element erlauben. Bei der Schemadefinition kann man ein solches »Umbiegen« der Typdefinition verhindern, wenn man der Elementdefinition das Attribut block hinzufügt. Als Wert kann man eine Liste angeben. Enthält diese Liste das Wort restriction, so ist in XML-Dokumenten ein xsi:type-Attribut mit einem durch Einschränkung abgeleiteten Typ verboten, im Falle von extension entsprechend ein durch Erweiterung abgeleiteter Typ.

Mit xsi:type ist es jedoch nicht möglich, den im Schema vorgegebenen Elementnamen zu überschreiben. Man kann aber schon bei der Schemadefinition festlegen, dass ein Element die Rolle eines anderen Elementes (mit anderem Namen) übernehmen darf. Global definierte

Ersetzungsgruppe Elemente können einer so genannten Ersetzungsgruppe (»substitution group«) angehören. Ein Element einer Ersetzungsgruppe ist der Ersetzungsgruppenkopf (»head of substitution group«). Die anderen Elemente der Ersetzungsgruppe signalisieren ihre Zugehörigkeit durch das Attribut substitutionGroup in der Elementdefinition, das als Wert den Namen des Ersetzungsgruppenkopfs hat. Dieser kann durchaus einem anderen Namensraum angehören. Allerdings muss der Typ des Elementes mit dem des Ersetzungsgruppenkopfs übereinstimmen oder von diesem durch Einschränkung oder Erweiterung abgeleitet sein. Die Schemavalidierung akzeptiert jedes Element der Ersetzungsgruppe anstelle des Ersetzungsgruppenkopfs. Dieses kann dadurch verhindert werden, dass das Attribut block in der Elementdefinition den Wert substitution enthält. Als Abkürzung für die Liste aus den Werten extension, restriction und substitution kann das Attribut block auch den Wert all enthalten.

Hier folgt ein Beispiel für eine Ersetzungsgruppe mit dem Ersetzungsgruppenkopf Angestellte. Dieser ist hier sogar als abstraktes Element definiert, was bedeutet, dass er selbst nicht vorkommen darf, sondern nur ein Element der Ersetzungsgruppe erlaubt ist. Die Typen der Mitglieder der Ersetzungsgruppe sind alle durch Erweiterung aus dem Typ Angestellte_T des Ersetzungsgruppenkopfs abgeleitet.

```
<xs:element name="Angestellte" type="Angestellte_T"
            abstract="true"/>
<xs:element name="Arzt" type="Arzt_T"
            substitutionGroup="Angestellte"/>
<xs:element name="Sekretärin" type="Sekretärin_T"
            substitutionGroup="Angestellte"/>
<xs:element name="Techniker" type="Techniker_T"
            substitutionGroup="Angestellte"/>
<xs:element name="Pfleger" type="Pfleger_T"
            substitutionGroup="Angestellte"/>
```

Somit kann im Element angestelltes_Personal eine beliebige Folge von Arzt-, Sekretärin-, Techniker- und Pfleger-Elementen auftreten (Abbildung 1–5).

```
<xs:element name="angestelltes_Personal">
  <xs:complexType>
    <xs:sequence>
      <xs:element ref="Angestellte" maxOccurs="unbounded"/>
    </xs:sequence>
  </xs:complexType>
</xs:element>
```

2.5.3 Konsistenzbedingungen

Neben Bedingungen an einzelne Werte, wie sie durch Angabe von Datentyp oder Facetten möglich sind, gibt es auch einige Möglichkeiten, Beziehungen zwischen verschiedenen Elementen oder Attributen in XML Schema auszudrücken. Die Eindeutigkeit eines Attributwertes oder Elementwertes (oder einer Kombination aus diesen) innerhalb eines Dokumentbereiches kann durch die Angabe unique verlangt werden. Im folgenden Beispiel wird festgelegt, dass ein Artikel nur einmal innerhalb eines Anästhesie-Elements auftreten darf (weil Mehrfachverwendung durch das Menge-Attribut abgebildet werden soll):

unique-Bedingung

```
<xs:element name="Anästhesie">
  <xs:complexType>
    <xs:sequence>
      <xs:element name="verbrauchter_Artikel"
                  type="verbrauchter_Artikel_T"/>
                  maxOccurs="unbounded"/>
    </xs:sequence>
  </xs:complexType>
  <xs:unique name="Artikel">
    <xs:selector xpath="verbrauchter_Artikel"/>
    <xs:field xpath="@Artikel_id"/>
  </xs:unique>
</xs:element>
```

Anästhesie gibt hier den Bereich an, innerhalb dessen Eindeutigkeit verlangt wird. Ein Patient kann mehrere Anästhesien hinter sich haben. Dann ist es legal, wenn in diesen jeweils derselbe Artikel verbraucht wurde. Der selector kennzeichnet das Objekt, das eindeutig sein soll (hier verbrauchter_Artikel), und das field nennt die eindeutigen Kennzeichen (hier das Attribut Artikel_id; es könnten aber auch mehrere Attribute oder Nachkommenknoten genannt werden). Daraus ergibt sich, dass der selector normalerweise mehrere Knoten identifiziert, während mit jedem field jeweils nur höchstens ein Knoten relativ zu diesen ausgewählt wird. Die Konsistenzbedingung selbst trägt den Namen Artikel.

Bei Verwendung von unique ist es durchaus erlaubt, dass der identifizierende Wert nicht vorhanden ist. Will man die Existenz des Wertes

key-Bedingung

erzwingen (was im Beispiel sinnvoll ist), muss man stattdessen key verwenden:

```
<xs:element name="Anästhesie">
  <xs:complexType>
    <xs:sequence>
      <xs:element ref="verbrauchter_Artikel"
                  maxOccurs="unbounded"/>
    </xs:sequence>
  </xs:complexType>
  <xs:key name="Artikelkey">
    <xs:selector xpath="verbrauchter_Artikel"/>
    <xs:field xpath="@Artikel_id"/>
  </xs:key>
</xs:element>
```

Auf einen Wert, der mit unique oder key eindeutig definiert ist, kann mittels keyref verwiesen werden, es kann also gefordert werden, dass an der gekennzeichneten Stelle nur ein Wert vorkommt, der auch als eindeutiger Wert auftritt (referenzielle Integrität). Hierzu wird der Name der Konsistenzbedingung verwendet. Folgender Ausschnitt zeigt, dass zum einen innerhalb einer Klinik die Stationsnamen eindeutig sein müssen, dass aber auch die Stationen, denen Ärzte zugeordnet sind, tatsächlich existieren müssen:

```
<xs:element name="Klinik">
  <xs:complexType>
    <xs:sequence>
      ...
      <xs:element ref="Stationen"/>
      ...
    </xs:sequence>
  </xs:complexType>
  <xs:key name="Station_pk">
    <xs:selector xpath=".//Station"/>
    <xs:field xpath="Name"/>
  </xs:key>
  <xs:keyref name="Arzt_Station_fk" refer="Station_pk">
    <xs:selector xpath=".//Arzt"/>
    <xs:field xpath="@Station"/>
  </xs:keyref>
</xs:element>
```

Sowohl die Eindeutigkeitsbedingung als auch die referenzielle Integrität beschränken sich auf ein Dokument. Dokumentübergreifende Konsistenzbedingungen kann man mit XML Schema nicht modellieren.

2.5.4   Das Schemadokument

Die Definitionen eines Schemas werden in einem XML-Dokument zusammengefasst, dessen Wurzelelement den Namen schema hat. In diesem Wurzelelement finden sich neben Definitionen von Namensraumpräfixen noch einige Attribute, die grundlegende Eigenschaften des Schemas festlegen:

■ *targetNamespace*
   Dieses Attribut gibt an, für welchen Namensraum das jeweilige Schema Definitionen enthält. In jedem Schema kann es Definitionen für höchstens einen Namensraum geben (fehlt das Attribut targetNamespace, so gehören die Definitionen des Schemas keinem Namensraum an). Um ein Schema für Dokumente zu definieren, die Elemente oder Attribute aus mehreren Namensräumen enthalten, gibt es neben den bereits eingeführten Wildcards auch die Möglichkeit des Schemaimports, auf den wir später eingehen.

■ *elementFormDefault* und *attributeFormDefault*
   Diese Attribute legen fest, ob lokal definierte Elemente oder Attribute dem Namensraum des Schemas angehören (qualified) oder keinem Namensraum angehören (unqualified). Dies kann durch das form-Attribut in der einzelnen Element- oder Attributdefinition überschrieben werden. Global definierte Attribute oder Elemente gehören immer dem Namensraum des Schemas an.

■ *blockDefault*
   Dieses Attribut kann verwendet werden, um die Vorbelegung für das block-Attribut anzugeben.

Ein sehr einfaches Schema sieht demnach wie folgt aus:

```
<?xml version="1.0" encoding="UTF-8"?>
<xs:schema xmlns:xs="http://www.w3.org/2001/XMLSchema"
           elementFormDefault="qualified"
           attributeFormDefault="unqualified"
           blockDefault="extension"
           targetNamespace="http://www.xquery-buch.de/Beispiel">
  <xs:element name="Artikel">
    <xs:complexType>
      <xs:sequence>
        <xs:element name="Nummer" type="xs:string"/>
        <xs:element name="Beschreibung" type="xs:string"/>
        <xs:element name="Einzelpreis" type="xs:decimal"
                    default="1.00"/>
      </xs:sequence>
      <xs:attribute name="ID" type="xs:ID" use="required"/>
      <xs:attribute name="Medikament" type="xs:boolean"
```

```
                            default="false"/>
                </xs:complexType>
              </xs:element>
            </xs:schema>
```

include   XML-Schemata können aus mehreren Schemadokumenten zusammengesetzt werden. Über ein `include`-Element können Schemadokumente eingefügt werden, die Deklarationen zu demselben Namensraum oder ohne Namensraumbindung enthalten. Schemadokumente, die einem anderen Namensraum angehören, können über `import` hinzugenommen werden. Dann ist es möglich, aus Definitionen auch auf

import   Elemente, Attribute, Typen etc. Bezug zu nehmen, die in diesem anderen Namensraum definiert sind. Das folgende `import`-Element, das als direktes Kind des `schema`-Elementes auftreten muss, macht das XLink-Schema zugänglich:

```
<xs:import namespace="http://www.w3.org/1999/xlink"
           schemaLocation="xlink.xsd"/>
```

2.5.5   Instanzbezogene Konzepte

XML Schema sieht vor, dass schemabezogene Attribute aus dem speziellen Namensraum `http://www.w3.org/2001/XMLSchema-instance` in jeglichen XML-Dokumenten stehen können. Für diesen Namensraum wird hier das Präfix `xsi:` benutzt. Mit `xsi:type` haben wir ein solches Attribut bereits kennen gelernt. Es steuert die Validierung, indem es angibt, nach welcher Typdefinition ein Element in einem XML-Dokument validiert werden soll.

xsi:nil   Aus Datenbanksystemen kennt man das Konzept der Nullwerte, das sich so in XML Schema nicht wiederfindet. Es gibt jedoch ein Konzept, das diesem ähnelt: Wenn einer Elementdeklaration `nillable="true"` hinzugefügt wurde, wird ein Element, das keinen Inhalt hat, als gültig akzeptiert, wenn es das Attribut `xsi:nil="true"` enthält, auch wenn der Typ des Elementes eigentlich keinen leeren Wert erlaubt. Mit diesem Konzept in XML Schema ist keine Verarbeitungssemantik (wie etwa dreiwertige Logik) verbunden. Eine solche Semantik wird erst durch die Verarbeitungslogik hinzugefügt.

xsi:schemaLocation
xsi:noNamespaceSchema-
Location

XML Schema definiert nicht, wie das Schema zu einem XML-Dokument gefunden wird. Eine Möglichkeit, aus dem Dokument das entsprechende Schema zu identifizieren, stellt das Attribut `xsi:schemaLocation` dar. Als Wert enthält es Paare aus einem Namensraum und einer Referenz auf ein zu diesem Namensraum gehöriges Schema. Über `xsi:noNamespaceSchemaLocation` kann ein Schema referenziert werden, das keinen Namensraum definiert.

Wird ein XML-Dokument gegen ein XML Schema oder eine DTD validiert, dann kommen möglicherweise Informationen zum Dokument hinzu, unter anderem Attributwerte für Attribute mit Vorbelegungswerten, die im XML-Dokument nicht explizit angegeben sind, aber auch Typinformation. Die entstehende Information nennt man *PSVI* »post schema validation infoset« (PSVI).

2.6   Verweise in XML

Wenn XML-Dokumente nicht rein textorientiert sind, besteht oft die Notwendigkeit, Beziehungen im XML-Dokument zu modellieren. In unserem Beispielszenario gibt es Beziehungen zwischen der Klinik und den Ärzten (Typ 1:N), zwischen Stationen und ihren leitenden Krankenpflegern (1:1), Beziehungen zwischen Patienten und ihren behandelnden Ärzten (Typ N:M) und viele weitere.

2.6.1   Verweise innerhalb eines XML-Dokumentes

Beziehungen zwischen Entitäten kann man in XML mit verschiedenen Mitteln modellieren Das natürlichste Mittel, das XML zu bieten hat, ist die Hierarchie. Jedes Mitglied des Personals einer Klinik ist als Nachkommenelement der Klinik modelliert, also der Klinik in der XML-Struktur hierarchisch untergeordnet. Die Modellierung mit Hierarchien ist jedoch begrenzt: Jedes Element kann nur bezüglich einer Beziehung in einer hierarchischen Abhängigkeit stehen. Da Pfleger sich bereits als Personal der Klinik in einer Hierarchiebeziehung befinden, kann die Tatsache, dass sie möglicherweise eine Station leiten, nicht als Hierarchie modelliert werden. Es handelt sich um eine Beziehung zwischen Elementen, die in demselben XML-Dokument enthalten sind. Hier kennt XML die Möglichkeit der Beziehungen über Attribute des Typs ID und IDREF. Die Pfleger-Elemente erhalten einen im Dokument eindeutigen Wert für ihr ID-Attribut (das hier den Namen ID trägt). Im Station-Element wird mit einem IDREF-Attribut (namens Leitung) auf diesen Wert verwiesen:

```
<Pfleger ID="Pfleger_01" Station="Notaufnahme">...</Pfleger>
<Station Leitung="Pfleger_01">
  <Name>Notaufnahme</Name>
  <Standort>vorort</Standort>
</Station>
```

In DTD oder XML Schema müssen die Typen der Attribute entsprechend definiert werden. Es ist allerdings nicht möglich, zu bestimmen, dass ein IDREF-Attribut ein Element eines bestimmten Typs referenzieren soll. Die XQuery-Funktion fn:id() (Abschnitt 5.2.1) unterstützt die Navigation von einem IDREF-Attribut zum entsprechenden Element.

In XML Schema gibt es als weitere Möglichkeit die key/keyref-Beziehung, die eine rein wertebasierte, durch die Validierung garantierte Form des Verweises darstellt. Die Verfolgung eines solchen Verweises muss in XQuery als expliziter Verbund (»join«) dargestellt werden (Abschnitt 5.2.2).

Diese Formen der Modellierung sind auf Beziehungen innerhalb eines XML-Dokumentes beschränkt. Für Beziehungen zwischen XML-Dokumenten muss man auf andere Mechanismen zurückgreifen. Für diesen Zweck bietet sich eine Modellierung basierend auf XLink [W3C-6] an.

2.6.2 Verweise zwischen XML-Dokumenten

In seiner einfachen Form gleicht ein XLink dem aus HTML bekannten Verweiselement A:

```
<A HREF="Hochwaldklinik.html">Hochwaldklinik</A>
```

Auch ein einfacher XLink verweist aus einer Quelle auf ein Ziel. Allerdings ist bei XLink kein bestimmter Elementname (wie das A oder IMG bei HTML) vorgeschrieben. Vielmehr kann jedes Element die Rolle eines Verweises übernehmen. In der einfachen Form eines XLink wird das dadurch erreicht, dass dem Element Attribute aus dem XLink-Namensraum http://www.w3.org/1999/xlink hinzugefügt werden. Die wichtigsten Attribute für diese einfache Form sind:

■ *type*
Dieses Attribut gibt den Typ des XLink-Verweises an und hat für die einfache Form den Wert simple.

■ *href*
Mit href wird das Ziel des Verweises in Form einer URI angegeben.

■ *role* oder *arcrole*
Sie geben die Semantik des Verweises an und haben als Wert eine URL, die auf eine Beschreibung dieser Semantik zeigt.

■ *title*
Dieses Attribut benennt den Verweis in lesbarer Form. Sein Wert kann von einer Anwendung z. B. zur Darstellung des Verweises benutzt werden. Bei HTML wird hierfür der Inhalt des Elementes verwendet. Da XLink keine Elementnamen vorschreibt, und damit

auch beliebige Elemente beliebigen Inhaltes die Rolle eines Verweises – neben ihrer sonstigen Funktion – mit übernehmen, ist ein
solches Attribut sinnvoll.

Bis auf das type-Attribut sind diese Attribute optional, können also
auch weggelassen werden. Der Aufwand im einzelnen Element lässt
sich durch entsprechende Vorbelegung in XML Schema oder in der
DTD reduzieren.

```
<!ATTLIST Verweis
   xmlns:xlink CDATA     FIXED    "http://www.w3.org/1999/xlink"
   xlink:type  (simple) FIXED    "simple"
   xlink:href  CDATA     REQUIRED
   xlink:title CDATA     IMPLIED>
```

Hier wurde der Wert für type festgeschrieben. Außerdem wurde die
Namensraumdefinition diesem Element fest zugeordnet. Das ist sinnvoll, da DTDs – wie erwähnt – Namensräume nicht unterstützen und
man zur besseren Erweiterbarkeit der DTD keine Annahmen darüber
treffen sollte, welche Namensraumpräfixe im Kontext des Elementes
definiert sind und wie diese definiert sind.

Dieses einfache Beispiel zeigt aber nur einen kleinen Teil der Möglichkeiten, die XLink bietet. Während hier ein Verweis in der Quelle
selbst eingebettet ist und nur auf ein einziges Ziel zeigt, möchte man
oft mehr als zwei Ressourcen verbinden oder einen Verweis nicht nur
in einer Richtung etablieren. Diese Möglichkeit bietet der erweiterte
XLink, auf den wir in diesem Buch aber nicht eingehen.

XLink stellt einen Mechanismus bereit, wie Verbindungen zwischen verschiedenen Ressourcen definiert werden können. Die Referenzierung erfolgt dabei, sofern es sich nicht um eine lokale Ressource
handelt, über eine URI. Nun sollen oft nicht nur ganze XML-Dokumente, sondern bestimmte Stellen darin referenziert werden. In unserem Beispiel soll beispielsweise von einem Element Operation auf ein
bestimmtes Arzt-Element im Klinik-Dokument verwiesen werden.

Hierzu kann auf XPointer [W3C-9] zurückgegriffen werden. *XPointer*
XPointer erlaubt die Adressierung von einzelnen Stellen in einem
XML-Dokument (point) sowie in Bereichen (range) und Mengen solcher Stellen und Bereiche. Für unser Beispiel relevant ist die Adressierung über ID-Attribute des Zieldokumentes. An die URI des Zieldokumentes wird, durch »#« getrennt, ein XPointer mit folgender Form
angefügt:

```
xpointer(id("Arzt_01"))
```

Damit zeigt die URL `Hochwaldklinik.xml#xpointer(id("Arzt_01"))` auf
das Element, das ein Attribut vom Typ ID mit dem Wert `"Arzt_01"`
hat. Es gibt hier übrigens die äquivalente Kurzschreibweise
`Hochwaldklinik.xml#Arzt_01`. Mit XPointer lassen sich auch Elemente
desselben Dokumentes referenzieren. Dann kann der Dokumentanteil
ganz wegfallen: `#xpointer(id("Arzt_01"))`

2.7   Ausblick auf XQuery

Nachdem nun die XML-Grundlagen aufgefrischt und damit die Vor-
aussetzungen für die detaillierte Einführung in XQuery gegeben sind,
werden wir nacheinander einzelne Bausteine von XQuery vorstellen.
Wir beginnen mit dem Typkonzept in Kapitel 3, gefolgt von einfachen
XQuery-Ausdrücken in Kapitel 4, den so genannten FLWOR-Ausdrücken als wichtigstem Baustein in Kapitel 5 und weiteren XQuery-Ausdrücken und Funktionen in Kapitel 6 und 7. Dieses Vorgehen reflektiert einen systematischen Aufbau, könnte aber andererseits auch für
manchen Leser, der XQuery noch gar nicht kennt, den Wunsch nach
einem frühen Gesamtüberblick wecken. Daher geben wir in diesem
Kapitel einen ganz knappen ersten Ausblick auf XQuery, in dem die
wichtigsten Bausteine schon einmal angerissen werden. Dabei werden
wir uns auf das in Abschnitt 1.3 vorgestellte Krankenhausbeispiel
beziehen.

fn:doc()   Die aus XPath 1.0 bekannten Pfadausdrücke sind nach XQuery
übernommen worden. Ein Pfadausdruck ist damit schon ein einfacher
XQuery-Ausdruck, der die Navigation in Dokumenten erlaubt. Allerdings muss immer ein Bezugspunkt (Kontext) für den Pfadausdruck
hergestellt werden. Im Allgemeinen wird sich ein Pfadausdruck auf
Daten in Dateien oder Datenbanken beziehen. Viele Pfadausdrücke
beginnen daher mit dem Zugriff auf solche Daten, um darauf dann zu
navigieren. Einen solchen Zugriff erlaubt die Funktion `fn:doc()`, die
eine URI als Eingabeargument erhält und das adressierte Dokument
zurückliefert, so dass Pfadausdrücke darauf angewendet werden können (Abschnitt 4.7). Der folgende Ausdruck ist somit eine gültige
XQuery-»Anfrage« und liefert alle Ärzte der Hochwaldklinik:

> `fn:doc("http://www.xquery-buch.de/Hochwaldklinik.xml")//Arzt`[4]

---

4. Ein doppelter Schrägstrich zu Beginn eines Pfadausdrucks symbolisiert eine
   Suche in dem gesamten Dokument; die Abkürzung wird detailliert in
   Abschnitt 4.6 erläutert.

Die in XQuery eingebauten Funktionen gehören alle zu einem *fn:*
Namensraum, für den fn als Präfix vordefiniert ist. Nun kann XQuery
natürlich mehr als nur in Dokumenten navigieren. Eine wichtige Funktionalität ist die Konstruktion von Ergebnissen. So genannte Elementkonstruktoren erlauben es, die Struktur eines XQuery-Ergebnisses frei
zu definieren. Die Syntax dazu entspricht der Elementsyntax von
XML. Folgender Ausdruck erzeugt ein Element, das eine Station
beschreibt:

```
<Station Leitung="Pfleger_01">
  <Name>Notaufnahme</Name>
  <Standort>Vorort</Standort>
</Station>
```

Ein solches Element aus statischen Einträgen ist nur begrenzt nützlich.   *Dynamischer Inhalt*
Daher kann der Elementinhalt auch dynamisch berechnet werden.
Dazu werden Ausdrücke, die berechnet werden sollen, in geschweifte
Klammern eingefasst. Der folgende Ausdruck liefert die Ärzte einer
Klinik als Kindelemente eines Elementes Arztliste:

```
<Arztliste>
{
  fn:doc("http://www.xquery-buch.de/Hochwaldklinik.xml")//Arzt
}
</Arztliste>
```

Wenn beispielsweise nicht alle Daten eines Arztes, sondern nur sein
Vor- und Nachname ausgegeben werden sollen, wird noch mehr Flexibilität benötigt. Die Arzt-Elemente werden im folgenden Beispiel einzeln betrachtet und nur Vor- und Nachname werden in das Ergebnis
übernommen:

```
<Arztliste>
{
  for $arzt in
    fn:doc("http://www.xquery-buch.de/Hochwaldklinik.xml")//Arzt
  return
    <Arzt>
      {$arzt//Vorname}
      {$arzt//Nachname}
    </Arzt>
}
</Arztliste>
```

Im Beispiel ergibt sich:

```
<Arztliste>
  <Arzt>
    <Vorname>Benjamin</Vorname>
    <Nachname>Naumann</Nachname>
  </Arzt>
  <Arzt>
    <Vorname>Susan</Vorname>
    <Nachname>Shore</Nachname>
  </Arzt>
  <Arzt>
    <Vorname>Phillip</Vorname>
    <Nachname>Meier</Nachname>
  </Arzt>
</Arztliste>
```

FLWOR-Ausdruck Dies ist nun schon das erste Beispiel eines FLWOR-Ausdrucks, des mächtigsten XQuery-Konstrukts. In einem FLWOR-Ausdruck werden zunächst Variablen an Werte gebunden. Geschieht das in einer for-Klausel, wie im obigen Beispiel, dann werden nacheinander alle Werte der rechten Seite an die Variable gebunden. Geschieht es jedoch in einer let-Klausel, dann werden alle Werte auf einmal an die Variable gebunden. Wird im obigen Ausdruck das for $arzt in durch ein let $arzt := ersetzt, dann ergibt sich

```
<Arztliste>
  <Arzt>
    <Vorname>Benjamin</Vorname>
    <Vorname>Susan</Vorname>
    <Vorname>Phillip</Vorname>
    <Nachname>Naumann</Nachname>
    <Nachname>Shore</Nachname>
    <Nachname>Meier</Nachname>
  </Arzt>
</Arztliste>
```

Das liegt daran, dass alle Arzt-Elemente auf einmal an die Variable $arzt gebunden werden und daher der Ausdruck $arzt//Vorname die Vornamen aller Ärzte zum Ergebnis hat. Schließlich kann auch noch eine Auswahl getroffen werden, indem ähnlich wie bei SQL eine where-Klausel eingesetzt wird:

```
<Arztliste>
{
  for $arzt in
     fn:doc("http://www.xquery-buch.de/Hochwaldklinik.xml")//Arzt
  where $arzt/Adresse/Stadt="Berlin"
  return
     <Arzt>
       {$arzt//Vorname}
       {$arzt//Nachname}
     </Arzt>
}
</Arztliste>
```

Das Ergebnis kann auch sortiert werden:

```
<Arztliste>
{
  for $arzt in
     fn:doc("http://www.xquery-buch.de/Hochwaldklinik.xml")//Arzt
  where $arzt/Adresse/Stadt="Berlin"
  order by $arzt//Nachname, $arzt//Vorname
  return
     <Arzt>
       {$arzt//Vorname}
       {$arzt//Nachname}
     </Arzt>
}
</Arztliste>
```

Nun erklärt sich auch der Name FLWOR-Ausdruck, nämlich aus den Klauseln for, let, where, order by und return. Da for- und let-Klauseln mehrfach auftreten können und auch mehrere Variablen in diesen Klauseln gebunden werden können, lassen sich mit FLWOR-Ausdrücken Daten in komplexer Weise verknüpfen. Dies sei mit einem einfachen Verbund angedeutet, in dem zu jeder Station der Name des leitenden Pflegers ausgegeben wird:

```
let $k := fn:doc("http://www.xquery-buch.de/Hochwaldklinik.xml")
for $station in $k//Station,
    $pfleger in $k//Pfleger
where $station/@Leitung = $pfleger/@ID
return
  <Station>
    {$station/Name}
    <Leitung>
      {$pfleger//Vorname}
      {$pfleger//Nachname}
    </Leitung>
  </Station>
```

Im Beispielszenario ergibt sich:

```
<Station>
  <Name>Notaufnahme</Name>
  <Leitung>
    <Vorname>Dagmar</Vorname>
    <Nachname>Guldenstern</Nachname>
  </Leitung>
</Station>
<Station>
  <Name>Rehabilitation</Name>
  <Leitung>
    <Vorname>Sandy</Vorname>
    <Nachname>Murawitz</Nachname>
  </Leitung>
</Station>
...
```

Ebenso ist eine Gruppierung möglich, wie der folgende XQuery-Ausdruck zeigt, der das Pflegepersonal nach Stationen gruppiert auflistet:

```
let $k := fn:doc("http://www.xquery-buch.de/Hochwaldklinik.xml")
for $station in $k//Station
return
  <Station>
    {$station/Name}
    <Pflegepersonal>
      {for $pfleger in $k//Pfleger
       where $pfleger/@Station = $station/Name/text()
       return $pfleger//Nachname}
    </Pflegepersonal>
  </Station>
```

XQuery bietet auch eine große Zahl eingebauter Funktionen, die spätestens in Kapitel 7 vorgestellt werden. Das folgende Beispiel zeigt den Aufruf einer solchen Funktion. Das Pflegepersonal wird nicht mehr aufgelistet, sondern nur noch gezählt:

```
let $k := fn:doc("http://www.xquery-buch.de/Hochwaldklinik.xml")
for $station in $k//Station
return
  <Station>
    {$station/Name}
    <Pflegepersonal>
      {fn:count(for $pfleger in $k//Pfleger
                where $pfleger/@Station = $station/Name/text()
                return $pfleger)}
    </Pflegepersonal>
  </Station>
```

Diese Beispiele mögen genügen, um einen ersten Eindruck von XQuery zu erhalten und die Konzepte, die in den folgenden Kapiteln eingeführt werden, einordnen zu können.

2.8   Zusammenfassung

In diesem Kapitel werden die Basiskonzepte von XML kurz angesprochen, um für die folgenden Kapitel klare Sprachregelungen zu etablieren. Im ersten Abschnitt werden dabei die Grundlagen von XML-Dokumenten wiederholt und es wird gezeigt, dass XML mit seiner einfachen Struktur eine ausbaufähige Basis bildet. Nach einer kurzen Einführung in Unicode wird ausführlich das Konzept der Namensräume im Allgemeinen und speziell mit Blick auf den XML-Namensraum diskutiert. Namensraumkonzepte ermöglichen dabei grundsätzlich die Integration mehrerer XML-Vokabulare.

Einen umfangreichen Teil nimmt die Einführung in die Schemabeschreibungen mit Hilfe von XML Schema ein, die in Abschnitt 2.5 erfolgt. XML Schema mit seinem reichen Typkonzept und weiteren mächtigen Modellierungsmöglichkeiten hat die noch aus SGML stammende DTD von XML 1.0 weitgehend abgelöst. Diskutiert werden im Einzelnen das allgemeine Typkonzept, gefolgt von Attribut- und Elementdefinitionen. Im Bereich der Konsistenzbedingungen werden Techniken wie ID/IDREF, UNIQUE und KEY/KEYREF theoretisch und am konkreten Beispiel gezeigt. Die umfassende Einführung in XML Schema wird abgeschlossen durch die Erläuterung des Aufbaus eines Schemadokumentes und die Beschreibung von instanzbezogenen Konzepten wie das Konzept der Nullwerte.

An die Beschreibung von XML Schema knüpft sich die Erläuterung von Möglichkeiten, dokumentübergreifende Verweise zu realisieren, wobei die Kombination von XPointer und XLink als wichtigste Konzepte gelten. Das Kapitel wird durch einen ersten Blick auf XQuery abgerundet, der als Vorgeschmack die Lektüre der folgenden Kapitel erleichtern soll, in denen die Konzepte von XQuery in der Tiefe eingeführt werden.

2.9   Übungen

1. *Namensraumbehandlung*
   Gegeben ist folgendes XML Schema:

```
<xs:schema
  targetNamespace="http://www.xquery-buch.de/namespaces/Person"
  xmlns:P="http://www.xquery-buch.de/namespaces/Person"
  xmlns:xs="http://www.w3.org/2001/XMLSchema"
  elementFormDefault="qualified"
  attributeFormDefault="unqualified">
  <xs:element name="Person">
    <xs:complexType>
      <xs:sequence>
        <xs:element name="Name" type="xs:string"/>
      </xs:sequence>
      <xs:attribute name="Geburtsdatum" type="xs:date"/>
      <xs:attribute name="Telefonnummer" type="xs:string"
                    form="qualified"/>
    </xs:complexType>
  </xs:element>
</xs:schema>
```

Welche der folgenden XML-Dokumente sind bezüglich dieses Schemas gültig?

a)
```
<Person Geburtsdatum="1970-01-01"
        Telefonnummer="">
  <Name>Emil Müller</Name>
</Person>
```

b)
```
<P:Person P:Geburtsdatum="1970-01-01"
          P:Telefonnummer=""
          xmlns:P="http://www.xquery-buch.de/namespaces/Person">
  <Name>Emil Müller</Name>
</P:Person>
```

c)
```
<P:Person P:Geburtsdatum="1970-01-01"
          P:Telefonnummer=""
          xmlns:P="http://www.xquery-buch.de/namespaces/Person">
  <P:Name>Emil Müller</P:Name>
</P:Person>
```

d)
```
<P:Person Geburtsdatum="1970-01-01"
          P:Telefonnummer=""
          xmlns:P="http://www.xquery-buch.de/namespaces/Person">
  <P:Name>Emil Müller</P:Name>
</P:Person>
```

e)
```
<Q:Person Geburtsdatum="1970-01-01"
          Q:Telefonnummer=""
          xmlns:Q="http://www.xquery-buch.de/namespaces/Person">
  <Q:Name>Emil Müller</Q:Name>
</Q:Person>
```

f)
```
<Person Geburtsdatum="1970-01-01"
        Telefonnummer=""
        xmlns="http://www.xquery-buch.de/namespaces/Person">
  <Name>Emil Müller</Name>
</Person>
```

2. *XLink und XPointer*

   Gegeben sei folgendes XML Schema:

```
<xs:schema xmlns:xs="http://www.w3.org/2001/XMLSchema">
  <xs:element name="Bücher">
    <xs:complexType>
      <xs:sequence>
        <xs:element name="Buch" maxOccurs="unbounded">
          <xs:complexType>
            <xs:attribute name="ISBN" type="xs:ID"
use="required"/>
            <xs:attribute name="Titel" type="xs:string"/>
          </xs:complexType>
        </xs:element>
      </xs:sequence>
    </xs:complexType>
  </xs:element>
  <xs:element name="Person">
    <xs:complexType>
      <xs:sequence>
        <xs:element name="Autorenschaft" minOccurs="0"
                    maxOccurs="unbounded"/>
      </xs:sequence>
      <xs:attribute name="Titel" type="xs:string"/>
    </xs:complexType>
  </xs:element>
</xs:schema>
```

Ergänzen Sie das Schema so, dass ein Element Autorenschaft über XLink/XPointer auf ein entsprechendes Buch des Autors verweisen kann. Nehmen Sie dazu an, dass es ein entsprechendes Schema für XLink und XPointer schon gibt. Geben Sie ein Dokument mit dem Wurzelelement Bücher und zwei Buchelementen an. Dieses Dokument sei unter http://www.xquery-buch.de/Kapitel2/Buecher.xml gespeichert. Beide Bücher sollen von demselben Autor stammen. Geben Sie ein Beispieldokument für den Autor an.

3 Das XQuery-Datenmodell

Um die Semantik von XQuery genau spezifizieren zu können, wurde das XQuery-Datenmodell eingeführt, das im Folgenden beschrieben wird. Ein eigenes Datenmodell ist erforderlich, weil XQuery nicht nur mit einzelnen XML-Fragmenten, sondern mit einer größeren Vielfalt von Objekten umgehen muss, zum Beispiel mit Mengen von XML-Dokumenten, mit einzelnen numerischen Werten oder sogar mit einer Mischung daraus. Bevor ein XML-Dokument von XQuery verarbeitet werden kann, wird es in eine Instanz des Datenmodells umgewandelt. Dabei fließt vorhandene Information ein, die aus der Validierung des Dokumentes gegen eine ggf. vorhandene DTD oder ein XML Schema gewonnen wird. XQuery ist bezüglich des Datenmodells abgeschlossen: Jeder XQuery-Ausdruck operiert auf einer Instanz des XQuery-Datenmodells und liefert eine Instanz des XQuery-Datenmodells.

Das grundlegende Konstrukt des Datenmodells von XQuery ist die *Sequenz*. Alle XQuery-Ausdrücke operieren auf einer oder mehreren Sequenzen und liefern wieder eine Sequenz. Im ersten Abschnitt dieses Kapitels werden daher Sequenzen zusammen mit den auf ihnen definierten Funktionen eingeführt. Sequenzen können aus atomaren Werten und Knoten bestehen, die in den folgenden Abschnitten erläutert werden. *[Sequenz]*

Eine wichtige Anforderung an XQuery ist, mit allen Arten von XML-Dokumenten umgehen zu können, unabhängig davon, ob sie nun gar keine Typinformation, wenig Typinformation (DTD) oder eine sehr genaue Typbeschreibung haben (zum Beispiel durch XML Schema). Dieses breite Spektrum ist sicher einer der Gründe, warum das Typsystem von XQuery recht komplex und umfangreich geraten ist. Besonders die Vielfalt von typbezogenen Operationen überrascht zunächst. Am Schluss des Kapitels werden die Typnotation von XQuery und die typbezogenen Operationen vorgestellt. *[Typinformation]*

3.1   Sequenzen

Sequenzen sind die zentrale Datenstruktur in XQuery. In diesem Abschnitt wird zunächst die Struktur von Sequenzen eingeführt. Anschließend werden Funktionen und Operatoren darauf vorgestellt.

3.1.1   Struktur einer Sequenz

Eintrag

Eine Sequenz besteht aus keinem, einem oder mehreren Einträgen (»items«). Ein solcher Eintrag ist entweder ein atomarer Wert oder ein Knoten, wobei nicht gefordert ist, dass eine Sequenz aus homogenen Einträgen besteht. Eine Sequenz kann dadurch konstruiert werden,

Kommaoperator

dass die einzelnen Einträge – durch Komma getrennt – aneinander gereiht werden. Eine Klammerung verdeutlicht die Sequenzbildung, ist aber in vielen Fällen nicht erforderlich. Die leere Sequenz kann jedoch nur durch () dargestellt werden. Eine leere Sequenz ist von »Nichts« zu unterscheiden. Besonders bei einem Funktionsaufruf ist es ein Unterschied, ob der Aufruf ohne Argument oder mit einer leeren Sequenz als Argument erfolgt.

Eine Sequenz aus einem Eintrag ist von diesem Eintrag nicht unterscheidbar. Anders formuliert: Auch ein einzelner Wert ist im Sinne von XQuery eine Sequenz. Konsequenterweise können Sequenzen nicht ineinander verschachtelt sein. Somit sind folgende Sequenzen identisch:

- (1, 2, 1) und (1, (2, 1))
  liefert eine Sequenz aus drei Zahlen
- (1, (),<B/>) und (1, <B/>)
  liefert eine Sequenz aus Zahl und Knoten
- (<A/>) und <A/>
  liefert eine Sequenz mit nur einem Eintrag
- () und ((),())
  liefert die leere Sequenz

Eine Sequenz ist geordnet und hat keine Mengeneigenschaften, kann also Duplikate (mehrfach vorkommende Werte oder Knoten) enthalten).

3.1.2   Funktionen und Operationen auf Sequenzen

Da jeder Ausdruck in XQuery eine Sequenz ergibt, sind konsequenterweise auch alle Funktionen in XQuery Funktionen auf Sequenzen. In diesem Abschnitt sollen aber nur die Funktionen behandelt werden, die sich mit der Struktur von Sequenzen befassen. Hier unterscheiden wir zwei Gruppen: In der ersten Gruppe wird die Kardinalität von Sequenzen betrachtet, in der zweiten werden Sequenzen verändert.

Bei der Syntaxdarstellung werden die Parameter, die Sequenzen darstellen, immer mit $seq benannt. Die Notation item()* steht für einen allgemeinen Sequenztyp. Manche Funktionen und Operationen sind nur für Sequenzen aus atomaren Werten oder Sequenzen aus Knoten definiert. Diese werden in späteren Abschnitten behandelt.

item()*

Kardinalität von Sequenzen

Wie bereits erwähnt, liefert jeder XQuery-Ausdruck eine Sequenz. Oft hat der Autor eines Ausdrucks aber eine genaue Vorstellung davon, ob die sich ergebende Sequenz aus genau einem Eintrag bestehen soll, ob sie leer sein darf oder nicht. Mit den Funktionen fn:zero-or-one(), fn:one-or-more(), fn:exactly-one(), fn:exists() und fn:empty() kann man die gewünschten Eigenschaften einer Sequenz entsprechend sicherstellen. Die Anzahl der Einträge einer Sequenz kann mit fn:count() bestimmt werden. Tabelle 3–1 zeigt die Signaturen dieser Funktionen.

fn:zero-or-one()
fn:one-or-more()
fn:exactly-one()
fn:exists()
fn:empty()
fn:count()

Signatur	Beschreibung
fn:zero-or-one($seq as item()*) as item()?	liefert die Eingabesequenz, falls sie höchstens einen Eintrag hat, ansonsten wird ein Fehler erzeugt
fn:one-or-more($seq as item()*) as item()+	liefert die Eingabesequenz, falls sie mindestens einen Eintrag hat, ansonsten wird ein Fehler erzeugt
fn:exactly-one($seq as item()*) as item()	liefert die Eingabesequenz, falls sie genau einen Eintrag hat, ansonsten wird ein Fehler erzeugt
fn:empty($arg as item()*) as xs:boolean	liefert true, wenn die Eingabesequenz leer ist, sonst false
fn:exists($arg as item()*) as xs:boolean	liefert true, wenn die Eingabesequenz nicht leer ist, sonst false
fn:count($seq as item()*) as xs:integer	liefert die Anzahl der Einträge einer Sequenz

Tab. 3–1   *Funktionen zur Abfrage der Kardinalität von Sequenzen*

Die folgenden Ausdrücke liefern jeweils ihr Eingabeargument zurück:

```
fn:zero-or-one(())
fn:zero-or-one(1)
fn:zero-or-one((1))
fn:exactly-one((1))
fn:one-or-more(1)
fn:one-or-more((1,2))
```

Veränderung von Sequenzen

Die Verkettung von Sequenzen mit dem Kommaoperator haben wir bereits kennen gelernt. Mit diesem Operator kann man auch einzelne Einträge an eine Sequenz anfügen:

```
let $seq := (1, 2, 3)
return ($seq, 4)
```

liefert

```
(1, 2, 3, 4)
```

fn:insert-before()

fn:remove()

Es ist mittels der Funktion fn:insert-before() auch möglich, an anderen Stellen der Sequenz Einträge einzufügen. Das Löschen von Einträgen kann mit fn:remove() erreicht werden. Dabei wird jeweils die betreffende Position angegeben. Folgendes Beispiel ersetzt den Eintrag an Position 3 durch den Eintrag "Neu"

```
let $seq := ("E1", "E2", "E3", "E4", "E5")
return fn:insert-before(fn:remove($seq, 3), 3, "Neu")
```

Ergebnis:

```
("E1", "E2", "Neu", "E4", "E5")
```

fn:reverse()

fn:subsequence()

Die Reihenfolge der Einträge in einer Sequenz kann mit fn:reverse() umgedreht werden. Schließlich kann man mit fn:subsequence() einen Ausschnitt aus einer Sequenz bilden, indem Startposition und Anzahl der Elemente angegeben werden. Diese beiden Angaben sind hier Werte vom Typ xs:double. Sie werden zunächst gerundet, um auf Werte des Typs xs:integer zu kommen. Wenn die Angabe einer Anzahl fehlt, wird die Eingabesequenz ab der Startposition bis zum Ende ausgegeben. Beispielsweise ergibt folgender Ausdruck

```
let $seq := (6,5,4,3,2,1,0)
return subsequence(($seq, fn:reverse($seq)),
                   fn:count($seq) div 2,
                   fn:count($seq))
```

die Sequenz

```
(3,2,1,0,0,1,2)
```

Eine besondere Rolle spielt die Funktion `fn:unordered()`. Sie repräsentiert lediglich den Verzicht auf eine bestimmte Reihenfolge. Eine XQuery-Implementierung kann dies zur Optimierung verwenden. So kann beispielsweise bei einer Vereinigung von Sequenzen mit dem Operator `union` (Abschnitt 3.7.3) darauf verzichtet werden, die Dokumentreihenfolge herzustellen:

fn:unordered()

```
fn:unordered($seq1 union $seq2)
```

Tabelle 3–2 gibt eine Übersicht über die besprochenen Funktionen.

Signatur	Beschreibung

`fn:insert-before(`
`  $seq as item()*,`
`  $position as xs:integer,`
`  $seqneu as item()*)`
`as item()*`
	liefert eine neue Sequenz, bei der die Einträge aus der Sequenz `$seqneu` an Position `$position` in die Sequenz `$seq` eingeschoben wurden; ist `$position` größer als die Anzahl der Einträge in `$seq`, wird `$seqneu` an `$seq` angehängt; hat `$position` den Wert 1 oder kleiner, wird `$seqneu` den Einträgen aus `$seq` vorangestellt

`fn:remove(`
`  $seq as item()*,`
`  $position as xs:integer)`
`as item()*`
	liefert eine neue Sequenz, die daraus entsteht, dass in `$seq` der Eintrag an Position `$position` entfernt wird; bei ungültigen Positionsangaben wird `$seq` zurückgegeben

`fn:reverse(`
`  $seq as item()*)`
`as item()*`
	liefert eine neue Sequenz mit allen Einträgen aus `$seq` in umgekehrter Reihenfolge

`fn:subsequence(`
`  $seq as item()*,`
`  $start as xs:double[,`
`  $length as xs:double])`
`as item()*`
	liefert eine neue Sequenz, beginnend mit dem Eintrag an Position `round($start)` in `$seq`; der ganze Rest von `$seq` wird geliefert, wenn `$length` fehlt, sonst werden nur `round($length)` Einträge zurückgegeben

`fn:unordered(`
`  $seq as item()*)`
`as item()*`
	liefert eine Sequenz, die alle Einträge aus `$seq` enthält, wobei deren Reihenfolge unbestimmt ist

Tab. 3–2   *Funktionen zur Veränderung von Sequenzen*

3.2   Atomare Werte

Atomare Werte sind Instanzen eines einfachen Typs im Sinne von XML Schema, also zum Beispiel Zeichenketten wie `"Emma Müller"` oder Zahlen wie zum Beispiel `1.0`. Alle in XML Schema vordefinierten einfachen Datentypen sind auch in XQuery bekannt. Um sie leicht ansprechen zu können, nimmt XQuery an, dass das Präfix `xs` an den XML-Schema-Namensraum `http://www.w3.org/2001/XMLSchema`

gebunden ist. Atomare Werte können aber auch einen benutzerdefinierten Typ haben, wenn dieser XQuery bekannt gemacht wurde (Abschnitt 8.2.2). Jedoch sind Werte von Typen, die durch Vereinigung (union) oder Listenbildung (list) entstanden sind (beispielsweise IDREFS und NMTOKENS), nach [W3C-14] keine atomaren Werte.

3.2.1   Konstruktoren

Konstruktor   Wenn es erforderlich ist, in einem XQuery-Ausdruck einen Wert eines bestimmten Typs anzugeben (zum Beispiel als Vergleichswert), dann kann dies mittels eines Konstruktors geschehen. Ein solcher Konstruktor ist für jeden einfachen Typ verfügbar, der zum Auswertungszeitpunkt bekannt ist. Der Konstruktor ist eine Funktion, die genauso heißt wie der zu konstruierende Typ. Der entsprechende Wert wird als einziges Argument der Funktion übergeben. So bezeichnet der Ausdruck

```
xs:float(1)
```

einen Wert des Datentyps xs:float. Für Literale einiger Datentypen gibt es kürzere Schreibweisen, die im Folgenden vorgestellt werden.

3.2.2   Literale für Zeichenketten

Zeichenketten, die in einfache oder doppelte Anführungszeichen eingeschlossen sind, gelten als Werte vom Typ xs:string, zum Beispiel:

```
'Dies ist ein Literal vom Typ xs:string'

"Solche Literale sind in "" oder ' eingeschlossen"
```

Anführungszeichen in   Wie am letzten Beispiel deutlich wird, kann man die Anführungs
Literalen   zeichen, die das Literal umschließen, auch im Literal selbst verwenden, wenn man sie verdoppelt.

3.2.3   Literale für Zahlen

Zahlen werden zum Typ xs:integer, xs:decimal oder xs:double, je nachdem, ob sie einen Dezimalpunkt und gegebenenfalls einen Exponenten enthalten:

123	Datentypzuweisung: xs:integer
123.12	Datentypzuweisung: xs:decimal
.123	Datentypzuweisung: xs:decimal
1E1	Datentypzuweisung: xs:double

Für die Werte `+INF`, `-INF` und `NaN` gibt es keine Literale; sie müssen mit Konstruktoren erzeugt werden, also etwa durch

```
xs:double("NaN")
```

3.2.4   Typumwandlung

Neben dem Konstruktor für jeden Typ, wie er oben eingeführt wurde, gibt es einen `cast as`-Operator, der dieselbe Funktion erfüllt, nämlich einen Wert eines bestimmten Typs aus einem Ausgangswert zu erzeugen:

```
"123" cast as xs:integer
```

Nicht jeder Typ kann mittels `cast as` oder Konstruktor in einen anderen umgewandelt werden. Für die primitiven Typen aus XML Schema bestimmt XQuery, dass `xs:string` in fast jeden Typ umgewandelt werden kann (wenn dessen lexikalische Repräsentation beachtet wird) und umgekehrt. Die drei numerischen Typen `xs:float`, `xs:double` und `xs:decimal` können ebenfalls ineinander umgewandelt werden, wenn der jeweilige Wert im Wertebereich des Zieltyps liegt. Für Werte abgeleiteter Typen (sowohl solche aus XML Schema als auch vom Benutzer definierte) erlaubt XQuery folgende Umwandlungen (vorausgesetzt, dass der Wert im Wertebereich des Zieltyps liegt):

Regeln für die Typumwandlung

■ von einem durch Einschränkung abgeleiteten Typ auf einen (direkten oder indirekten) Ursprungstyp und auch umgekehrt,
■ zwischen zwei abgeleiteten Typen, wenn die zugrunde liegenden primitiven Typen aus XML Schema ineinander umgewandelt werden können.

Eine genaue Übersicht, welche vordefinierten Typen in welche anderen konvertiert werden können, gibt die Tabelle im Anhang E. Einige Besonderheiten sollen hier noch erwähnt werden.

Typumwandlung von und nach xs:boolean

Eine Zahl (basierend auf `xs:double`, `xs:float` oder `xs:decimal`) kann in einen Wert vom Typ `xs:boolean` umgewandelt werden. Es entsteht der Wert `false`, wenn die Zahl `0` oder `NaN` (not a number) ist, sonst entsteht `true`. Genauso kann ein Wert des Typs `xs:boolean` in eine Zahl verwandelt werden (`false` wird zu `0`, `true` zu `1`).

Typumwandlung von xs:double auf xs:float

Wenn ein Wert des Typs `xs:double` in einen Wert des Typs `xs:float` umgewandelt wird, der ja einen kleineren Wertebereich hat, dann führt ein Ausgangswert, der über der oberen Grenze des Wertebereiches für `xs:float` liegt, nicht zu einem Fehler, sondern zu dem Wert `+INF`. Analog entsteht der Wert `-INF` für Werte, die kleiner sind als der kleinste Wert, der als `xs:float` darstellbar ist.

Typumwandlung nach xs:decimal und xs:integer

Wird ein Wert vom Typ `xs:float` oder `xs:double` nach `xs:decimal` gewandelt, so wird die nächstliegende Zahl aus dem Wertebereich von `xs:decimal` gewählt. Wird ein Wert der Typen `xs:float`, `xs:double` oder `xs:decimal` nach `xs:integer` gewandelt, so wird der Nachkommaanteil weggelassen (es findet also keine Rundung statt):

```
xs:integer(19.999) = 19
```

Typumwandlung einer allgemeinen Sequenz

Da ein cast as nicht nur auf ein Literal, sondern auf einen beliebigen Ausdruck angewendet werden kann, kann es vorkommen, dass der Wert dieses Ausdrucks eine Sequenz mit mehr als einem Eintrag ist. In diesem Fall wird ein Fehler gemeldet.

Es kann aber auch sein, dass der Wert des umzuwandelnden Ausdrucks eine leere Sequenz ist. Auch in diesem Fall wird ein Fehler erzeugt, es sei denn, dass dieser Fall ausdrücklich erlaubt worden wäre, indem nach dem Zieltyp ein Fragezeichen (analog zu der Häufigkeitsangabe in DTD) angegeben wird. Der Ausdruck

```
() cast as xs:integer
```

erzeugt also einen Fehler, während

```
() cast as xs:integer?
```

zu keinem Fehler führt, sondern eine leere Sequenz zurückgibt.

3.2.5   Operationen und Funktionen auf Sequenzen atomarer Werte

to-Operator   Eine Sequenz aus Werten vom Typ `xs:integer` kann mit dem to-Operator erzeugt werden. So ergibt der Ausdruck

```
3 to 7
```

die Sequenz

```
(3, 4, 5, 6, 7)
```

Ist der erste Wert gleich dem zweiten, entsteht eine Sequenz mit nur einem Eintrag. Ist der erste Wert größer als der zweite, ergibt sich die leere Sequenz.

Man kann eine Sequenz nach einem bestimmten Eintrag durchsu- *fn:index-of()* chen. Genauer gesagt kann die Funktion `fn:index-of()` die Positionen innerhalb der Sequenz liefern, an denen ein atomarer Wert steht, der gleich dem vorgegebenen Suchausdruck ist. Gleichheit von Zeichenketten kann dabei unter Berücksichtigung einer Sortierordnung bestimmt werden. Wird der Ausdruck nicht gefunden, so ergibt sich eine leere Sequenz. Zu beachten ist, dass der erste Eintrag einer Sequenz auf Position 1 steht (nicht auf Position 0). Der folgende Ausdruck

> `fn:index-of(`(1,0,0,1)`, 1)`

bestimmt alle Positionen der Eingabesequenz, an denen eine 1 steht, und liefert daher die Sequenz

> (1,4)

Wie in späteren Beispielen deutlich wird, ist es oft hilfreich, wenn Dup- *fn:distinct-values()* likate in Sequenzen eliminiert werden können. Dies erledigt die Funktion `fn:distinct-values()`, der ebenfalls eine Sortierordnung für den Vergleich mitgegeben werden kann. Das Ergebnis enthält alle verschiedenen Werte, wobei deren Reihenfolge aber von der XQuery-Implementierung abhängt. Tritt in der Eingabesequenz der Wert NaN mehrfach auf, so erscheint er in der Ausgabesequenz nur einmal (obwohl NaN nicht gleich NaN ist).

Signatur	Beschreibung

`op:to(`
  `$firstval as xs:integer,`
  `$lastval as xs:integer)`
`as xs:integer*`
	generiert eine Sequenz ganzzahliger Werte, die zwischen den beiden Werten der Parameter liegen

`fn:index-of(`
  `$seq as xdt:anyAtomicType*,`
  `$suchwert as xdt:anyAtomicType[,`
  `$collation as xs:string])`
`as xs:integer*`
	liefert alle Positionen, an denen ein Eintrag steht, der gleich dem gesuchten Wert ist

`fn:distinct-values(`
  `$seq as xdt:anyAtomicType*[,`
  `$collation as xs:string])`
`as xdt:anyAtomicType*`
	liefert alle verschiedenen Werte aus der Eingabesequenz

Tab. 3–3 *Funktionen auf Sequenzeinträgen*

3.3   Atomisierung

Atomare Werte kommen in XML-Dokumenten eigentlich nicht vor. Vielmehr werden XML-Dokumente im XQuery-Datenmodell als Baum von Knoten dargestellt. Zum Rechnen und für viele Funktionen werden allerdings atomare Werte benötigt. Um diesen Übergang einfach zu gestalten, wendet XQuery an vielen Stellen einen Vorgang an, der »Atomisierung« heißt (obwohl das Ergebnis nicht atomar ist, sondern eine Sequenz). Dabei werden aus Knoten die entsprechenden atomaren Werte »automatisch« extrahiert. Wenn eine Sequenz von Werten und Knoten atomisiert wird, so geschieht dies folgendermaßen:

- Atomare Werte bleiben unverändert.
- Knoten werden durch ihre getypten Werte (s.u.) ersetzt.

Atomisierung wird zum Beispiel in arithmetischen Ausdrücken angewendet, in bestimmten Vergleichsausdrücken, in cast-Ausdrücken und auf Argumente und Rückgabewerte von Funktionen, wenn es sich dabei um atomare Typen handelt. Daher ist der Wert der folgenden Ausdrücke gleich (der getypte Wert eines Elementes ist sein Inhalt; Attribute bleiben dabei unberücksichtigt):

```
xs:integer(<Schuhgröße>42</Schuhgröße>)
xs:integer("42")
<Zimmernummer>42</Zimmernummer> cast as xs:integer
fn:distinct-values((<A>42</A>,<B x="2">42</B>))
```

3.4   Spezielle Typen in XQuery

Wie bereits erwähnt, wird Information aus XML Schema oder aus der DTD benutzt, um atomare Werte, die in einem XML-Dokument vorkommen, dem richtigen Typ zuzuordnen. Was geschieht aber, wenn es keine DTD und kein XML Schema zu einem Dokument gibt? In diesem Fall kann nur ein unspezifischer Typ angenommen werden.

xdt:untypedAtomic
xdt:untypedAny
Für Attributwerte, deren Typ unbekannt ist, führt XQuery den Datentyp xdt:untypedAtomic ein. Dabei wird das Präfix xdt an einen speziellen XQuery-Namensraum gebunden (wie alle XQuery-Namensräume ändert sich dieser mit jeder Ausgabe des Standards, weil er das Datum des Standards enthält, zum Beispiel http://www.w3.org/2003/11/xpath-datatypes). Elementknoten mit unbekanntem Typ wird der Typ xdt:untypedAny zugewiesen. Atomare Werte unbekannten Typs erhalten ebenfalls den Typ xdt:untypedAtomic. Das Ziel, das XQuery mit der Einführung dieser Typen verfolgt, ist eine »natürliche« Behandlung von Daten auch aus ungetypten Dokumenten bei arithmetischen Ope-

rationen oder Vergleichen. Hier gibt es jeweils spezielle Regeln, die eine »vernünftige« Typumwandlung von diesen unbestimmten Typen in »geeignete« Typen für die jeweilige Operation vorschreiben.

XQuery führt außerdem den abstrakten Typ `xdt:anyAtomicType` ein, der von `xs:anySimpleType` abgeleitet ist. Von diesem sind wiederum `xdt:untypedAtomic` und alle anderen einfachen Typen (wie zum Beispiel `xs:integer`, `xs:string`) abgeleitet. Dieser Typ ist insbesondere bei der Deklaration von Funktionen hilfreich (Abschnitt 7.4).

xdt:anyAtomicType

In Analogie zu SQL:1992 führt XQuery außerdem zwei Untertypen von `xs:duration` ein, die beide (im Gegensatz zu `xs:duration`[1]) vollständig geordnet sind, nämlich `xdt:yearMonthDuration` (Zeiträume, die nur in Jahren und Monaten angegeben sind) und `xdt:dayTimeDuration` (Zeiträume, die nur in Tagen, Stunden, Minuten und Sekunden angegeben sind). Es ist möglich, Werte vom Typ `xs:duration` in diese Typen umzuwandeln. Dabei entfallen dann die Anteile des Zeitraums, die in dem entsprechenden Typ nicht vorgesehen sind. Zum Beispiel ergibt

xdt:yearMonthDuration
xdt:dayTimeDuration

```
xdt:dayTimeDuration(xs:duration("P2Y2M2DT8H30M12.5S"))
```

denselben Wert wie

```
xdt:dayTimeDuration("P2DT8H30M12.5S")
```

Abbildung 3–1 (nach [W3C-18]) zeigt die Einordnung von XQuery-Datentypen in die Typhierarchie, wie sie XML Schema einführt. Ovale stehen dabei für abstrakte Typen, Rechtecke für konkrete Typen. Die von XQuery eingeführten Typen sind grau hinterlegt. Die Werte komplexer Typen und die Werte von Listen- oder Vereinigungstypen sind keine Werte des XQuery-Datenmodells.

3.5 Knoten

In den vorhergehenden Abschnitten haben wir gesehen, wie XQuery die einfachen Datentypen von XML Schema integriert und einerseits in der Verwendung einschränkt (weil Listen- und Vereinigungstypen ausgeschlossen werden), aber andererseits auch um eigene Typen erweitert, um die fehlende totale Ordnung auf `xs:duration` auszugleichen und um Dokumente mit fehlender Typinformation zu behandeln.

Das so entstehende Typsystem reicht aber für die Zwecke von XQuery noch nicht aus. In einem XML-Dokument gibt es Anteile, die

---

1. xs:duration ist nicht vollständig geordnet, weil Zeiträume, die nur aus Monaten bestehen, nicht mit allen Zeiträumen aus Tagen vergleichbar sind. Es ist nicht möglich, zu sagen, ob P1M größer, gleich oder kleiner als P30D ist.

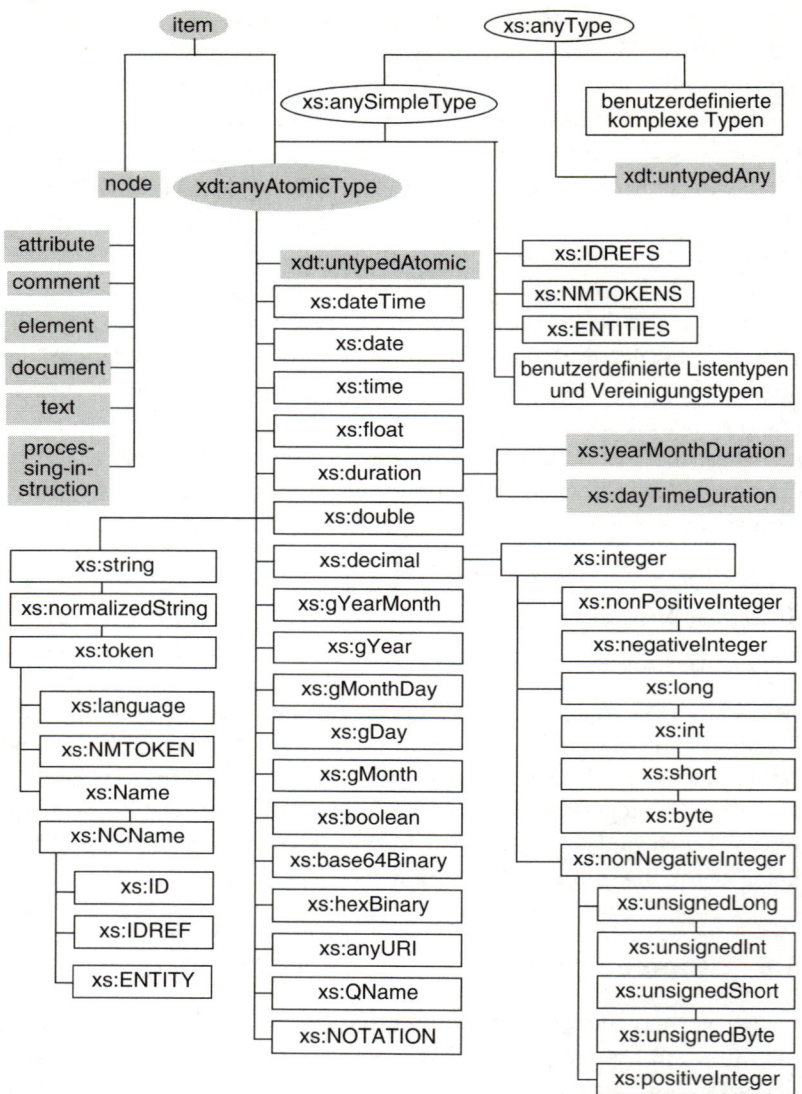

Abb. 3–1   *XQuery-Datentypen in der Typhierarchie von XML Schema*

von XML Schema nicht beschrieben werden können, wie z. B. Kommentare oder Verarbeitungsanweisungen oder auch das Dokument als eigene Einheit. Außerdem lässt sich mit XML Schema nur die mögliche Struktur, nicht aber die tatsächliche Struktur eines XML-Dokumentes beschreiben.

Knotenarten   Zur Beschreibung dieser tatsächlichen Struktur gibt es Datenmodelle wie XML Information Set [W3C-5], das DOM Structure Model

[W3C-2] oder das XPath-1.0-Datenmodell [W3C-7]. Da XQuery eine möglichst große Kompatibilität zu XPath 1.0 herstellen möchte (Abschnitt 9.7), baut es auf dessen Datenmodell zur Darstellung der aktuellen Dokumentstruktur auf. XPath 1.0 kennt sieben Arten von Knoten: Elementknoten, Dokumentknoten, Attributknoten, Namensraumknoten, Knoten für Verarbeitungsanweisungen, Kommentarknoten und Textknoten. XQuery übernimmt diese Knotenarten, lässt aber eine genauere Bestimmung der Knoten zu, wie wir sehen werden.

Jeder Knoten hat einen textuellen Wert und einen getypten Wert. Damit kommen wieder die atomaren Typen ins Spiel, die wir in den vorigen Abschnitten behandelt hatten.

3.5.1 Elementknoten

Ein Elementknoten repräsentiert ein Element aus XML 1.0. Der textuelle Wert eines Elementknotens ergibt sich aus der Verkettung aller Textknoten, die Nachfolger dieses Elementknotens sind. Darüber hinaus hat ein Element einen getypten Wert, falls es keinen komplexen Inhalt hat, wenn es also nicht ausschließlich Kindelemente besitzt. Dieser ergibt sich aus der Validierung des textuellen Wertes gegen die Typdefinition gemäß XML Schema (der getypte Wert hat also zum Beispiel den Typ xs:integer, wenn laut Schemadefinition das Element den einfachen Typ xs:integer hat). Hat das Element den Typ xdt:untypedAny (also einen unbestimmten komplexen Typ), so ist der getypte Wert vom Typ xdt:untypedAtomic (dem unbestimmten atomaren Typ).

Zur Erzeugung eines Elementknotens gibt es zwei verschiedene Konstruktoren: den direkten Elementkonstruktor und den berechneten Elementkonstruktor.

Der direkte Elementkonstruktor

Der direkte Elementkonstruktor benutzt die vertraute XML-Notation, also zum Beispiel:

```
<Arzt ID="Arzt_01">Hans Müller</Arzt>
```

In Attributwerten und im Elementinhalt sind Referenzen auf vordefinierte Entitäten (zum Beispiel <) und Zeichenreferenzen (zum Beispiel) erlaubt, die bei der Konstruktion aufgelöst werden:

```
<Fähigkeit>Altenbetreuung &amp; Altenpflege</Fähigkeit>
```

Statt eines konstanten Inhalts kann auch ein Ausdruck angegeben werden, der bei der Konstruktion ausgewertet wird. Damit ein Ausdruck
von einem literalen Inhalt unterschieden werden kann, wird er in
geschweifte Klammern eingeschlossen (Die XQuery-Spezifikation
spricht hier von einem *eingeschlossenen Ausdruck*. Dieser signalisiert
einen neuen »Auswertungskontext«, also nicht eine literale Übernahme, sondern eine Ausdrucksauswertung). So entsteht durch den
Konstruktor

Eingeschlossener Ausdruck

```
<Gehalt>{12*3000}</Gehalt>
```

das folgende Element.

```
<Gehalt>36000</Gehalt>
```

Soll eine geschweifte Klammer ausnahmsweise keinen Ausdruck kennzeichnen, so ist sie zu verdoppeln. Die Auswertung der Ausdrücke in
geschweiften Klammern ergibt Sequenzen aus Knoten und atomaren
Werten. Entstehen so Attributknoten (siehe unten), dann werden diese
zu Attributen des umgebenden Elementes. Allerdings müssen diese
Attributknoten vor anderen Knoten stehen, sonst wird ein Fehler
gemeldet. Elementknoten werden zu Kindern des umgebenden Elementes.

Verschachtelte Konstruktoren

Weiter verschachtelte CDATA- und Elementkonstruktoren und
Konstruktoren für Kommentare und Verarbeitungsanweisungen müssen nicht in geschweiften Klammern stehen, wie das folgende Beispiel
zeigt.

```
<Freiwilliger ID="vol_01"><!-- eingefügt 1.1.2004-->
    <Name>
        <Vorname>Daniela</Vorname>
        <Nachname>Baumann</Nachname>
    </Name>
    <Adresse>
        <Straße>Potsdamer Straße</Straße>
        <Hausnr>62</Hausnr>
        <Stadt>Berlin</Stadt>
        <Staat>D</Staat>
        <PLZ>14145</PLZ>
    </Adresse>
    <Geburtsdatum> {xs:date("1982-07-23")} </Geburtsdatum>
    <Telefon>+49 30-234626</Telefon>
    <Nummer>07</Nummer>
    <Fähigkeit>Altenbetreuung</Fähigkeit>
    <Berufsklasse>Pfleger</Berufsklasse>
</Freiwilliger>
```

Die genaue Syntax des direkten Elementkonstruktors lautet:

```
DirElemConstructor ::= <QName AttributeList (/> | (> ElementContent* </QName>))

ElementContent     ::= ElementContentChar| {{ | }} | DirElemConstructor
                       | EnclosedExpr | CdataSection | CharRef
                       | PredefinedEntityRef | XmlComment | XmlPI
AttributeList      ::= ( QName = AttributeValue )*

EnclosedExpr       ::= { Expr }
```

Attributwerte

Ein Ausdruck in geschweiften Klammern ist auch in einem Attributwert erlaubt. Das Ergebnis der Auswertung eines Ausdrucks in einem
Attributwert wird durch Atomisierung (Abschnitt 3.3) zu einer
Sequenz von atomaren Werten, die wiederum in Werte vom Typ
xs:string gewandelt werden. Alle diese Zeichenketten werden verket-
tet und ergeben den Attributwert. Alle Leerzeichen werden dabei in
gewöhnliche Leerräume (U+0020) umgewandelt. So wird zum Beispiel
aus dem Konstruktor

```
<Arzt Gehalt="Jahresgehalt {<Berechnung>
{12*3000}</Berechnung>} Euro"/>
```

das Element

```
<Arzt Gehalt="Jahresgehalt 36000 Euro"/>
```

Leerraum in Elementkonstruktoren

Die Behandlung von Leerraum in Elementkonstruktoren wird durch   *Begrenzender Leerraum*
den Wert von xmlspace (Abschnitt 8.2.5) aus dem XQuery-Prolog
gesteuert. Wenn nicht explizit definiert ist, dass Leerraum erhalten
bleiben muss, wird begrenzender Leerraum (»boundary white space«)
entfernt, also Leerraum, der lediglich Elementgrenzen (»start tag« und
»end tag«) und/oder Auswertungskontexte voneinander trennt. Anderer Leerraum bleibt immer erhalten. Auch Leerraum, der in Form von
Zeichenreferenzen (zum Beispiel) angegeben ist, bleibt erhalten. Der oben gezeigte Elementkonstruktor ist dann äquivalent zu

```
<Freiwilliger ID="vol_01"><!-- eingefügt 1.1.2004--><Name>
<Vorname>Daniela</Vorname><Nachname>Baumann</Nachname></Name>
<Adresse><Straße>Potsdamer Straße</Straße><Hausnr>62</Hausnr>
<Stadt>Berlin</Stadt><Staat>D</Staat><PLZ>14145</PLZ></Adresse>
<Geburtsdatum>1982-07-23</Geburtsdatum>
<Telefon>+49 30-234626</Telefon><Nummer>07</Nummer>
<Fähigkeit>Altenbetreuung</Fähigkeit>
<Berufsklasse>Pfleger</Berufsklasse></Freiwilliger>
```

Die folgende Tabelle 3–4 zeigt einige Beispiele für Ergebnisse von Elementkonstruktoren mit und ohne Erhaltung von begrenzendem Leerraum:

Elementkonstruktor	Ergebnis der Auswertung	
	mit Leerraumerhaltung	ohne Leerraumerhaltung
`<X y="{1}  {2}"/>`	`<X y="1  2"/>`	`<X y="12"/>`
`<X>        </X>`	`<X>        </X>`	`<X></X>`
`<X y="{1}  2"/>`	`<X y="1  2"/>`	`<X y="1  2"/>`
`<X> 1 {"Text"} </X>`	`<X> 1 "Text" </X>`	`<X> 1  "Text"</X>`
`<X>&#20;     </X>`	`<X>      </X>`	`<X>      </X>`
`<X>{"   "}</X>`	`<X>   </X>`	`<X>   </X>`
`<X><![CDATA[    ]]></X>`	`<X>    </X>`	`<X>    </X>`

Tab. 3–4   *Beispiele zur Leerraumbehandlung in Elementkonstruktoren*

Im ersten und zweiten Beispiel stehen Leerzeichen zwischen Auswertungskontexten bzw. Tags. Diese gelten als begrenzender Leerraum. Im Gegensatz dazu handelt es sich beim dritten Beispiel nicht um begrenzenden Leerraum, weil kein Auswertungskontext, sondern ein einfaches Zeichen folgt. Das vierte Beispiel zeigt analog, dass auch Leerzeichen am Anfang eines Elementkonstruktors immer erhalten bleiben, wenn kein Ausdruck, sondern ein Wert folgt. Im fünften Beispiel sieht man, dass die Zeichenreferenz   für ein Leerzeichen ebenfalls bewirkt, dass kein begrenzender Leerraum angenommen wird. Im sechsten und siebten Beispiel steht der Leerraum innerhalb eines Ausdrucks bzw. CDATA-Konstruktors und bleibt daher erhalten.

Der berechnete Elementkonstruktor

element

Beim direkten Elementkonstruktor können Elementinhalt und Attributwerte durch Ausdrücke berechnet werden; der Elementname jedoch ist konstant. Wenn auch der Name eines Elementes berechnet werden soll, muss ein berechneter Elementkonstruktor eingesetzt werden. Dabei folgt dem Schlüsselwort `element` der Name des Elementes, und zwar als konstanter QName (Abschnitt 2.5.1) oder als Ausdruck

Reihenfolge der Knoten

in einem Auswertungskontext, dessen Ergebnis wieder der Atomisierung unterworfen wird und dann einen der Typen `xs:QName`, `xs:string` oder `xs:untypedAtomic` haben muss. Darauf folgt der Elementinhalt in einem Auswertungskontext, wieder mit der Regel, dass Attributknoten am Anfang der sich ergebenden Sequenz stehen müssen. Analoges gilt für Namensraumknoten, die sogar noch vor den Attributknoten platziert werden müssen. Aus allen atomaren Werten im Elementinhalt werden Textknoten, wobei nebeneinander stehende Textknoten zusammengefasst werden. So wird beispielsweise aus

```
element Labortest {
  attribute ID {"Labortest_040782"},
  element Nummer {1},
  <Name>Röntgen</Name>,
  element Datum {"2002-05-10T10:30:00-05:00"},
  <Testgegenstand>linker Oberschenkel</Testgegenstand>,
  element Labor {
    namespace xlink {"http://www.w3.org/1999/xlink"},
    attribute
      xlink:href {'Hochwaldklinik.xml#xpointer(id("Radiologie"))'}
  }
}
```

folgendes Element:

```
<Labortest ID="Labortest_040782">
  <Nummer>1</Nummer>
  <Name>Röntgen</Name>
  <Datum>2002-05-10T10:30:00-05:00</Datum>
  <Testgegenstand>linker Oberschenkel</Testgegenstand>
  <Labor xmlns:xlink="http://www.w3.org/1999/xlink"
      xlink:href='Hochwaldklinik.xml#xpointer(id("Radiologie"))'/>
</Labortest>
```

Wie man sieht, können innerhalb des Elementkonstruktors wieder beide Arten von Elementkonstruktoren verwendet werden. Im Element Labor muss ein Namensraumknoten für das Präfix xlink erzeugt werden, wenn dieses nicht schon in der Umgebung definiert ist. Man sieht auch, dass der Typ, der innerhalb eines Elementkonstruktors verwendet wird, nicht entscheidend ist, solange er sich nach xs:string konvertieren lässt (im Element Nummer wird ein Integer-Literal verwendet, in Datum eine Zeichenkette, obwohl das Element den Typ xs:date hat). Die Syntax des berechneten Elementkonstruktors ist:

```
CompElemConstructor::= element ( QName | { Expr } ) { Expr? }
```

Gemeinsame Regeln für beide Konstruktorarten

Werden Namen mit einem Namensraumpräfix in einem Elementkonstruktor verwendet, dann muss das Präfix definiert sein, und zwar entweder im XQuery-Prolog (Abschnitt 8.2.1) oder im Element selbst.

Das entstehende Element wird unter Berücksichtigung des Validierungskontexts (Abschnitt 3.8.2) automatisch gegen die bekannten Schemadefinitionen validiert und bekommt damit gegebenenfalls einen Typ zugewiesen. Das impliziert auch, dass Attribute mit ihren

Validierung

Vorbelegungswerten zum Element hinzukommen können. Dieser Validierungsvorgang berücksichtigt ein eventuell angegebenes xsi:type-Attribut. So wird der Inhalt des folgenden Elementes gegen xs:integer validiert, auch wenn für das Element keine Definition bekannt ist:

```
<unbekannt xsi:type="xs:integer">42</unbekannt>
```

3.5.2 Dokumentknoten

Ein Dokumentknoten repräsentiert ein XML-Dokument. XQuery hat einen etwas weiteren Begriff von einem XML-Dokument als die XML-Spezifikation. So ist nicht gefordert, dass es genau einen Elementknoten als Kind des Dokumentknotens gibt. Der textuelle Wert eines Dokumentknotens ergibt sich aus der Verkettung der textuellen Werte aller Textknoten, die Nachfolger des Dokumentknotens sind.

Ein Dokumentknoten kann in XQuery mit einem berechneten Konstruktor der Form document {Expr} erzeugt werden:

```
document {<Arzt>Emil Müller</Arzt>}
```

Die Knoten, die als Kinder dieses neuen Dokumentknotens angefügt werden, verlieren dabei jegliche Typinformation, d. h., ihnen werden die Typen xs:anyType (für Elementknoten) und xs:anySimpleType (für Attributknoten) zugewiesen. Es wird nicht erzwungen, dass ein Dokument gemäß XML 1.0 entsteht, welches zum Beispiel genau ein Wurzelelement besitzt.

3.5.3 Attributknoten

Attributknoten entsprechen den Attributen von XML-Elementen. Der textuelle Wert eines solchen Knotens ergibt sich aus dem Attributwert, gewandelt nach xs:string. Der getypte Wert des Attributknotens wird aus dem textuellen Wert durch Validierung gegen ein Schema (und damit Zuweisung des dort definierten Typs) gewonnen.

attribute Einen Attributknoten kann man über einen berechneten Konstruktor erzeugen, bei dem auf das Schlüsselwort attribute der Name des Attributs (als konstanter QName oder als Ausdruck in einem Auswertungskontext) und sein Wert (in einem Auswertungskontext) folgen. Atomisierung wird jeweils auf die Werte in den Auswertungskontexten angewandt. Der Wert wird immer nach xs:string gewandelt, muss also nicht dem Typ des Attributs entsprechen. Der folgende Aufruf des berechneten Attributkonstruktors erzeugt ein Attribut, dessen Name sich aus dem Wert der Variablen $a ergibt und dessen Wert 42 ist:

```
attribute {$a} {6*7}
```

Ein solcher Konstruktor kann sowohl in direkten als auch in berechneten Elementkonstruktoren verwendet werden, um Attributknoten zu dem jeweiligen Element zu erzeugen. Zum Beispiel liefert

```
<Gehalt>{attribute Währung {" "}, "10000"}</Gehalt>
```

das Element `<Gehalt Währung=" ">10000</Gehalt>`. Äquivalent hätte man schreiben können

```
element Gehalt {attribute Währung {" "}, "10000"}
```

oder

```
<Gehalt Währung=" ">10000</Gehalt>
```

Attributknoten sind von Namensraumknoten verschieden. Daraus folgt, dass der Name eines Attributes nicht `xmlns` sein darf oder mit `xmlns:` beginnen darf.

3.5.4 Namensraumknoten

Namensraumknoten repräsentieren die im jeweiligen Kontext bekannten Namensräume. Der textuelle Wert eines Namensraumknotens ist die zugehörige URI. Der getypte Wert ergibt sich aus dem textuellen Wert durch Wandlung nach `xdt:untypedAtomic`.

Auch ein Namensraumknoten kann durch einen berechneten Konstruktor erzeugt werden. Dem Schlüsselwort `namespace` folgt das zugewiesene Präfix und ein Ausdruck in einem Auswertungskontext zur Berechnung der URI des Namensraumes. Ein Knoten für den »default namespace« (ohne Präfix) kann so nicht erzeugt werden.

namespace

Namensraumknoten werden auch implizit erzeugt. Jeder Elementknoten erhält für jedes `xmlns`-Attribut in seinem direkten Elementkonstruktor einen entsprechenden Namensraumknoten als Kind. Hinzu kommen Kinder für alle Namensraumknoten umgebender Elementkonstruktoren. Für jeden weiteren im Elementnamen oder seinen Attributen verwendeten bekannten Namensraum wird ebenfalls ein Kind erzeugt. Außerdem erhält jeder Elementknoten einen Namensraumknoten für den xml-Namensraum.

Auf Namensraumknoten kann man in XQuery allerdings nicht explizit zugreifen.

3.5.5   Knoten für Verarbeitungsanweisungen

Verarbeitungsanweisungen bestehen aus einem Ziel und einem Inhalt. Ihr textueller Wert entspricht dem Inhalt, der getypte Wert dem textuellen Wert.

Eine Verarbeitungsanweisung kann mit einem direkten Konstruktor erzeugt werden, der wiederum die XML-Syntax benutzt:

```
<?Beispiel dies ist der Inhalt?>
```

processing instruction Alternativ kann ein berechneter Konstruktor verwendet werden. Dieser besteht aus dem Schlüsselwort `processing-instruction`, gefolgt vom Ziel der Verarbeitungsanweisung. Diese kann als ein konstanter QName oder ein Ausdruck in einem Auswertungskontext angegeben werden. Darauf folgt der Inhalt als Ausdruck in einem Auswertungskontext.

Diese Ausdrücke werden jeweils der Atomisierung unterworfen:

```
processing-instruction Beispiel {"dies ist der Inhalt"}
```

3.5.6   Kommentarknoten

Ein Kommentarknoten entspricht einem Kommentar in einem XML-Dokument. Der textuelle Wert eines Kommentarknotens besteht aus dem Inhalt des Kommentars, der getypte Wert ebenfalls (als Wert vom Typ xs:string). Auch für Kommentarknoten gibt es einen direkten Konstruktor, der die XML-Syntax benutzt:

```
<!-- Dies ist ein Kommentar -->
```

comment Ebenso gibt es einen berechneten Konstruktor: das Schlüsselwort `comment`, gefolgt von einem Ausdruck in einem Auswertungskontext.

```
comment {"Dies ist ein Kommentar"}
```

Auch hier wird das Ergebnis der Ausdrucksauswertung der Atomisierung unterworfen. Anzumerken ist an dieser Stelle, dass ein Kommentarknoten nicht mit einem XQuery-Kommentar (Abschnitt 4.1) verwechselt werden darf.

3.5.7   Textknoten

Ein Textknoten entspricht dem einfachen Inhalt eines Elementes, und zwar unabhängig von seinem Typ. Für Textknoten gibt es einen direkten Konstruktor, der die CDATA-Syntax aus XML verwendet:

```
<![CDATA[Dies ist der Inhalt des Textknotens]]>
```

Dabei werden die Zeichen zwischen [und] nicht weiter ausgewertet. Das bedeutet zum Beispiel, dass spitze Klammern in diesem Teil nicht als XML-Markup verstanden werden. Die Notation CDATA bedeutet nicht, dass auch im Ergebnis ein CDATA-Abschnitt auftreten muss. Vielmehr wird hier ein Textknoten erzeugt, dessen spätere Darstellung (Serialisierung) jedoch nicht vorgegeben ist.

CDATA

Außerdem gibt es einen berechneten Konstruktor, bei dem ein Ausdruck in einem Auswertungskontext dem Schlüsselwort text folgt. Das Ergebnis dieses Ausdrucks wird atomisiert. Entsteht dabei eine leere Sequenz, so wird kein Textknoten erzeugt.

text

```
text {"Dies ist der Inhalt des Textknotens"}
```

3.6 Knoteneigenschaften

Wie bereits beschrieben, wird ein XML-Dokument im XQuery-Datenmodell als Baum aus Knoten abgebildet. Jeder Knoten hat dabei seine eigene Identität (nicht zu verwechseln mit einem ID-Attributwert). Selbst wenn zwei Knoten denselben Wert haben, sind sie nicht identisch. Ein Knoten ist nur identisch mit sich selbst.

3.6.1 Dokumentreihenfolge

Die Ordnung im Baum definiert auch eine Ordnung auf den Knoten, nämlich die *Dokumentordnung* (Ordnung der Knoten in der Dokumentreihenfolge), die sich ergibt, wenn man den Baum folgendermaßen durchläuft:

Dokumentordnung

- Der Elternknoten wird direkt vor seinen Kindern besucht.
- Namensraumknoten eines Elementes werden vor den Attributknoten desselben Elementes besucht.
- Attributknoten werden vor den Kindern eines Elementknotens besucht.
- Geschwisterknoten werden in derselben Reihenfolge besucht, die sie im XML-Dokument haben.

Somit ist der Dokumentknoten der erste Knoten in der Dokumentreihenfolge. Diese Dokumentordnung ist eine totale Ordnung. Obwohl XQuery keine Ordnung zwischen Attributknoten oder Namensraumknoten vorgibt, muss eine XQuery-Implementierung diese festlegen. Einige XQuery-Operationen sortieren eine Sequenz von Knoten nach der Dokumentordnung (zum Beispiel Pfadausdrücke). Das beinhaltet auch immer die Entfernung von Duplikaten, d. h. die Eliminierung identischer Knoten.

3.6.2   Funktionen auf Knoten

fn:node-name()
fn:name()

Auf den Namen eines Knotens kann man mit den XQuery-Funktionen `fn:node-name()` und `fn:name()` zugreifen. Wenn der Knoten keinen Namen hat (Dokument-, Kommentar- oder Textknoten), wird eine leere Zeichenkette geliefert, sonst der Name. Bei Verarbeitungsanweisungen besteht der Name aus dem Ziel der Verarbeitungsanweisung. Bei Attributen und Elementen kann der Name aus einem Namensraum stammen. `fn:node-name()` liefert den Namen als expandierten QName, so dass sich die Frage nach einem Namensraumpräfix nicht stellt. `fn:name()` hingegen liefert einen String in der syntaktischen Form eines QName, so dass ein Namensraumpräfix benutzt werden muss. Wenn ein solches Präfix im Kontext des Element- oder Attributknotens definiert ist, wird es auch benutzt, sonst generiert die XQuery-Implementierung ein eindeutiges Präfix.

fn:local-name()
fn:namespace-uri()

Oft ist es jedoch sinnvoll, auf die beiden Bestandteile eines Namens (den Namensraum in Form einer URI und den »lokalen« Namen) separat zuzugreifen. Hierfür gibt es die Funktionen `fn:local-name()` und `fn:namespace-uri()`. Tabelle 3–5 zeigt einige Beispiele für das Zusammenspiel dieser Funktionen.

$k	node-name($k)	name($k)	local-name($k)	namespace-uri($k)
`<A/>`	A	A	A	
`<y:A xmlns:y="http://x"/>`	http://x:A	y:A	A	http://x
`<A xmlns="http://x"/>`	http://x:A	z:A	A	http://x
`attribute a {1}`	a	a	a	
`<!-- Kommentar -->`				
`<?do nix?>`	do	do	do	

Tab. 3–5   *Beispiele für die Ergebnisse der Namensfunktionen*

fn:root()

Die einem Knoten zugeordnete Wurzel des Knotenbaumes kann mit der Funktion `fn:root()` adressiert werden. Stammt der Knoten, der als Argument übergeben wird, aus einem XML-Dokument, dann liefert der Funktionsaufruf einen Dokumentknoten. Im folgenden Beispiel liefert die Funktion jedoch den Knoten selbst, weil er die Wurzel des Knotenbaumes darstellt:

> **fn:root(**`<Arzt/>`**)**

fn:string()
fn:data()

Auf den textuellen Wert eines Knotens kann man mit der Funktion `fn:string()` zugreifen, auf den getypten Wert mittels der Funktion fn:data(). Diese liefert je nach Knotenart auch eine Sequenz aus mehr als einem Wert.

```
fn:string(<Name>
              <Vorname>Daniela</Vorname>
              <Nachname>Baumann</Nachname>
          </Name>)
```

liefert DanielaBaumann als Wert vom Typ xs:string.

```
fn:data(<Geburtsdatum>1982-07-23</Geburtsdatum>)
```

liefert, eine entsprechende Schemadefinition vorausgesetzt, einen Wert vom Typ xs:date.

Eine spezielle Funktion zur Behandlung numerischer Daten ist *fn:number()* fn:number(). Diese Funktion erzeugt aus einem Knoten einen Wert des Typs xs:double. Von der Konstruktorfunktion xs:double unterscheidet sie sich nur in Grenzfällen. Während xs:double() einen Fehler meldet, wenn das Argument eine leere Sequenz ist oder nicht dem Repräsentationsraum von xs:double entstammt, liefert fn:number in diesen Fällen den Wert NaN. Es gilt also

```
fn:number(<A><B>1</B><C>2</C></A>) = 12.0
```

weil der textuelle Wert von <A><B>1</B><C>2</C></A> nämlich 12 ist, während der folgende Ausdruck NaN ergibt:

```
fn:number(<A><B>1.0</B><C>2.0</C></A>)
```

Tabelle 3–6 gibt einen Überblick über die genannten Knotenfunktionen. Einige der Knotenfunktionen können ohne Argument aufgerufen werden. Dann bezieht sich der Funktionsaufruf auf das Kontextelement (siehe dazu auch Abschnitt 4.1).

3.7 Sequenztypen und Knotenzugriffsfunktionen

Es gibt einige Konstrukte in XQuery, bei denen es notwendig ist, den jeweils erwarteten Typ anzugeben. Beispielsweise müssen bei einer Funktionsdefinition die Typen der Eingabeparameter und des Rückgabewerts definiert werden. Hierzu bietet XQuery eine Syntax, die ein breites Spektrum von loser bis zu sehr strikter Typdefinition bietet. Da die Sequenz der grundlegende Datentyp von XQuery ist, heißen diese Typdefinitionen »Sequenztypen«.

Signatur	Beschreibung

`fn:name([`
`  $arg as node()?])`
`as xs:string`
	liefert den Knotennamen als Zeichenkette, in der Form eines QName mit Namensraumpräfix; eine leere Zeichenkette wird zurückgegeben, wenn kein Knotenname existiert oder das Argument die leere Sequenz ist

`fn:node-name(`
`  $arg as node()?)`
`as xs:QName?`
	liefert den Knotennamen als expandierten QName; eine leere Sequenz wird zurückgegeben, wenn kein Knotenname existiert oder das Argument die leere Sequenz ist

`fn:local-name([`
`  $arg as node()?])`
`as xs:string`
	liefert den lokalen Anteil des Knotennamens als Zeichenkette; eine leere Zeichenkette wird zurückgegeben, wenn kein Knotenname existiert oder das Argument die leere Sequenz ist

`fn:namespace-uri([`
`  $arg as node()?])`
`as xs:string`
	liefert den Namensraumanteil des Knotennamens als Zeichenkette; eine leere Zeichenkette wird zurückgegeben, wenn kein Knotenname existiert, der Knotenname nicht zu einem Namensraum gehört oder das Argument die leere Sequenz ist

`fn:root([`
`  $arg as node()?])`
`as node()?`
	liefert die Wurzel des Baumes, zu dem `$arg` gehört, oder die leere Sequenz, falls `$arg` die leere Sequenz ist

`fn:string([`
`  $arg as item()?])`
`as xs:string`
	liefert den textuellen Wert eines Knotens; die Funktion kann auch auf beliebige Werte angewendet werden und liefert dann dasselbe wie `xs:string($arg)`; `string(())` liefert die leere Zeichenkette

`fn:data([`
`  $arg as item()*])`
`as xdt:anyAtomicType*`
	liefert eine Sequenz von atomaren Werten, einen für jedes Element der Eingabesequenz; ist das Element der Eingabesequenz ein atomarer Wert, wird er unverändert zurückgegeben, ist es ein Knoten, so wird dessen getypter Wert geliefert

`fn:number([`
`  $arg as item()?])`
`as xs:double`
	liefert `xs:double($arg)`, falls dies keinen Fehler ergibt, und NaN sonst

Tab. 3–6   *Funktionen auf Knoten*

3.7.1   Sequenztypdefinitionen

Bei Sequenztypen kann man zum einen angeben, aus welchen Typen die Sequenz bestehen darf, zum anderen kann man Häufigkeitsbedingungen vorgeben.

Häufigkeitsangaben

Die Syntax für diese Häufigkeitsangaben ist aus der XML-DTD entliehen. Die folgende Tabelle 3–7 gibt einen Überblick über die vier Möglichkeiten zur Häufigkeitsangabe.

Symbol	Bedeutung
(keines)	Sequenz mit genau einem Eintrag
?	Sequenz mit höchstens einem Eintrag
+	Sequenz mit mindestens einem Eintrag
*	Sequenz mit unbeschränkter Anzahl von Einträgen

Tab. 3–7   *Häufigkeitsangaben bei Sequenztypdefinitionen*

Als spezielle Häufigkeitsangabe steht noch `empty()` zur Verfügung, das   *empty()*
die leere Sequenz bezeichnet. Bei den regulären Ausdrücken aus
XQuery und XML Schema gibt es feinere Häufigkeitsangaben (Mindest- und Höchstzahl), die aber in anderen Teilen von XQuery keine
Verwendung finden.

Eintragstypen

Als Eintragstypen stehen atomare Typen oder Knotentypen zur Wahl.   *item()*
Der allgemeinste Eintragstyp `item()` lässt sowohl atomare Werte als
auch Knoten zu. Daher ist

    item()*

der allgemeinste Sequenztyp. Alle Sequenzen, auch leere, passen zu
diesem Typ.

Als atomare Typen können alle in XML Schema definierten einfachen Typen, aber auch alle bekannten benutzerdefinierten einfachen
Typen verwendet werden, wie zum Beispiel:

    xs:integer+
    meinNamensraum:meineSchuhgröße?

Hierbei ist zu beachten, dass XQuery bei einer solchen Definition nicht
nur den angegebenen Typ, sondern auch jeden davon mit durch Erweiterung oder Restriktion abgeleiteten Typ akzeptiert. Wenn also der
Typ

    xs:string

als Sequenztyp gegeben ist, wird auch der Typ `Zimmernummer_T` (Beispielschema in Abschnitt 1.3) akzeptiert, da er von `xs:token` und der
wiederum von `xs:string` abgeleitet ist.

Knotentypen

node()   Ein beliebiger Knoten wird durch node() repräsentiert. Darüber hinaus gibt es die Möglichkeit, einen bestimmten Knotentyp zu fordern, wie zum Beispiel einen Textknoten oder einen Elementknoten. Der Typ kann noch spezifischer definiert werden: Bei Verarbeitungsanweisungen kann ein bestimmtes Ziel gefordert werden, bei Elementen und Attributen Name und/oder Typ, bei Dokumenten ein bestimmtes Wurzelelement. Tabelle 3–8 gibt eine Übersicht über die verschiedenen Möglichkeiten.

Knotentyp	Bedeutung
node()	beliebiger Knoten
document-node()	ein Dokumentknoten
document-node(element(...))	ein Dokumentknoten, wobei das Dokument als Wurzelelement ein Element des angegebenen Typs hat
text()	ein Textknoten
comment()	ein Kommentarknoten
processing-instruction()	ein Verarbeitungsanweisungsknoten
processing-instruction(Ziel) processing-instruction("Ziel")	ein Verarbeitungsanweisungsknoten mit dem angegebenen Ziel
element() element(*) element(*,*)	ein beliebiger Elementknoten
element(Name)	ein bestimmtes Element
element(Name, Typ)	ein Element mit bestimmtem Namen und Typ
attribute() attribute(*) attribute(*,*)	ein beliebiges Attribut
attribute(Name)	ein bestimmtes Attribut
attribute(Name, Typ)	ein Attribut mit bestimmtem Namen und Typ

Tab. 3–8   *Liste unterschiedlicher Knotentypen*

Abbildung 3–2 verdeutlicht den Zusammenhang der jeweiligen Angaben für Typen von Sequenzeinträgen. Von links nach rechts wird die Definition immer spezifischer.

Die Angabe eines Namens bei Elementen und Attributen muss im Zusammenhang mit den bei der Anfrageauswertung bekannten XML-Schemadefinitionen gesehen werden.

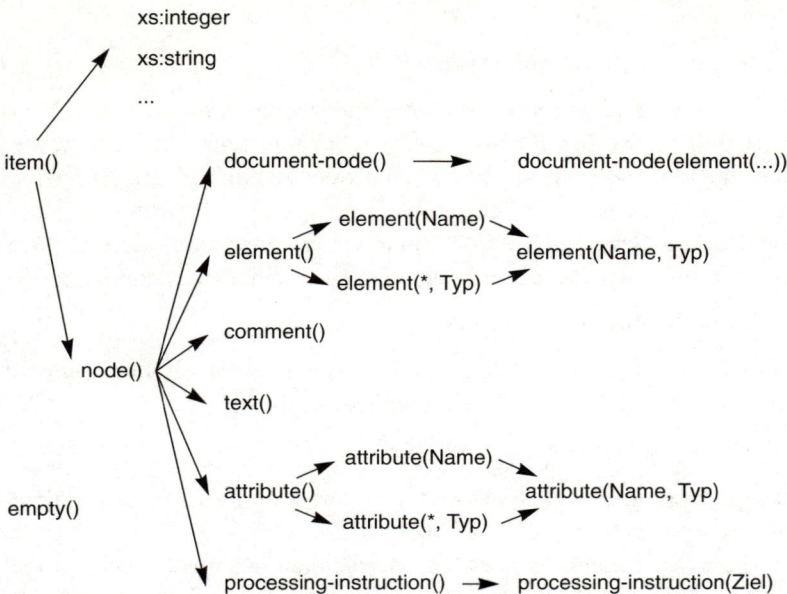

Abb. 3–2   *Hierarchie von Sequenztypen*

Werden für ein Element Name und Typ angegeben, so werden alle Elemente akzeptiert, die diesen Namen haben (oder in einer Ersetzungsgruppe sind, die zu diesem Elementnamen gehört) und die außerdem vom angegebenen Typ sind (oder deren Typ durch Erweiterung oder Einschränkung von diesem Typ abgeleitet wurde). Zu dem Sequenztyp

element()

```
element(Angestellte, Angestellte_T)
```

passen zum Beispiel Arzt-Elemente gemäß dem Beispielschema. Es muss in diesem Fall allerdings keine Schemadefinition für den Elementnamen bekannt sein. Dies gilt auch dann, wenn für den Typ ein * angegeben ist. In diesem Fall ist der Typ des Elementes beliebig; zum Beispiel wird von dem Sequenztyp

```
element(Krankenwagenfahrer, *)
```

ein Element namens Krankenwagenfahrer akzeptiert, auch wenn ein solches Element im Schema nicht definiert ist. Auch für den Namen kann ein * angegeben sein, dann wird nur der Typ des Elementes berücksichtigt.

Ein Element mit leerem Inhalt und dem Attribut `xsi:nil="true"` wird nur akzeptiert, wenn dem Typnamen das Schlüsselwort `nillable` hinzugefügt wurde. Daher passt das Element

```
<Gehalt xsi:nil="true"/>
```

zu dem Sequenztyp

```
element(*, xs:integer nillable)
```

Wird für ein Element nur der Name angegeben, dann muss eine Schemadefinition für diesen Elementnamen bekannt sein. Ein Element wird akzeptiert, wenn es diesen Namen hat oder zu einer Ersetzungsgruppe zu diesem Namen gehört. Dann muss der Typ des Elementes auch dem Typ in der Schemadefinition entsprechen oder von diesem durch Erweiterung oder Einschränkung abgeleitet sein. Der Sequenztyp

```
element(Krankenwagenfahrer)
```

führt daher zu einem Fehler, weil in unserem Beispielschema ein solches Element nicht definiert ist. Der Sequenztyp

```
element(Angestellte)
```

akzeptiert hingegen auch ein Arzt-Element, weil dieses zu seiner Ersetzungsgruppe gehört.

In XML Schema gibt es die Möglichkeit, Elemente nicht global, sondern lokal zu definieren, d. h. nur im Kontext eines anderen Elementes oder eines komplexen Typs. Damit auch solche Elemente verwendet werden können, erlaubt XQuery die Angabe eines Kontextpfades. Dabei handelt es sich quasi um eine Navigationsanweisung von einer globalen Definition zu dem lokalen Element. Damit ein Element akzeptiert wird, muss es in diesem Fall den angegebenen Namen haben und gegen den Typ validieren, der im Schema für das lokale Element gilt. Für das Patienten-Beispielschema kann folgender Sequenztyp benutzt werden, um ein Element anzusprechen, das den Namen Beginn hat und denselben Typ wie das lokal unter Operation definierte Element Beginn:

```
element(Operation/Beginn)
```

Ein Element, das zu diesem Sequenztyp passt, muss allerdings *nicht* Kind eines Elementes Operation sein, sondern nur der Struktur des für Beginn unterhalb von Operation erwarteten Typs entsprechen!

Falls die globale Definition, von der aus navigiert wird, eine Typdefinition und keine Elementdefinition ist, so wird der Typname in type() eingefasst, wie bei

```
element(type(Person_T)/E-Mail)
```

Für Attribute gelten die genannten Regeln analog.

3.7.2 Knotenzugriffsfunktionen

Ein Teil der Sequenztypsyntax kann auch in Pfadausdrücken (Abschnitt 4.2) verwendet werden, um aus der Sequenz der Knoten, die durch einen Pfadausdruck adressiert werden, einige Knoten auszufiltern. Hierzu steht der Typ `node()` zur Verfügung sowie alle spezifischeren Typen gemäß Abbildung 3–2. Die Regeln der Auswahl entsprechen den oben vorgestellten. Es besteht also ein Unterschied zwischen dem Ausdruck `//Angestellte` und dem Ausdruck `//element(Angestellte)`. Der erste Ausdruck sucht ein Element namens `Angestellte`, der zweite ein Element aus der Ersetzungsgruppe des in einem bekannten Schema definierten Elementes `Angestellte`.

3.7.3 Operationen auf Sequenzen aus Knoten

Sequenzen von Knoten kann man miteinander kombinieren, indem man den Durchschnitt, die Vereinigung oder die Differenz bildet. Sequenzen sind keine Mengen, aber für diese Operationen werden sie temporär als Menge betrachtet. Duplikate (also identische Knoten) unter den Einträgen werden eliminiert, dann werden die entsprechenden Mengenoperationen durchgeführt. Das Ergebnis wird in der Dokumentreihenfolge geliefert. Die Syntax für diese Operatoren lautet wie folgt:

union
intersect
except

```
UnionExpr             ::= IntersectExceptExpr union IntersectExceptExpr
IntersectExceptExpr::= ValueExpr (intersect | except) ValueExpr
```

Anstelle des union-Operators darf auch ein senkrechter Strich »|« stehen. Im folgenden Beispiel wird die Variable $a an alle Elementknoten des Namens A im Beispieldokument gebunden, die Variable $b an alle Elementknoten des Namens B, aber in umgekehrter Reihenfolge. Der Ausdruck

```
let $doc := document {<Wurzel>
                        <A>1</A>
                        <B>2</B>
                        <A>3</A>
                        <B>4</B>
                      </Wurzel>}
let $a := $doc//A
let $b := fn:reverse($doc//B)
return
  (<A-Sequenz>{$a}</A-sequenz>,
   <B-Sequenz>{$b}</B-Sequenz>,
   <Vereinigung>{$a | $b}</Vereinigung>,
```

```
<Differenz>{$b except $a}</Differenz>,
<Durchschnitt>{$b intersect $b}</Durchschnitt>)
```

hat als Ergebnis

```
<A-Sequenz> <A>1</A> <A>3</A></A-Sequenz>
<B-Sequenz> <B>4</B> <B>2</B></B-Sequenz>
<Vereinigung> <A>1</A><B>2</B><A>3</A><B>4</B></Vereinigung>
<Differenz><B>2</B> <B>4</B></Differenz>
<Durchschnitt><B>2</B><B>4</B></Durchschnitt>
```

Man erkennt, dass die Ergebnisse der Sequenzoperationen union, intersect und except immer nach der Dokumentordnung sortiert sind.

Als Anmerkung sei an dieser Stelle darauf hingewiesen, dass diese Operatoren nicht für beliebige Sequenzen, sondern nur für solche Sequenzen definiert sind, die nur aus Knoten bestehen.

3.8 Typausdrücke

XQuery führt einige Ausdrücke zum Umgang mit Typen ein, die man so aus anderen Sprachen nicht kennt. Die Typumwandlung für atomare Typen (cast as) ist bereits in Abschnitt 3.2.4 behandelt worden. Diese kann einen Laufzeitfehler ergeben, wenn die Typumwandlung nicht erfolgreich durchgeführt werden kann. Daher gibt es den Operator castable, der lediglich prüft, ob eine Umwandlung möglich ist, ohne diese durchzuführen. Eine Typüberprüfung und -umwandlung für komplexe Typen ist mit validate möglich. Außerdem gibt es die Operation treat, mit der zugesichert werden kann, dass ein bestimmter Typ vorhanden ist, und Operationen, mit denen abgefragt werden kann, ob ein bestimmter Typ vorliegt.

3.8.1 Typprüfung

castable XQuery erlaubt die Prüfung, ob eine Typwandlung mittels cast erfolgreich (d. h. erlaubt) wäre. Dazu gibt es den castable-Operator, der false oder true liefert, je nachdem, ob ein cast einen Typfehler erzeugen würde oder nicht.

```
CastableExpr    ::= Expr castable as AtomicType ? ?
```

Folgendes Beispiel verwendet konditionale Ausdrücke, um die aktuelle Belegung der Variablen $x erfolgreich in ein Datum ohne bzw. mit Zeitangaben und in einen Zeitraum in Tagen zu konvertieren. Falls alle Alternativen nicht erfolgversprechend sind, wird der Wert in eine Zeichenkette konvertiert.

```
if ($x castable as xs:date)
   then $x cast as xs:date
   else if ($x castable as xs:dateTime)
           then $x cast as xs:dateTime
           else if ($x castable as xdt:dayTimeDuration)
                   then $x cast as xdt:dayTimeDuration
                   else $x cast as xs:string
```

Die Überprüfung auf eine erfolgversprechende Typkonvertierung vor dem Aufruf eines cast-Operators ist empfehlenswert, da so bei unerwarteten Daten eine gezielte Reaktion statt eines Laufzeitfehlers gewährleistet werden kann. So wird folgender FLWOR-Ausdruck einen Laufzeitfehler produzieren, da die Konvertierung nicht durchgeführt werden kann (das Format des Strings entspricht zwar dem für xs:date geforderten, aber der Wert ist nicht zulässig):

```
let $x := xs:string("2004-02-31")
let $y := $x cast as xs:date
return fn:get-year-from-date($y)
```

3.8.2 Typzuweisung

Dokumentknoten und Elementknoten können mit der validate-Anweisung explizit gegen Schemadefinitionen validiert werden.

validate

```
ValidateExpr     ::= validate SchemaMode? SchemaContext? { Expr }

SchemaMode       ::= lax | strict | skip

SchemaContext    ::= (context SchemaContextLoc) | global
```

Dies beinhaltet, dass dem entsprechenden Knoten der jeweilige Typ zugewiesen wird, wobei Vorbelegungswerte für Attribute ebenfalls wirksam werden. Da Elemente, die durch Elementkonstruktoren entstehen, automatisch der Validierung unterworfen werden, wie sie für die gesamte Anfrage definiert ist (Abschnitt 8.2.4), besteht der Hauptanwendungsfall für validate darin, die Validierungsmodalitäten für einzelne Knoten zu ändern (beispielsweise zu unterdrücken). Man kann validate aber auch verwenden, um zu prüfen, ob ein Eingabedokument dem erwarteten Schema genügt. In Anlehnung an die Validierungsmodi, die XML Schema für seine Wildcards (any) einführt, kennt XQuery die folgenden Validierungsmodi:

Validierungsmodi

Validierungsmodus	Bedeutung
strict	Für alle Element- und Attributknoten muss eine Schemadefinition bekannt sein und alle Elementknoten müssen dieser entsprechen
skip	Es findet keine Validierung statt; alle Elementknoten erhalten den Typ xdt:untypedAny, alle Attributknoten den Typ xdt:untypedAtomic
lax	Für alle Element- und Attributknoten, für die eine Schemadefinition bekannt ist, wird wie bei »strict« validiert, für alle anderen wie bei »skip«

Tab. 3–9   *Liste der Validierungsmodi*

Wie schon bei den Sequenztypen gibt es die Möglichkeit, die Validierung in einen Kontext zu stellen, um auch die Validierung gegen lokale Definitionen zu erlauben. Alternativ kann der Kontext global angegeben werden, was bedeutet, dass alle Schemadefinitionen, die benötigt werden, globale Definitionen sein müssen. Der Validierungsmodus kann beim Aufruf von validate jeweils weggelassen werden. In diesem Fall vererbt sich der Validierungsmodus umgebender validate-Ausdrücke oder, falls es keine solchen gibt, der Gesamtanfrage. Im folgenden Beispiel wird die Validierung explizit ausgeschaltet, weil das konstruierte Element nicht dem Beispielschema genügt. Ohne den Aufruf von validate würde das Ergebnis der Elementkonstruktion gegen das Schema validiert, was zu einem Typfehler führen würde.

```
validate skip {<Arzt >
                   <Name>Ernst Müller</Name>
                   <Fähigkeit>Notfallarzt</Fähigkeit>
               </Arzt>}
```

3.8.3   Typzusicherung

treat as   In einem komplexen XQuery-Ausdruck ist nicht immer offensichtlich, welchen Typ ein Ausdruck hat. Besonders schwierig ist dies oft für eine XQuery-Implementierung bei der Analyse einer XQuery. Daher muss in vielen Fällen bei der statischen Analyse einer Anfrage (d. h. einer Analyse, ohne dass die Anfrage auf konkrete Daten angewendet wird) auf eine strikte Typprüfung verzichtet werden. Eine solche Prüfung ist dann erst zur Laufzeit möglich. Um diese Situation zu verbessern, aber auch, um dem Programmierer von XQuery-Anfragen Sprachmittel an die Hand zu geben, mit denen er seine Anfragen sicherer machen kann, bietet XQuery den treat as-Ausdruck an.

```
TreatExpr        ::= Expr treat as SequenceType
```

Mit treat as erfolgt eine Zusicherung über den Typ eines Ausdrucks. Im Gegensatz zu einem cast wird der Typ des Ausdrucks nicht geändert, sondern ein Fehler erzeugt, wenn der Ausdruck nicht dem angegebenen Typ entspricht. Der folgende Ausdruck erzeugt einen Fehler, wenn die Variable $a nicht an ein Element des Typs Arzt_T gebunden ist:

```
$a treat as element(*, Arzt_T)
```

3.8.4 Typabfrage

Zur Abfrage des Typs eines Sequenzwertes stellt XQuery die beiden Ausdrücke instance of und typeswitch zur Verfügung. Der Auszug aus der Grammatik lautet dabei folgendermaßen:

instance of
typeswitch

```
InstanceofExpr    ::= Expr instance of SequenceType

TypeswitchExpr    ::= typeswitch ( Expr )
                          CaseClause+
                          default ($ VarName)?
                          return ExprSingle

CaseClause        ::= case ($ VarName as)? SequenceType return ExprSingle
```

Der instance of-Operator liefert den Wert true, falls der Typ des ersten Operanden mit dem zu überprüfenden Datentyp übereinstimmt (oder von diesem abgeleitet ist). Die Integerzahl 4711 wird sowohl als Integer als auch als Dezimalzahl als auch als allgemeiner Eintrag (item) akzeptiert, wie folgendes Beispiel zeigt:

```
let $a := xs:integer(4711)
where $a instance of xs:integer
  and $a instance of xs:decimal
  and $a instance of item()
return
  <Text>Dieser Text wird erscheinen</Text>
```

Die Typüberprüfung ist nicht nur für atomare Typen, sondern für alle Sequenztypen möglich:

```
<Text>bla bla</Text> instance of element(*, xs:string)
```

Eine Serie von Typüberprüfungen kann in einem typeswitch-Ausdruck zusammengefasst werden. Ein typeswitch-Ausdruck entspricht dabei der aus vielen Programmiersprachen bekannten switch-Anweisung, nur dass hier nicht der Wert, sondern der Typ des Auswahlausdrucks über die gewählte Variante entscheidet. Ein typeswitch könnte auch durch eine Folge von instance of-Ausdrücken eingebettet in konditionale Ausdrücke simuliert werden – ein Unterschied besteht jedoch in der statischen Typprüfung (Abschnitt 8.3.1). Folgendes Beispiel liefert den Vergütungssatz für Überstunden in Abhängigkeit von der Berufsgruppe. Überstunden werden bei Ärzten beispielsweise mit 25, bei Pflegepersonal nur mit 15 entlohnt. Die Variable \$a ist dabei an ein Element aus der Ersetzungsgruppe von `Angestellte` gebunden (Beispielschema in Abschnitt 1.3):

```
typeswitch ($a)
        case element(*, Arzt_T)              return 25
        case element(*, Pfleger_T)           return 15
        case element(*, Techniker_T)         return 20
        case element(*, Sekretärin_T)        return 10
        default return 0
```

Im Allgemeinen besteht ein `typeswitch`-Ausdruck aus einer zu überprüfenden Ausprägung eines Sequenztyps (in obigem Beispielszenario ein Angestellter, gebunden an die Variable \$a) und einer Liste von Fällen, die es schrittweise hinsichtlich einer Kompatibilität zu überprüfen gilt. *default* Die Reihenfolge ist dabei entscheidend, so dass der erste Fall einer möglichen Typkompatibilität den Ausdruck zur Ermittlung des Rückgabewertes bestimmt. Falls in keinem explizit aufgeführten Fall eine Typübereinstimmung erzielt werden kann, wird der Ausdruck in der `default`-Klausel ausgewertet und als Rückgabewert verwendet.

 Hängt der Rückgabewert in einer `case`- oder `default`-Klausel von der zu untersuchenden Sequenz ab, so kann darauf zurückgegriffen werden, indem zusätzlich eine Variable angegeben wird, welche den ursprünglichen Wert des Auswahlausdrucks mit Bezug auf den aktuell untersuchten Typ reflektiert. Folgender Ausdruck gibt ein spezielles Merkmal der jeweiligen Berufsgruppen zurück:

```
typeswitch ($a)
        case $x as element(*, Arzt_T)
                    return <Merkmal>$x/Spezialgebiet</Merkmal>
        case $x as element(*, Pfleger_T)
                    return <Merkmal>$x/Zertifikat</Merkmal>
        case $y as element(*, Techniker_T)
                    return <Merkmal>$y/Fähigkeit</Merkmal>
        case element(*, Sekretärin_T)
                    return <Merkmal/>
        default return <Fehler/>
```

Eine zusätzliche Variable wird für die entsprechenden Berufsgruppen eingeführt. Für Sekretärinnen und den `default`-Fall ist dies nicht erforderlich. Der Geltungsbereich einer zusätzlich eingeführten Variablen umfasst dabei die Auswertung des Ausdrucks des entsprechenden Falls, so dass die Variablen nicht außerhalb referenziert werden dürfen. Daher ist es auch zulässig, denselben Bezeichner in mehreren `case`-Zweigen innerhalb eines `typeswitch`-Ausdrucks zu verwenden.

3.9 Gleichheit von Sequenzen

Auf Sequenzen ist keine Ordnungsrelation definiert. Es ist aber möglich, zwei Sequenzen auf Gleichheit zu prüfen. Hierzu steht die Funktion `fn:deep-equal()` zur Verfügung. Da Sequenzen heterogen sein können, ist die Definition der Gleichheit recht umfangreich.

fn:deep-equal()

Damit Sequenzen gleich sind, müssen sie dieselbe Anzahl von Einträgen haben, und die Einträge an derselben Position jeder Sequenz müssen paarweise gleich sein. Damit ist die leere Sequenz gleich der leeren Sequenz. Für andere Sequenzen muss definiert werden, wann zwei Einträge gleich sind:

Sind beide Einträge atomare Werte, so ist Gleichheit über den Operator eq definiert (Kapitel 6). Bei diesem Operator spielen Sortierordnungen eine Rolle (Abschnitt 7.2); daher kann man der Funktion `fn:deep-equal()` explizit eine Sortierordnung mitgeben. Ist einer der beiden Einträge ein atomarer Wert und der andere ein Knoten, dann sind sie nicht gleich. Die Gleichheit von Knoten zueinander ist rekursiv definiert:

- Die Art der Knoten muss gleich sein (z. B. Attributknoten).
- Wenn die Knoten Namen haben, so müssen die Namen gleich sein.
- Wenn es sich um Attributknoten handelt, müssen Name und getypter Wert gleich sein.
- Bei Text-, Namensraum- und Kommentarknoten muss der textuelle Wert gleich sein.
- Bei Knoten für Verarbeitungsanweisungen müssen Name und textueller Wert gleich sein.
- Wenn es sich um Elementknoten handelt, so muss für beide Knoten gelten, dass es für jedes Attribut in dem einen Knoten ein Attribut in dem anderen Knoten gibt, so dass diese Attributknoten gleich sind.
- Wenn beide Elementknoten einen einfachen Typ haben, muss der getypte Wert gleich sein.
- Wenn ein Elementknoten einen einfachen Typ hat und der andere nicht, dann sind sie nicht gleich.
- Wenn beide Elementknoten einen komplexen, möglicherweise gemischten Inhalt haben, dann sind sie gleich, wenn ihre Kindknoten (unter Vernachlässigung von Kommentarknoten und

Knoten für Verarbeitungsanweisungen) paarweise gleich sind, also wenn für die beiden Elementknoten $e1 und $e2 gilt:

```
fn:deep-equal($e1/(* | text()), $e2/(* | text()), $collation)
```

Es ist somit nicht gefordert, dass bei Elementen oder Attributen der Typ identisch sein muss, oder dass die Knoten aus demselben Kontext stammen. Knoten für Verarbeitungsanweisungen und Kommentarknoten werden offensichtlich nur berücksichtigt, wenn sie auf der obersten Ebene des Aufrufs von `fn:deep-equal()` auftreten.

Signatur	Beschreibung

`fn:deep-equal(`
  `$seq1 as item()*,`
  `$seq2 as item()*[,`
  `$collation as string])`
`as xs:boolean`
	liefert `true`, wenn die beiden Eingabesequenzen unter Berücksichtigung der Sortierordnung gleich sind

Tab. 3–10 *Vergleich von Sequenzen*

3.10 Zusammenfassung

XQuery definiert ein eigenes Datenmodell, welches im Detail in diesem Kapitel dargestellt wird. Das grundlegende Konstrukt ist dabei die Sequenz, die im ersten Abschnitt eingeführt wird. Eine Sequenz kann aus atomaren Werten und Knoten bestehen, von denen wiederum sieben verschiedene Arten existieren. Systematisch werden dabei in den einzelnen Abschnitten die jeweiligen Aspekte diskutiert. So widmet sich der zweite Abschnitt den atomaren Werten, wobei Konstruktoren, Literale und auch bereits Operationen und Funktionen auf Sequenzen mit atomaren Werten erläutert werden.

Nach eine Einführung in das wichtige Prinzip der Atomisierung und der Nennung spezieller Datentypen, die über das Typkonzept von XML Schema hinausgehen, widmet sich das Kapitel dem zweiten großen Komplex des XQuery-Datenmodells, den Knoten. Im Einzelnen werden alle sieben unterschiedlichen Knotenarten detailliert und am Beispiel beschrieben. Daran schließt sich die Diskussion von Funktionen an, die auf Knoten arbeiten und deren Namen oder Inhalt extrahieren.

Ferner wird in Abschnitt 3.8 das komplexe System von Typnotationen, mit denen die unterschiedlichsten Arten von Sequenzen beschrieben werden können, vorgestellt, wobei die erstaunlich große Anzahl an Operatoren zur Behandlung von Typen, wie beispielsweise `validate` zur Typprüfung und -zuweisung, `treat` zur Typzusicherung, cast zur Typänderung und instance of und typeswitch zur Typabfrage, sowohl allgemein als auch jeweils am Beispiel diskutiert wird.

Im letzten Abschnitt wird das Konzept der »Gleichheit von Sequenzen« diskutiert. Sequenzen können dabei ausschließlich auf Gleichheit geprüft werden – eine Ordnung ist auf Sequenzen nicht definiert. Die Gleichheit von Sequenzen ist über Wertegleichheit definiert, wobei die Tatsache, dass Knoten als Einträge einer Sequenz erlaubt sind, dazu führt, dass die Gleichheit rekursiv definiert werden muss.

In summa gibt dieses Kapitel eine umfassende und sehr detaillierte Einführung in das der Anfragesprache XQuery zugrunde liegende Datenmodell, so dass im weiteren Verlauf bei der Behandlung der einzelnen Sprachkonstrukte von XQuery darauf Bezug genommen werden kann.

3.11 Übungen

Für die folgenden Übungen brauchen Sie nur Sprachmittel, die in diesem Kapitel behandelt wurden, mit einer Ausnahme: Der Zugriff auf ein Kindelement X der Variablen $a erfolgt über den Pfadausdruck $a/X.

1. Gegeben sei eine Variable $a, für die der Ausdruck $a treat as element(Angestellte) gilt. Erzeugen Sie daraus ein Element Arbeitnehmer, das in einem Attribut Beruf angibt, ob es sich um einen Arzt, Pfleger etc. handelt, und das ansonsten den Namen des Betreffenden als einziges Kindelement vom Typ element(Name) enthält.

2. Gegeben sei eine Variable $a, für die der Ausdruck $a treat as element(Angestellte) gilt. Erzeugen Sie daraus ein leeres Element, dessen Name der Name des Angestellten ist, falls dieser Arzt ist, und dessen Attribut Vorname den Vornamen enthält, also beispielsweise <Naumann Vorname="Benjamin"/>. Für andere Berufe erzeugen Sie ein leeres Element Personal mit einem Attribut, dessen Name der Beruf ist und dessen Wert der Name ist, also z. B. <Personal Pfleger="Dagmar Guldenstern"/>. Beachten Sie, dass das Schema ein Element Personal definiert.

3. Geben Sie einen Ausdruck an, der aus der Sequenz $e=(1, 2, 3) die Sequenz (4, 3, 2, 1) erzeugt.

4. Gegeben sei eine Sequenz $s. Erzeugen Sie eine aufsteigende Sequenz natürlicher Zahlen, die genauso viele Einträge enthält wie $s.

4   Pfadausdrücke

Das vorangegangene Kapitel hat aus der Perspektive des Datenmodells bereits die wesentlichen Grundlagen für die XQuery-Anfragesprache gelegt, so dass in diesem Kapitel Pfadausdrücke quasi als Vorbereitung zur Erläuterung der FLWOR-Ausdrücke im nächsten Kapitel und weiter gehender XQuery-Konzepte in den Kapiteln 6 und 7 erklärt werden können. Pfadausdrücke erlauben ausgehend von einem Kontextknoten die Adressierung von einzelnen Knoten, wobei das Adressierungsschema die hierarchische Struktur von XML-Dokumenten berücksichtigt. Ein Pfadausdruck besteht dabei aus einer Sequenz von einzelnen Lokalisierungsschritten, die sukzessive ausgewertet werden. Das Verarbeitungsprinzip und die Auswertungsdetails der Lokalisierungsschritte werden in diesem Kapitel vorrangig behandelt.

4.1   Überblick über XQuery-Ausdrücke

Bevor sich dieses Kapitel ausschließlich der Behandlung von Pfadausdrücken widmet, gibt dieser Abschnitt einen Überblick über unterschiedliche Arten von Ausdrücken in XQuery. Das Konzept der Ausdrücke ist deshalb wichtig, da XQuery-Anweisungen konstruktiv aus einzelnen Ausdrücken zusammengesetzt werden.

Dieses und die folgenden beiden Kapitel beschäftigen sich dabei mit »besonderen« Ausdrücken, angefangen von Pfadausdrücken über FLWOR-Ausdrücke bis hin zu Vergleichs- und konditionalen Ausdrücken. »Datenmodellnahe« Ausdrücke wie direkte und berechnete Konstruktoren oder Sequenzausdrücke wurden implizit bereits im vorangegangenen Kapitel behandelt und bedürfen keiner expliziten Erwähnung mehr. Umso wichtiger ist es jedoch, der Vollständigkeit halber an dieser Stelle vor einem Einstieg in die Tiefen der XQuery-spezifischen Konstrukte eine Liste der elementaren Ausdrücke zu geben.

XQuery-Ausdrücke

Elementare Ausdrücke

Die Menge der in XQuery zur Verfügung stehenden elementaren Ausdrücke umfasst zunächst Literale (Abschnitt 3.2.2 und 3.2.3), Variablenreferenzen, Funktionsaufrufe, Konstruktoren (Abschnitt 3.2.1) und Klammern zur Kontrolle der Vorrangregelung bei Anwendung von Operatoren.

```
PrimaryExpr      ::= Literal |
                     VarRef |
                     ParenthesizedExpr |
                     ContextItemExpr |
                     FunctionCall |
                     Constructor
```

Ein elementarer Ausdruck einer Variablenreferenz besteht aus einem $-Zeichen, gefolgt von einem QName als Bezeichner der Variablen wie zum Beispiel $var1[1].

```
VarRef        ::= $ VarName

VarName       ::= QName
```

Bindung von Variablen   Eine Variable kann in einem XQuery-Prolog oder innerhalb des aktuellen bzw. eines importierten Moduls deklariert werden. Eine Variable kann an einen XQuery-Ausdruck gebunden werden, wobei ausschließlich FLWOR-Ausdrücke (Kapitel 5), quantifizierende Ausdrücke (Abschnitt 6.3.3) und `typeswitch`-Ausdrücke (Abschnitt 3.8.4) eine Bindung ermöglichen. Die implizite Bindung findet darüber hinaus bei der Initialisierung von Funktionsparametern statt.

Funktionsaufruf   Ein Funktionsaufruf besteht aus einem QName (dem Funktionsnamen), gefolgt von einer durch Komma getrennten Argumentenliste mit einer der Signatur entsprechenden Anzahl von Ausdrücken.

```
FunctionCall    ::= QName ( (ExprSingle ( , ExprSingle)*)? )
```

Ein Funktionsaufruf wird ausgewertet, indem die Ausdrücke in den Argumenten in implementierungsabhängiger Reihenfolge ausgewertet werden. Anschließend werden die Werte der Argumentausdrücke in die von der Funktion erwarteten Datentypen konvertiert (Abschnitt 3.2.4), der Funktionsrumpf ausgewertet und dadurch das Ergebnis des Funktionsaufrufs bestimmt.

---

1. In der Grammatik werden »$« und »QName« als eigenständige lexikalische Einheiten betrachtet und deren Unterscheidung durch ein Leerzeichen symbolisiert. Bei einer Variablenreferenz innerhalb eines XQuery-Ausdrucks (z. B. $x) ist das Trennsymbol nicht explizit sichtbar.

XQuery-Kommentarausdrücke

Eine XQuery-Anfrage kann zusätzlich einen Kommentar aufweisen, der ebenfalls als XQuery-Ausdruck behandelt wird. Ein Kommentar wird in (: :)-Zeichen eingeschlossen und kann eine beliebig tiefe Schachtelung aufweisen.

Kommenare in XQuery

```
ExprComment          ::= (: (ExprCommentContent | ExprComment)* :)
ExprCommentContent   ::= Char
```

Zum Beispiel ist folgender Ausdruck ein gültiger XQuery-Kommentarausdruck:

```
(: Dies ist ein (: Kommentar :) !! :)
```

Wichtig an dieser Stelle ist anzumerken, dass XQuery-Kommentare von Kommentarknoten (Abschnitt 3.5.6) zu unterscheiden sind. Während der obige Ausdruck keine Auswirkung auf das Ergebnis hat, würde folgender Konstruktorausdruck einen Kommentarknoten im Ergebnisdokument erzeugen:

```
<! Dies ist ein (: Kommentar :) !! !>
```

Ausdruck für Kontextknoten

Während der Auswertung eines XQuery-Ausdrucks existiert ein aktueller Kontextknoten, der Bestandteil des dynamischen Kontextes ist (Abschnitt 8.3.5). Durch einen Kontextknotenausdruck wird ein Bezug zu dem aktuellen Kontextknoten hergestellt.

Kontextknoten

```
ContextItemExpr      ::= .
```

Der Bezug wird dabei durch einen einfachen Punkt realisiert. Dabei ist zu beachten, dass ein zweifacher Punkt als implizite Abkürzung für einen Lokalisierungsschritt parent::node() innerhalb eines Pfadausdrucks interpretiert wird und keinen nativen Ausdruck repräsentiert.

4.2 Struktur eines Pfadausdrucks

Ein Pfadausdruck wird dazu benutzt, bestimmte Knoten einschließlich ihrer Unterelemente und Attribute eines XML-Dokumentes zu adressieren. Während die im folgenden Kapitel ausgeführten FLWOR-Ausdrücke als wesentlich neues Konstrukt in XQuery eingeführt wurden, sind Pfadausdrücke sehr eng an die XPath-1.0-Spezifikation angelehnt und haben somit eine eigenständige und längere Historie als XQuery selbst.

Lokalisierungsschritte
getrennt durch / und //
Ein Pfadausdruck besteht aus einem oder mehreren Lokalisierungsschritten, die mit einem einfachen bzw. doppelten Schrägstrich beginnen können und entweder durch einen einfachen oder einen doppelten Schrägstrich (»/« bzw. »//«) voneinander getrennt sind.

```
PathExpr          ::= ( / RelativePathExpr?)
                    | ( // RelativePathExpr)
                    | RelativePathExpr
RelativePathExpr::= StepExpr (( / | // ) StepExpr)*
```

Dabei wird jedes Auftreten eines doppelten Schrägstrichs zwischen zwei Lokalisierungsschritten nach den Regeln der abkürzenden Schreibweise (Abschnitt 4.6) umgehend expandiert, so dass ein Pfadausdruck aus einer Serie von Lokalisierungsschritten, getrennt durch einen einzelnen Schrägstrich, besteht. Die einzelnen Lokalisierungsschritte werden danach von links nach rechts sukzessive ausgewertet, wobei ein Laufzeitfehler (»type error«) erzeugt wird, falls das Ergebnis keine Knotensequenz ist. Eine leere Sequenz als Ergebnis eines Lokalisierungsschrittes führt dabei nicht zu einem Fehler.

Schrittweise Auswertung
von Pfadausdrücken
Jeder Knoten der Sequenz des Ergebnisses eines Lokalisierungsschrittes dient als Ausgangspunkt für die Auswertung des nachfolgenden Lokalisierungsschrittes, wobei eine (möglicherweise leere) Sequenz von Knoten als Ergebnis erzeugt werden muss. Da ausgehend von einem einzelnen Knoten ein Lokalisierungsschritt wiederum in einer Sequenz von Knoten resultiert, werden die Ergebnisse einer Lokalisierungsschrittauswertung zusammengefasst und Duplikate – identifiziert über die Knotenidentität (Abschnitt 3.5) – eliminiert. Die so entstehende Sequenz dient dann wieder als Ausgangspunkt für die Auswertung des nächsten Lokalisierungsschrittes. Abbildung 4–1 illustriert diesen zweiphasigen Mechanismus der lokalen, pro Knoten durchgeführten Auswertung, der Duplikateliminierung und der Auswertung des nachfolgenden Lokalisierungsschrittes.

Die Auswertung eines Pfadausdrucks startet bei dem gerade gültigen Kontextknoten. So liefert der Ausdruck

```
$a/child::X/child::Y/child::Z
```

mit $a als kontextgenerierendem Element alle Z-Elemente in der dritten Generation des aktuell gültigen Kontextknotens, wobei als gültige Kinder ausschließlich X-Elemente und als Enkel ausschließlich Y-Elemente erlaubt sind.

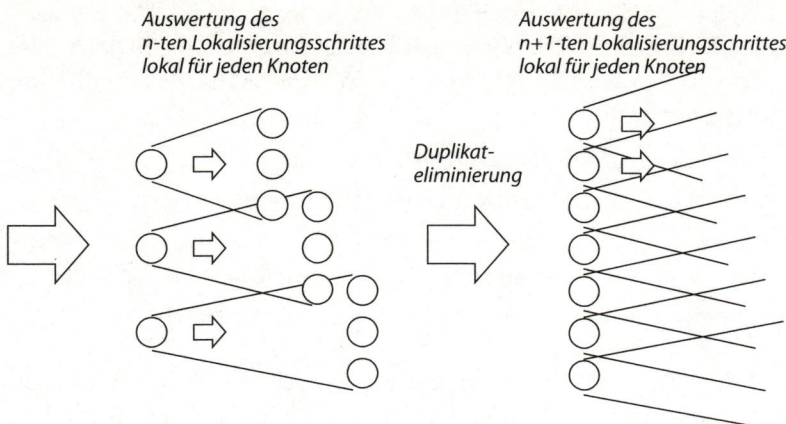

Abb. 4–1 *Schrittweise Auswertung von Lokalisierungsschritten*

Beginn eines Pfadausdrucks

Eine besondere Semantik besitzt ein Schrägstrich zu Beginn eines Pfadausdrucks. Hierbei handelt es sich im Wesentlichen wiederum um eine abkürzende Schreibweise (Abschnitt 4.6), wobei folgende Regel bei der implizit durchgeführten Expansion gilt:

Pfadausdrücke beginnend mit /

Ein einfacher Schrägstrich zu Beginn eines Pfadausdrucks impliziert, dass der erste Lokalisierungsschritt ausgehend von der Wurzel des Dokumentes, in dem sich der aktuelle Kontextknoten befindet, ausgewertet wird. Der Schrägstrich wird dabei durch folgende Anweisung substituiert:

```
fn:root(self::fn:node()) treat as fn:document-node()
```

Die Funktion `fn:root()` liefert dabei den Wurzelknoten des aktuellen Kontextknotens (Abschnitt 3.6.2), wobei – als Folge der Zusicherung durch `treat as` – ein Laufzeitfehler erzeugt wird, falls es sich nicht um einen Dokumentknoten (Abschnitt 3.5.2) handelt.

Zu beachten ist an dieser Stelle, dass ein einzelner bzw. doppelter Schrägstrich bereits einen gültigen Pfadausdruck repräsentiert.

4.3 Lokalisierungsschritte

Wie bereits bei den Auswertungsregeln eines Pfadausdrucks erwähnt, generiert ein Lokalisierungsschritt eine Knotensequenz, welche zusätzlich durch eine Menge von Prädikaten gefiltert werden kann. Das Ergebnis eines Lokalisierungsschrittes reduziert sich dann auf die Knoten, die die zusätzlich angegebenen Prädikate erfüllen. Wie das nachfolgende Fragment der Grammatik zeigt, werden in XQuery zwei Arten von Lokalisierungsschritten – ein Achsenschritt und ein Filterschritt – unterschieden:

```
StepExpr        ::= AxisStep | FilterStep

AxisStep        ::= (ForwardStep | ReverseStep) Predicates

FilterStep      ::= PrimaryExpr Predicates

ForwardStep     ::= (ForwardAxis NodeTest) | AbbrevForwardStep

ReverseStep     ::= (ReverseAxis NodeTest) | AbbrevReverseStep
```

Filterschritt Ein Filterschritt erlaubt es, einen elementaren XQuery-Ausdruck, optional gefolgt von einem oder mehreren Prädikaten, in einen Pfadausdruck zu integrieren. Das Ergebnis eines Filterschrittes entspricht dann dem Ergebnis des XQuery-Ausdrucks unter Beachtung der Filterbedingungen durch das Prädikat. Mit Bezug auf nachfolgende Prädikate ist dabei zusätzlich wichtig, dass die Reihenfolge der Ergebnisse von dem XQuery-Ausdruck bestimmt und unverändert in den Kontext des Pfadausdrucks übernommen wird.

Achsenschritt Eine wesentlich größere Bedeutung kommt dem Achsenschritt (»axis step«) innerhalb eines Pfadausdrucks zu, bei dem ausgehend von dem jeweils gültigen Kontextknoten die Menge der in dem aktuellen Lokalisierungsschritt aus Sicht der Anwendung zu selektierenden Knoten beschrieben werden kann.

Achsenangabe und Knotentest Ein Achsenschritt besteht wiederum aus zwei Teilen, getrennt durch zwei Doppelpunkte (»::«), wobei der erste Teil, die »Achsenangabe«, relativ zu dem aktuellen Kontextknoten den Teilbereich des XML-Dokumentes angibt, in dem nach Knoten gesucht werden soll. Der zweite Teil, der so genannte »Knotentest«, schränkt die Menge der adressierten Knoten hinsichtlich bestimmter Arten, hinsichtlich des Knotennamens bzw. hinsichtlich des zugrunde liegenden Datentyps ein. Der Lokalisierungsschritt

```
descendant::Patient_stationär
```

als Teil eines Pfadausdrucks bestimmt beispielsweise ausgehend von dem gerade gültigen Kontextknoten über die Achsenangabe `descendant` alle hinsichtlich der Baumstruktur nachfolgenden Knoten (Kind und Kindeskinder, ...) und liefert nur die Knoten mit dem Namen `Patient_stationär` zurück.

Das Ergebnis eines Achsenschrittes resultiert immer in einer Knotensequenz, wobei die Sortierung durch die Dokumentordnung vorgegeben ist. Eine leere Sequenz bildet dabei, wie bereits im vorangegangenen Abschnitt skizziert, keinen Fehler, sondern deutet darauf hin, dass keine Knoten im Dokument den im Lokalisierungsschritt angegebenen Kriterien genügen.

Unterschiedliche Achsen in XQuery

Um den Teil eines Dokumentes festzulegen, in dem vom aktuellen Kontextknoten aus nach weiteren Knoten gesucht werden soll, können in XQuery eine Vielzahl von unterschiedlichen Achsen angegeben werden. Dabei wird eine Klassifizierung hinsichtlich vorwärts und rückwärts gerichteter Achsen vorgenommen. Das folgende Grammatikfragment gibt einen Überblick über die Menge möglicher Suchrichtungen innerhalb eines Lokalisierungsschrittes.

child::
descendant::
attribute::
self::
descendant-or-self::
following-sibling::
following::
parent::
ancestor::
preceding-sibling::
preceding::
ancestor-or-self::

```
ForwardAxis    ::= child::
                 | descendant::
                 | attribute::
                 | self::
                 | descendant-or-self::
                 | following-sibling::
                 | following::
ReverseAxis    ::= parent::
                 | ancestor::
                 | preceding-sibling::
                 | preceding::
                 | ancestor-or-self::
```

Abbildung 4–2 illustriert den Wirkungsbereich der unterschiedlichen Achsen an einem Beispielszenario; Details werden im Folgenden ausführlich behandelt:

■ `child::`
Die Achse `child::` begrenzt den Suchraum auf alle direkten Nachfolgeknoten mit Bezug auf den aktuellen Kontextknoten. Die `child::`-Achse stellt insbesondere die Standardachse dar, falls sich der Knotentest nicht auf ein Attribut bezieht, und muss somit nicht notwendigerweise aufgeführt werden. Zum Beispiel ist der Pfadausdruck

`/child::Patient/child::Patient_stationär/child::Name`

äquivalent zu dem Ausdruck

`/Patient/Patient_stationär/Name,`

da die fehlende Achsenangabe implizit durch `child::` ergänzt wird. Des Weiteren ist anzumerken, dass Attribute und Namensraumknoten nicht in dem Ergebnis der `child::`-Achse auftreten, sondern über eine eigene Achse (`attribute::`-Achse für Attribute) adressiert werden müssen bzw. nicht über Pfadausdrücke erreichbar sind.

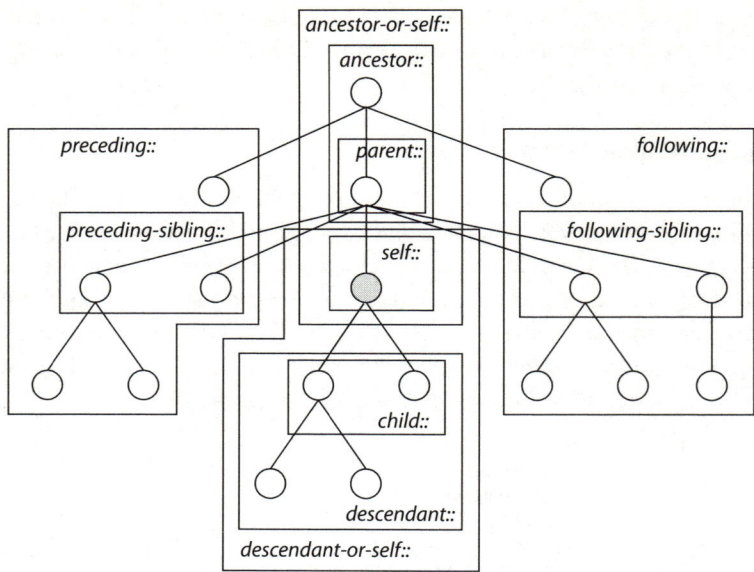

Abb. 4–2 *Wirkungsbereich unterschiedlicher Achsen*

 Die implizite Erweiterung durch die `child::`-Achse ist insbesondere dann von Bedeutung, wenn ein Pfadausdruck mit einem Schrägstrich endet und damit die Existenz eines weiteren Lokalisierungsschrittes implizit signalisiert wird. Während der Auswertung folgt daraus, dass gemäß den Ergänzungsregeln ein Lokalisierungsschritt bzw. die beiden konstituierenden Teile eines Lokalisierungsschrittes explizit gemacht werden. Als Achse wird somit die `child::`-Achse eingeführt; als Knotentest wird ein »*« zur Identifizierung beliebiger Knoten (Abschnitt 4.4) hinzugefügt. Entsprechend sind die beiden folgenden Pfadausdrücke äquivalent:

```
/child::Patient/child::Patient_stationär/
/child::Patient/child::Patient_stationär/child::*
```

Diese Ausdrücke liefern dabei alle direkten Kindknoten aller stationären Patienten; werden nur die Knoten aller stationären Patienten gewünscht, so darf der abschließende Schrägstrich nicht auftreten:

```
/child::Patient/child::Patient_stationär
```

▓ `descendant::`
Die Achse `descendant::` repräsentiert eine direkte Erweiterung der `child::`-Achse dahingehend, dass alle Nachfolgeknoten mit Bezug auf den aktuellen Kontextknoten den Suchraum bestimmen (Bildung der transitiven Hülle).

Der folgende Pfadausdruck liefert beispielsweise alle Namensanga-
ben (Elemente mit Bezeichnung `Name`), die in dem Dokument, in
dem sich der aktuelle Kontextknoten befindet, existieren:

```
/descendant::Name
```

Die `descendant::`-Achse wird auch bei der Expansion des doppelten
Schrägstriches in einem Pfadausdruck verwendet (Abschnitt 4.6).
Die Nachkommen eines Knotens umfassen jedoch keine Attribut-
oder Namensraumknoten.

Expansion von //

■ `parent::` und `ancestor::`

Der zu dem aktuellen Kontextknoten gehörige direkte Vorgänger-
knoten kann durch die `parent::`-Achse adressiert werden. Alle Vor-
gängerknoten bis zum Wurzelknoten sind durch die `ancestor::`-
Achse im Sinne einer transitiven Hüllenbildung bzgl. der `parent::`-
Achse bestimmt.

Das Ergebnis ist eine leere Sequenz, falls der Kontextknoten selbst
der Wurzelknoten ist. Als abkürzende Schreibweise für die
`parent::`-Achse kann die doppelte Punktnotation verwendet werden. So liefern die folgende Pfadausdrücke alle E-Mail-Adressen
vom Personal der Hochwaldklinik, wobei zusätzlich gelten muss,
dass der Personaleintrag auch tatsächlich einen Knoten mit der
Bezeichnung `Name` aufweist:

```
/Personal//Name/parent::*/EMail
/Personal//Name/../EMail
```

Die Verwendung der `parent::`-Achse in diesem Kontext ist insofern
interessant, als dass der übergeordnete Knoten ausgehend von
einem Element bestimmt wird, welches sich (bedingt durch die //-
Achse) irgendwo in dem Teilbaum des jeweiligen Kontextknotens
befinden kann.

■ `self::`, `descendant-or-self::` und `ancestor-or-self::`

Die `self::`-Achse umfasst naheliegenderweise den eigenen Knoten
als Suchraum. Als abkürzende Schreibweise kann ein einzelner
Punkt verwendet werden. Die folgenden drei Fragmente eines
Pfadausdrucks sind somit äquivalent und liefern alle Knoten mit
der Bezeichnung `Adresse`, die direkte Kinder des aktuellen Kontextknotens sind:

```
self::*/child::Adresse
./child::Adresse
child::Adresse
```

Die self::-Achse hat im Wesentlichen zwei unterschiedliche Anwendungen. Zum einen wird sie benutzt, um eine Filterung hinsichtlich des aktuellen Kontextknotens über Art, Name und Typ zu realisieren (Abschnitt 4.4). Zum anderen dient sie als »Ergänzung« zu den beiden bereits erläuterten Achsen ancestor:: und descendant::, die somit in den beiden Varianten ancestor-or-self:: bzw. descendant-or-self:: auftreten und den Suchraum um den aktuellen Knoten, d.h. Kontextknoten, erweitern. Abbildung 4–2 illustriert dabei den Unterschied.

▪ following:: und preceding::
Die following::-Achse adressiert alle Knoten in dem Dokument des aktuellen Kontextknotens, die Nachfolger des Wurzelknotens und hinsichtlich der Dokumentordnung nach dem Kontextknoten angeordnet sind. In analoger Art und Weise werden alle Knoten, die sich bezüglich der Dokumentordnung vor dem Kontextknoten befinden, durch die preceding::-Achse adressiert. Dies bedeutet insbesondere, dass alle Knoten, die durch die ancestor::-Achse adressiert werden, nicht im Suchraum der following:: bzw. preceding::-Achse sind. Dies bedeutet auch, dass keine Nachkommen des Kontextknotens selektiert werden. Abbildung 4–2 illustriert die Wirkung der beiden Achsen.

▪ following-sibling:: und preceding-sibling::
Die beiden Achsen following-sibling:: und preceding-sibling:: schränken den Suchraum auf die direkten Kindknoten des parent::-Knotens des aktuellen Kontextknotens ein. Dabei liefert die Achse following-sibling:: die Geschwisterknoten des Kontextknotens, die mit Bezug auf die Dokumentordnung nach dem Kontextknoten auftreten, während preceding-sibling:: die Geschwisterknoten adressiert, die vor dem Kontextknoten angeordnet sind. Falls der Kontextknoten ein Attribut- oder Namensraumknoten ist, resultieren die beiden Achsen in einem leeren Ergebnis.

Neben den Navigationsachsen zur relativen Adressierung von Teilbereichen von Dokumenten hinsichtlich des aktuellen Kontextknotens existiert eine weitere »künstliche« Achse zur Identifizierung von Attributknoten:

▪ attribute::
Die attribute::-Achse repräsentiert alle zum aktuellen Kontextknoten gehörigen Attribute. Wichtig ist dabei anzumerken, dass Attributknoten, in gleicher Weise wie Namensraumknoten und Dokumentknoten, nicht in einer hierarchischen Struktur angeord-

net sind und somit keine Kinder besitzen können.

Da Attribute häufig in Pfadausdrücken (insbesondere in Prädikaten – Abschnitt 4.5) verwendet werden, existiert eine abkürzende Schreibweise, indem die Achsenbezeichnung durch einen »@« ersetzt werden kann. Die beiden folgenden Ausdrücke sind somit wiederum äquivalent:

```
attribute::Rolle
@Rolle
```

@-Notation für Attribute

Abschließend bleibt an dieser Stelle zum Thema der Achsen in Pfadausdrücken anzumerken, dass eine XQuery-Implementierung nicht notwendigerweise alle aufgeführten Achsen bereitstellen muss. Jedoch müssen mindestens die Achsen `self::`, `child::`, `parent::`, `descendant::`, `descendant-or-self::` und `attribute::` unterstützt werden. Die verbleibenden Achsen sind Teil der optionalen »Full Axis Feature«-Unterstützung, so dass eine Anfrage mit beispielsweise einer `preceding-sibling::`-Achsenspezifikation bei einer Minimalimplementierung einen statischen Fehler (Abschnitt 7.4.4) erzeugen würde. Des Weiteren ist in diesem Zusammenhang zu beachten, dass XQuery die in XPath [W3C-8] zusätzlich existierende `namespace::`-Achse nicht unterstützt.

Die Unterscheidung in Vorwärts- und Rückwärtsachsen besteht darin, dass Vorwärtsachsen ausschließlich Knoten adressieren, die bezüglich der Dokumentordnung nach dem Kontextknoten auftreten. Rückwärtsachsen hingegen erlauben die Adressierung von Knoten, die vor dem Kontextknoten erscheinen. Darüber hinaus wird eine Partitionierung eines XML-Dokumentes über die Achsen `self::`, `ancestor::`, `descendant::`, `preceding::` und `following::` erreicht, so dass diese fünf Achsen zusammen mit der `attribute::`-Achse den Grundbestand an Navigationsachsen in Pfadausdrücken repräsentieren.

Vorwärts- und Rückwärtsachsen

Jede Achse liefert als Ergebnis eine Knotensequenz zurück, wobei die Einträge der Ergebnisknoten der Achsenspezifikation entsprechen. Die Reihenfolge der Knoten innerhalb der Sequenz orientiert sich dabei an der Dokumentordnung in Abhängigkeit von der Zugehörigkeit der Navigationsachse zur Menge der Vorwärts- bzw. Rückwärtsachsen. Bei einer Vorwärtsachse werden die Positionsnummern beginnend bei 1 fortlaufend mit der Dokumentordnung vergeben; bei der Verwendung von Rückwärtsachsen erfolgt die Positionsvergabe entgegen der Dokumentordnung, so dass die Knoten mit den kleinsten Positionsnummern nächstgelegen zu dem ausgehenden Kontextknoten sind. Die Positionsnummern werden insbesondere zur Auswertung von Prädikaten innerhalb von Lokalisierungsschritten verwendet (Abschnitt 4.5).

4.4 Knotentests

Ein Lokalisierungsschritt besteht – wie bereits erklärt – aus einer Achsenangabe, die ausgehend vom aktuellen Kontextknoten den Suchraum für die Ergebnisknoten des Lokalisierungsschrittes bestimmt, und einem Knotentest, welcher für jeden Knoten, der durch die Achsenspezifikation ermittelt wird, erfolgreich bestanden werden muss, damit der Knoten in das Endergebnis des entsprechenden Lokalisierungsschrittes übernommen werden kann. Ein Knotentest kann, wie der Auszug aus der Grammatik zeigt, eine Bedingung sein basierend auf dem Knotentyp, dem Namen des Knotens oder des ihm zugrunde liegenden Datentyps.

```
NodeTest      ::= KindTest | NameTest
NameTest      ::= QName | Wildcard
Wildcard      ::= *
              | ( NCName:* )
              | ( *:NCName )
```

Test auf Knotentyp

Knotentest,
basierend auf Knotentyp

Ein Test hinsichtlich eines bestimmten Knotentyps wird durch die in Abschnitt 3.7 eingeführten Möglichkeiten der Abfrage von Knotentypen (Tabelle 3–8) realisiert. Dabei existieren wiederum zwei implizite Annahmen über die durchzuführenden Tests, falls keine explizite Knotentypabfrage angegeben ist: Wird in dem gerade betrachteten Lokalisierungsschritt die `attribute::`-Achse verwendet, so wird implizit von einem Knotentyptest auf einen Attributknoten (`attribute()`) ausgegangen, andernfalls von einem Test auf einen Elementknoten mit Hilfe von `element()`.

Als Beispiel sei ein Lokalisierungsschritt entlang der Attributachse des aktuellen Kontextknotens zusammen mit einem Knotentyptest auf ein Attribut mit der Bezeichnung `Rolle` angegeben. Die drei unterschiedlichen Schreibweisen repräsentieren dabei jeweils eine gültige Variante der Beschreibung:

```
attribute::attribute(Rolle)
attribute::Rolle
@Rolle
```

Sollen beispielsweise nur Elemente mit der Bezeichnung `Vorname` und einem Datentyp `xs:string` innerhalb des vom aktuellen Kontextknoten aufgespannten Teilbaumes in einem Lokalisierungsschritt zurückgeliefert werden, so ist folgender Ausdruck notwendig:

```
descendant-or-self::element(Vorname, xs:string)
```

Im Allgemeinen sind alle in Tabelle 3–8 aufgelisteten Knotentyptests an dieser Stelle verwendbar. Folgender Pfadausdruck selektiert beispielsweise aus einem Dokument alle Kommentarknoten:

```
//comment()²
```

Namenstest

Die zweite Variante, einen Knotentest innerhalb eines Lokalisierungsschrittes durchzuführen, besteht darin, über die Bezeichnung des Knotens zu gehen. Als Vergleich dient dabei entweder ein QName oder eine Wildcard (»*«). So liefert der Lokalisierungsschritt

Knotentest, basierend auf Namenstest

```
child::Name
```

alle Kindknoten des aktuellen Kontextknotens mit der Bezeichnung Name. Alle Kindknoten des Kontextknotens können dabei durch Rückgriff auf das *-Symbol an Stelle der Knotenbezeichnung repräsentiert werden. Da die child::-Achse wiederum implizit existiert, kann auf deren Nennung explizit sogar verzichtet werden, so dass die beiden folgenden Ausdrücke die gleiche Bedeutung besitzen:

```
child::*
*
```

In analoger Weise kann auf Attribute bzw. Attributwerte zurückgegriffen werden. Alle Attribute des Kontextknotens werden durch den Ausdruck

```
attribute::*
```

identifiziert, wobei

```
@*
```

eine gültige Abkürzung ist.

In dem Knotentest kann darüber hinaus das Konzept der Namensräume mit eingebunden werden. Zum Beispiel kann dem Knotennamen eine Namensraumangabe vorangestellt werden. So liefert zum Beispiel der folgende Ausdruck alle Elemente mit der Bezeichnung Name aus dem Namensraum xqb:

Einbettung des Namensraumes

```
child::xqb:Name
```

---

2. Ein doppelter Schrägstrich zu Beginn eines Pfadausdrucks symbolisiert eine Suche in dem gesamten Dokument; die Abkürzung wird detailliert in Abschnitt 4.6 erläutert.

Die Verwendung des *-Symbols im Zusammenhang mit einer Namens-raumangabe führt zu zwei orthogonalen Erweiterungen. Zum einen kann ein Knotentest auf alle Elemente eines vorgegebenen Namensraumes definiert sein und zum anderen kann sich ein Knotentest auf alle Elementbezeichnungen unabhängig von einem Namensraum beziehen:

```
child::xqb:*
child::*:Name
```

Der Knotentest im ersten Ausdruck wird zu wahr evaluiert für jeden Kindknoten aus dem Namensraum, der an das Präfix xqb gebunden ist. Im zweiten Ausdruck erfolgt eine Prüfung mit Bezug auf den Element-namen unabhängig von einem bestimmten Namensraum, d. h., jedes Kindelement mit der Bezeichnung Name besteht den Knotentest.

4.5 Prädikate in Lokalisierungsschritten

[]-Notation für Prädikate

Die dritte Komponente eines Lokalisierungsschrittes erlaubt optional die Angabe eines oder mehrerer Prädikate, die für jeden Knoten indivi-duell ausgewertet werden. Die Prädikate eines Lokalisierungsschrittes werden dabei in []-Klammern gesetzt:

```
Predicates     ::= ("[" Expr "]")*
```

Der folgende Lokalisierungsschritt liefert zum Beispiel nur die Ärzte, die die Rolle eines behandelnden Arztes einnehmen:

```
descendant::Arzt[attribute::Rolle = "Behandelnder Arzt"]
```

Im Allgemeinen besteht ein Prädikat aus einem Ausdruck, der zur Fil-terung von Knoten herangezogen werden kann, die über die Achsen und den Knotentest als Ergebniskandidaten ermittelt worden sind. Das Prädikat wird dabei für jeden Knoten ausgewertet, indem der Wahr-heitswert entweder über die Kontextposition oder durch Bestimmung des effektiven booleschen Wertes des Prädikatausdrucks ermittelt wird.

Prädikatauswertung über Kontextpositionen

Handelt es sich bei dem Ausdruck um einen atomaren Wert eines numerischen Datentyps, so wird der Ausdruck zu true evaluiert, falls die Positionsangabe des Elementes dem numerischen Wert des Prädi-kates entspricht (Abschnitt 8.3.5). Folgender Lokalisierungsschritt lie-fert beispielsweise den Eintrag der dritten Operation, falls der Kon-textknoten auf einen Patienten verweist:

Test auf Kontextposition

```
child::Operation[3]
```

Prädikatauswertung über Bestimmung des effektiven booleschen Wertes

Für alle anderen Ausdrücke, die ein Prädikat formulieren, wird für jeden Knoten der effektive boolesche Wert bestimmt und der Knoten in das Ergebnis übernommen, falls sich der Wert zu true ergibt. Interessanterweise kann als Prädikat jeder XQuery-Ausdruck Verwendung finden, wobei häufig Pfadausdrücke und Funktionen auf Sequenzen eingesetzt werden.

Wird ein Prädikat in einem Lokalisierungsschritt durch einen Pfadausdruck spezifiziert, so wird der Pfadausdruck mit dem aktuell zu überprüfenden Knoten als Kontextknoten ausgewertet. Der obige Lokalisierungsschritt mit einer Filterbedingung bezüglich der Rolle des Arztes kann als erstes Beispiel dienen:

```
child::Arzt[attribute::Rolle = "Assistent"]
child::Arzt[@Rolle = "Assistent"]
```

Für jeden Arzt wird die attribute::-Achse (implizit gegeben durch die Abkürzung über das @-Symbol) nach Attributen mit der Bezeichnung Rolle durchsucht und der Wert mit der entsprechenden Zeichenkette verglichen. Der effektive boolesche Wert ergibt sich durch den Vergleich mit der Zeichenkette. Pfadausdrücke in Prädikaten von Lokalisierungsschritten können ebenfalls zum Test auf Existenz von Attributen oder Elementen aus Sicht des aktuell zu bearbeitenden Knotens herangezogen werden. Zum Beispiel wird im Folgenden der Arztknoten nur dann in das Ergebnis des aktuellen Lokalisierungsschrittes aufgenommen, wenn ein Attribut Rolle existiert:

```
child::Arzt[@Rolle]
```

Analog kann die Prüfung auf die Existenz eines Elementes sowohl als relativer als auch absoluter Pfadausdruck überprüft werden. So werden im folgenden Beispiel Arztknoten (als Kinder des Kontextknotens) nur dann in das Ergebnis des Lokalisierungsschrittes übernommen, wenn in dem jeweiligen Vorgang ein Anästhesie-Eintrag existiert:

Text auf Existenz eines Elementes

```
child::Arzt[parent::*/child::Anästhesie]
child::Arzt[../Anästhesie]
```

Die Überprüfung auf Existenz eines Elementes tritt sehr häufig bei der Formulierung von Anfragen auf und kann auch durch Verwendung von Achsen und der sukzessiven Auswertung von Lokalisierungsschritten simuliert werden. So liefert der folgende Pfadausdruck alle Knoten mit der Bezeichnung PLZ von Adressen stationärer Patienten, wobei zusätzlich gelten muss, dass ein Knoten mit der Bezeichnung Name parallel zu dem Knoten mit der Bezeichnung Adresse existiert.

```
/Patient/Patient_stationär/Name/parent::*/Adresse/PLZ
/Patient/Patient_stationär/Name/../Adresse/PLZ
```

Dieser »Umweg« über den Knoten Name realisiert einen Existenztest, da Knoten mit der Bezeichnung Adresse nur ausgehend von den Ergebnissen der vorangegangenen Lokalisierungsschritte gefunden werden können. Besitzt ein stationärer Patient keinen Namensknoten, so ist das Ergebnis des entsprechenden Lokalisierungsschrittes eine leere Knotensequenz und die zugehörigen Adressinformationen können in den nachfolgenden Schritten nicht aufgefunden werden. Abbildung 4–3 illustriert den Umweg und den damit beabsichtigten Existenztest.

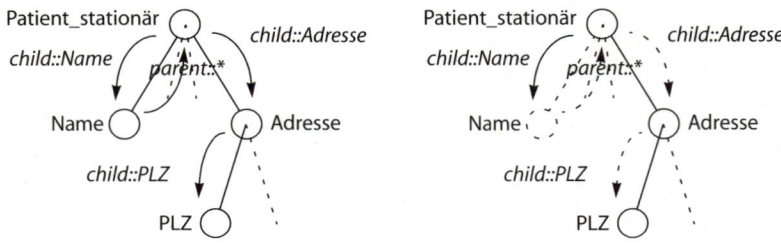

Abb. 4–3   *Verwendung der parent::-Achse zum Existenztest von Elementen*

Ausdrücke auf Sequenzen

Alternativ zu Pfadausdrücken werden häufig Ausdrücke auf Sequenzen verwendet, um eine Filterung zu realisieren. Im Wesentlichen wird dabei auf die in Tabelle 4–1 dargestellten Funktionen bzw. Operatoren zur Positionsverarbeitung in Sequenzen Bezug genommen.

Signatur	Beschreibung
`fn:position()` `as xs:integer`	liefert die aktuelle Position des Kontextknotens innerhalb der aktuell zu bearbeitenden Knotensequenz
`fn:last()` `as xs:integer`	liefert die Anzahl der Knoten innerhalb der aktuell zu bearbeitenden Knotensequenz

Tab. 4–1   *Funktionen zur Positionsverarbeitung in Sequenzen*

fn:position()
fn:last()

Die Überprüfung der Position bezieht sich dabei auf den Zustand des dynamischen Kontexts (Abschnitt 8.3.5) und kann durch die Funktion fn:position() erfolgen, so dass die beiden folgenden Ausdrücke äquivalent sind:

```
child::Operation[3]
child::Operation[fn:position() = 3]
```

Die Verwendung von Funktionen ermöglicht jedoch die Formulierung mächtiger Prädikate, zum Beispiel die Selektion der beiden ersten und beiden letzten Operationen eines Patienten:

```
child::Operation[fn:position() < 3 or fn:position() > fn:last()-2]
```

Die Funktion `fn:last()` gibt dabei die Position des letzten Knotens in der aktuell bearbeiteten Sequenz an (Abschnitt 8.3.5).

Häufig findet auch ein Test bzgl. einer Liste von Positionen Anwendung. Zum Beispiel reduziert das folgende Prädikat die Menge der Kindknoten auf die erste, dritte bis fünfte und vorletzte Operation:

```
child::Operation[fn:position() = (1, 3 to 5, fn:last()-1)]
```

Zu beachten ist an dieser Stelle, dass – entgegen früheren Versionen der XQuery-Spezifikation – kein impliziter Vergleichstest der Ordinalzahl existiert. Der folgende Ausdruck leistet in der aktuellen Fassung der Spezifikation nicht mehr das Geforderte:

```
child::Operation[(1, 3 to 5, fn:last()-1)]
```

Durch die Bestimmung des booleschen Wertes der Sequenz atomarer Werte ist dieser Ausdruck äquivalent zu:

```
child::Operation[true]
```

Auswertung mehrerer Prädikate

Ein Lokalisierungsschritt kann im Allgemeinen entweder gar kein Prädikat, ein einzelnes Prädikat oder eine Liste von Prädikaten aufweisen, die sukzessive abgearbeitet werden. Die Reihenfolge der Auswertung der Attribute ist dabei nicht zu vernachlässigen, da die Auswertung des n-ten Prädikates sich auf das Ergebnis der Auswertung des n-1-ten Prädikates bezieht. Verdeutlicht sei dies an folgendem Beispiel:

Kombination von Prädikaten

```
/Patient//Operation[Transplantation][fn:position() = (1 to 5)]
/Patient//Operation[fn:position() = (1 to 5)][Transplantation]
```

Während der erste Ausdruck die ersten fünf Operationen mit einer Transplantation zurückliefert, werden im zweiten Ausdruck grundsätzlich nur die ersten fünf Operationen berücksichtigt, die dann zusätzlich eine Transplantation enthalten müssen, um in das Ergebnis übernommen zu werden.

4.6 Abkürzungen in Pfadausdrücken

Die wesentlichen Kurzschreibweisen innerhalb von Pfadausdrücken sind bereits genannt. Zentral ist, dass die Achsennennung entfallen kann, wenn es sich um die `child::`- bzw. `attribute::`-Achse handelt, und Referenzen auf Attributknoten durch das @-Symbol verkürzt notiert werden können.

Des Weiteren ist die Ersetzung des doppelten Schrägstriches interessant. Ein doppelter Schrägstrich als Trenner zwischen zwei Lokalisierungsschritten wird dabei durch den Ausdruck

```
/descendant-or-self::fn:node()/
```

ersetzt, so dass die beiden nachfolgenden Pfadausdrücke äquivalent sind:

```
x//z
x/descendant-or-self::fn:node()/z
```

Dies bedeutet, dass eine beliebige Anzahl von Hierarchiestufen und beliebigen Knotentypen zwischen den beiden begrenzenden Lokalisierungsschritten erlaubt ist.

Ein absoluter Pfadausdruck mit einem doppelten Schrägstrich zu Beginn wird – analog zu einem einfachen Schrägstrich zu Beginn eines Pfadausdrucks – durch folgende Anweisung substituiert:

```
fn:root(self::node()) treat as
                document-node()/descendant-or-self::node()
```

Dadurch werden, ausgehend vom Wurzelelement des XML-Fragments, in dem sich der aktuelle Kontextknoten befindet, alle Knoten adressiert und einer möglichen Filterung in nachfolgenden Lokalisierungsschritten unterworfen.

Zu beachten ist dabei folgende syntaktische Feinheit, die leicht zu einem Fehler führen kann. Die beiden folgenden Ausdrücke sind nicht äquivalent:

```
//Operation[3]
/descendant::Operation[3]
```

Der erste Ausdruck liefert pro übergeordneten Knoten einer Operation jeweils den dritten Operationseintrag. Der zweite Ausdruck hingegen liefert den dritten Operationseintrag mit Bezug auf das gesamte Dokument.

4.7   Zugriff auf externe Datenquellen

Als letzter Punkt werden in diesem Abschnitt die beiden XQuery-Funktionen `fn:doc()` und `fn:collection()` erläutert. Beide Funktionen stellen die Verknüpfung von XQuery mit externen Datenquellen (wie einem Dateisystem oder einem Datenbanksystem) dar. Es handelt sich dabei um stabile Funktionen, so dass ein mehrfacher Aufruf dieser Funktionen innerhalb eines XQuery-Ausdrucks immer dasselbe Ergebnis liefert.

Signatur	Beschreibung

`fn:doc(`
    `$uri as xs:string?)`
`as document?`
	realisiert den Zugriff auf ein XML-Dokument, dessen Name über den Parameter als URI angegeben ist, und liefert einen Dokumentknoten zurück

`fn:collection(`
    `$arg as xs:string?)`
`as node()*`
	ermöglicht den Zugriff auf eine Kollektion von XML-Dokumenten und liefert eine Knotensequenz zurück

Tab. 4–2   *Eingabefunktionen*

Die Auflösung der URI, die die Daten identifiziert, bleibt dabei der XQuery-Implementierung überlassen. Falls Schemainformation oder eine DTD für die Dokumente vorliegt, muss diese entsprechend genutzt werden, um Datentypen im XQuery-Datenmodell einzustellen und natürlich um Vorbelegungen von Elementen und Attributen vorzunehmen, wie sie im Schema oder der DTD definiert sind.

Im Detail liefert die Funktion `fn:doc()` das über die URI spezifizierte Dokument, indem die Daten als XML-Dokument geparst und eine entsprechende Baumstruktur nach den im XQuery-Datenmodell gültigen Regeln aufgebaut wird. Falls die über die URI spezifizierte Ressource nicht gefunden werden kann oder der Inhalt nicht erfolgreich geparst werden kann, wird ein entsprechender Fehler generiert und die Ausführung der XQuery-Anfrage eingestellt (Abschnitt 7.4.4). Im Erfolgsfall ist das Ergebnis der Dokumentknoten an der Wurzel der aufgebauten Baumstruktur. *fn:doc()*

Üblicherweise finden Eingabefunktionen Anwendung in Kombination mit Pfadausdrücken. Sollen zum Beispiel aus einer XML-Datei `Hochwaldklinik.xml` alle Arzteinträge selektiert werden, so wird folgender Ausdruck verwendet:

```
fn:doc("Hochwaldklinik.xml")//Arzt
```

In analoger Weise erfolgt ein Zugriff auf eine Kollektion von XML-Dokumenten über die Funktion `fn:collection()`. Alle Einträge stationärer Patienten selektiert folgender Ausdruck: *fn:collection()*

```
fn:collection("Patienten")//Patient_stationär
```

Dabei kann der Pfadausdruck beliebig komplex gestaltet sein. Sind beispielsweise nur die Telefoneinträge der Ärzte bzw. stationären Patienten wohnhaft in Berlin interessant, so sind die XQuery-Ausdrücke wie folgt zu erweitern:

```
fn:doc("Hochwaldklinik.xml")//
            Arzt[fn:string(./Adresse/Stadt) = 'Berlin']/Telefon

fn:collection("Patienten")//
      Patient_stationär[fn:string(./Adresse/Stadt) = 'Berlin']/Telefon
```

Der Unterschied in der Auswertung des Pfadausdrucks besteht darin, dass im Fall der Funktion fn:doc() der Dokumentknoten zurückgeliefert wird, während bei fn:collection() die Sequenz der Wurzelknoten der beteiligten XML-Dokumente als Ergebnis geliefert wird, so dass bereits der erste Lokalisierungsschritt für mehrere Knoten ausgeführt werden muss.

4.8   Zusammenfassung

Elementare Ausdrücke, wie sie im ersten Abschnitt skizziert sind, stellen die Grundbausteine komplexer XQuery-Anfragen dar und unterscheiden sich nur geringfügig von Ausdrücken klassischer Anfrage- bzw. Progammiersprachen. Interessant und von der Struktur her komplexer sind Pfadausdrücke, die sich prinzipiell aus einer Liste einzelner Lokalisierungsschritte konstituieren. In jedem Lokalisierungsschritt wird eine Sequenz von Knoten erzeugt, die für den darauf folgenden Schritt als Ausgangspunkt dient. Die Beschreibung der einzelnen Komponenten eines Lokalisierungsschrittes nimmt den überwiegenden Anteil des Kapitels ein. Dabei werden in Abschnitt 4.3 zunächst die einzelnen Navigationsachsen detailliert aufgearbeitet, woran sich eine Beschreibung der Knotentests (Abschnitt 4.4) und der optionalen Angabe von Prädikaten (Abschnitt 4.5) anschließt. Das Kapitel wird abgerundet durch eine Auflistung möglicher Kurzschreibweisen und der – üblicherweise in Kombination mit Pfadausdrücken verwendeten – Eingabefunktionen fn:doc() und fn:collection(). Somit ist die Basis für komplexere XQuery-Ausdrücke, wie sie insbesondere im folgenden Kapitel durch das FLWOR-Sprachkonstrukt gebildet werden, gelegt.

4.9 Übungen

1. Geben Sie alle nachfolgend stehenden Pfadausdrücke an:

   - Alle Kindknoten mit Namen Telefon des aktuellen Kontext-knotens

   - Alle Kindknoten des Kontextknotens

   - Alle Attribute des Kontextknotens

   - Alle Attribute in einem Dokument

   - Alle Kinder, die Textknoten sind

   - Alle Kommentarknoten in einem Dokument

   - Der zweite Testwert im ersten Labortest

   - Alle Labortests mit Ergebnis Splitterfraktur

   - Alle Geburtsdaten von Ärzten mit einer Pagernummer

   - Das XLink-href-Attribut von allen Ärzten, die an der ersten Operation des stationären Patienten Markstein beteiligt waren

5 FLWOR-Ausdrücke

Die Besonderheit von XQuery im Vergleich zu einfachen Pfadaus-drücken, wie sie ursprünglich in XPath 1.0 eingeführt wurden, besteht darin, dass XML-Dokumente nicht mehr nur hinsichtlich eines ange-gebenen Kriteriums gefiltert, sondern beliebig transformiert und dadurch neue XML-Dokumente erstellt werden können, die struktu-rell keine Verwandschaft zu den Originaldokumenten aufweisen müs-sen. Das zentrale Grundkonstrukt zur Formulierung neuer XML-Dokumente mit Hilfe von XQuery bildet das Konzept der FLWOR-Ausdrücke, welches in diesem Kapitel eingehend beleuchtet wird. FLWOR-Ausdrücke ermöglichen die Bindung von Variablen, das Ite-rieren über Knotenmengen referenzierter XML-Dokumente und die Angabe von »Schablonen« für die Struktur der Ergebnisdokumente.

Generierung neuer XML-Dokumente mit FLWOR-Ausdrücken

Im ersten Abschnitt werden dazu die Basiskonstrukte schrittweise eingeführt und am laufenden Beispiel des Krankenhausszenarios erläu-tert. Der zweite Abschnitt widmet sich der Formulierung von Ver-bundoperationen, wobei die aus dem relationen Kontext bekannten Semantiken des inneren, einseitig äußeren und vollständig äußeren Verbunds im Kontext von XQuery verdeutlicht werden. Der letzte Abschnitt schließlich zeigt die Anwendung von Gruppierungsfunktio-nalität ausgedrückt mit Hilfe der Konstrukte eines FLWOR-Aus-drucks. Sämtliche Konstrukte werden im Übungsteil nochmals anhand von Aufgaben wiederholt.

5.1 Allgemeine FLWOR-Struktur

Jede »sinnvolle« XQuery-Anweisung basiert auf einem FLWOR-Aus-druck, der ähnlich zum SELECT-FROM-WHERE in SQL die Basis für Anfra-gen an XML-Datenbanken repräsentiert. Das Akronym FLWOR steht dabei als Abkürzung von for-let-where-order by-return[1] und wird üblicherweise wie das englischsprachige Wort »flower« ausgespro-

FLWOR-Ausdruck

chen. Im Folgenden wird zunächst ein genereller Überblick gegeben, woran sich eine detaillierte Beschreibung der einzelnen Klauseln und der Spezifika anschließt.

5.1.1   Klauseln eines FLWOR-Ausdrucks

In einem FLWOR-Ausdruck werden konzeptionell Sequenzen von Knoten durch die Bindung von Variablen in for- und let-Klauseln erzeugt. Die einzelnen Einträge werden in der nachfolgenden where-Klausel bezüglich einem vorgegebenen Prädikat gefiltert, hinsichtlich einer optionalen order by-Klausel sortiert und dann gemäß der angegebenen Elementkonstruktoren in der return-Klausel ausgegeben, wodurch das Ergebnis im Sinne einer gültigen Instanz des XQuery-Datenmodells (Kapitel 3) generiert wird. Abbildung 5–1 zeigt die konzeptionelle Abfolge der Auswertung der in einem FLWOR-Ausdruck angegebenen Klauseln.

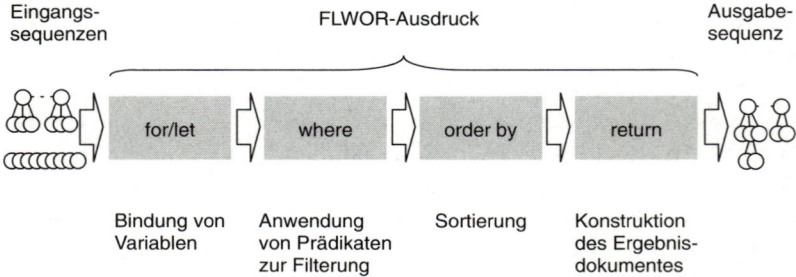

Abb. 5–1   *Konstrukte eines FLWOR-Ausdrucks*

Die Grammatik für gültige FLWOR-Ausdrücke, wie sie nachfolgend auszugsweise gezeigt ist, verdeutlicht, dass FLWOR-Ausdrücke an einer Vielzahl von Stellen Ausdrücke der XQuery-Anfragesprache (ExprSingle) erwarten. Da FLWOR-Ausdrücke selbst wiederum XQuery-Ausdrücke sind, können valide XQuery-Anfragen aus komplexen, d. h. ineinander geschachtelten FLWOR-Ausdrücken bestehen. Die beiden nachfolgenden Abschnitte über die Technik der Verbundbildung und der Gruppierung zeigen deutlich diese Eigenschaft.

---

1. Im Gegensatz zu SQL berücksichtigt XQuery Groß- und Kleinschreibung (»case-sensitive«); alle Schlüsselworte werden ausnahmslos in Kleinbuchstaben geschrieben. »FOR« und »LET« sind somit keine gültigen XQuery-Schlüsselwörter!

```
FLWORExpr        ::= (ForClause | LetClause)+ WhereClause? OrderByClause? return
                     ExprSingle
ForClause        ::= for $VarName TypeDeclaration? PositionalVar? in ExprSingle
                     (, $VarName TypeDeclaration? PositionalVar? in ExprSingle)*
LetClause        ::= let $VarName TypeDeclaration? := ExprSingle
                     (, $VarName TypeDeclaration? := ExprSingle)*
TypeDeclaration  ::= as SequenceType

PositionalVar    ::= at $VarName

WhereClause      ::= where Expr

OrderByClause    ::= (order by | stable order by) OrderSpecList

OrderSpecList    ::= OrderSpec (, OrderSpec)*

OrderSpec        ::= ExprSingle OrderModifier

OrderModifier    ::= (ascending | descending)? ((empty greatest) |
                     (empty least))? (collation StringLiteral)?
```

5.1.2 Let- und For-Klausel

Let- und for-Klauseln ermöglichen die Bindung von Variablen an Ergebnisse von beliebigen XQuery-Ausdrücken, wobei, wie im weiteren Verlauf gezeigt wird, üblicherweise die Ergebnisse von Pfadausdrücken an Variablen in let- und for-Klauseln gebunden werden. Jede Variable, die in einer let- oder for-Klausel gebunden wird, ist ab diesem Zeitpunkt bekannt und in allen nachfolgenden Konstrukten (de-)referenzierbar. Die Semantik der beiden Klauseln unterscheidet sich wie folgt:

- ▪ let-*Klausel*   *let-Klausel*
  Das Ergebnis des Ausdrucks wird vollständig als Sequenz von Knoten und/oder Werten an die Variable gebunden.

- ▪ for-*Klausel*   *for-Klausel*
  Bei der for-Klausel wird das Ergebnis des Ausdrucks elementweise an die Variable gebunden und das nachfolgende Anfragekonstrukt für jedes Element einzeln ausgeführt.

Die unterschiedliche Semantik wird dabei bereits in der Grammatik deutlich, indem let-Klauseln das gesamte Ergebnis eines Ausdrucks mit := an die jeweilige Variable binden, während bei for-Klauseln die Grammatik die Benutzung des Schlüsselwortes in erfordert.

Zu beachten ist an dieser Stelle, dass innerhalb einer XQuery-Anweisung – im Gegensatz zu klassischen programmiersprachlichen Konzepten – ein Variablenbezeichner nicht mehrfach auf der linken Seite, d. h. im Rahmen einer Wertzuweisung, verwendet werden darf.

Exemplarisch wird die unterschiedliche Semantik von let- und for-Klauseln durch folgenden FLWOR-Ausdruck deutlich, bei dem

Berufsgruppen aufgelistet werden sollen. Eine let-Klausel bindet die
Liste mit den drei Einträgen an die Variable $x und aktiviert einmalig
den return-Operator zur Erzeugung des Ergebnisdokumentes.

return-Klausel

```
let $x := (<Arzt/>, <Pfleger/>, <Techniker/>)
return
    <Berufsgruppen>{ $x }</Berufsgruppen>
```

Dieser FLWOR-Ausdruck liefert das folgende Ergebnis:

```
<Berufsgruppen><Arzt/><Pfleger/><Techniker/></Berufsgruppen>
```

In Gegensatz dazu würde eine for-Klausel (for $x in (...)) statt der
let-Klausel bewirken, dass der return-Operator für jede Belegung der
Variablen $x aufgerufen wird, so dass folgendes Ergebnis konstruiert
werden würde:

```
<Berufsgruppen><Arzt/></Berufsgruppen>
<Berufsgruppen><Pfleger/></Berufsgruppen>
<Berufsgruppen><Techniker/></Berufsgruppen>
```

Um dennoch das gleiche Ergebnis wie oben zu erzielen, müsste der Elementkonstruktor für die Wurzel des Ergebnisdokumentes nach außen
gezogen und damit der FLWOR-Ausdruck in die Elementkonstruktion
eingeschoben werden:

```
<Berufsgruppen>
{
  for $x in (<Arzt/>, <Pfleger/>, <Techniker/>)
  return $x
}
</Berufsgruppen>
```

Mit der Verwendung des berechneten Elementkonstruktors
(Abschnitt 3.5.1) würde dies zu der folgenden äquivalenten Anfrageformulierung führen:

```
element Berufsgruppen
{
  for $x in (<Arzt/>, <Pfleger/>, <Techniker/>)
  return $x
}
```

Auswertungskontext   Anzumerken ist an dieser Stelle die Eröffnung eines neuen Auswertungskontextes, wie er bereits in Abschnitt 3.5.1 bei der Erläuterung
der Elementknoten eingeführt worden ist. Der obige FLWOR-Ausdruck muss in einem neuen Auswertungskontext auftreten, da sich der
Anfrageprozessor nach dem Beginn des Elementes <Berufsgruppen> im
statischen Modus befindet und das Fehlen der {}-Klammern keine Auswertung des FLWOR-Ausdrucks, sondern nur eine textuelle Ausgabe

initiieren würde. Analog verhält es sich innerhalb einer return-Klausel. Wird ohne zusätzliche XML-Tags eine Variable dereferenziert, so befindet sich der Prozessor noch im Auswertungsmodus. Sobald jedoch, wie im obigen let-Beispiel, eine Variable innerhalb eines Tags in einer return-Klausel auftritt, muss diese innerhalb eines neuen Auswertungskontextes dereferenziert werden.

Bindung mehrerer Variablen

In einem FLWOR-Ausdruck können potenziell mehrere Variablen gleichzeitig durch eine let- bzw. for-Anweisung gebunden werden.

Initialisierung mehrerer Variablen

```
let $x := ..., $y := ...        for $x in ..., $y in ...
```

ist dabei äquivalent zu:

```
let $x := ...                   for $x in ...
let $y := ...                   for $y in ...
```

Es ist jedoch darauf zu achten, dass die Reihenfolge der Bindung ohne weiter gehende explizite Sortierung durch die order by-Klausel Einfluss auf die Aufrufreihenfolge des return-Operators besitzt. Je früher die Bindung erfolgt, desto stärker ist der Einfluss der Variablen auf die Ausgabereihenfolge bei der Erstellung des Ergebnisses. Des Weiteren können Variablen in Abhängigkeit bereits deklarierter Variablen definiert werden, zum Beispiel:

```
let $x := fn:doc("Hochwaldklinik.xml")
for $y in $x//Arzt,
    $z in $x//Station
...
```

Die Auswirkungen des Bindezeitpunktes lassen sich schön am Konzept der Positionsvariablen innerhalb einer for-Klausel demonstrieren. Eine Positionsvariable – standardmäßig vom Typ xs:integer – kann optional bei der Bindung an eine Variable mit dem Schlüsselwort at angegeben werden und reflektiert den Index des jeweils gerade bearbeiteten Elementes bzw. die Nummer des jeweiligen Durchlaufs. Der folgende FLWOR-Ausdruck liefert zu jedem Eintrag die korrespondierende Position im Ergebnis:

Positionsvariable

```
<Berufsgruppen>
{
  for $x at $i in (<Arzt/>, <Pfleger/>)
  return (<LfdNr>{ $i }</LfdNr>,$x)
}
</Berufsgruppen>
```

```
<Berufsgruppen>
  <LfdNr>1</LfdNr><Arzt/>
  <LfdNr>2</LfdNr><Pfleger/>
</Berufsgruppen>
```

Anordnungen von for-
Klauseln

Die Auswirkungen unterschiedlicher Anordnungen von for-Klauseln sind nun mit Hilfe der Positionsvariablen illustrierbar. Folgende exemplarische Ausdrücke bilden Paare von Berufen und Orten, wobei die zuerst eingeführte Variable dominant gegenüber den später gebundenen Variablen ist:

```
for $x at $i in                      for $y at $j in
    (<Arzt/>, <Pfleger/>)                (<Labor/>, <Station/>)
for $y at $j in                      for $x at $i in
    (<Labor/>, <Station/>)               (<Arzt/>, <Pfleger/>)
return                               return
  <Zuordnung>                          <Zuordnung>
    <Beruf>{$i}</Beruf>                  <Beruf>{$i}</Beruf>
    <Ort>{$j}</Ort>                      <Ort>{$j}</Ort>
  </Zuordnung>                         </Zuordnung>
```

Die Ergebnisse der beiden Anfragen mit jeweils vertauschten for-Klauseln unterscheiden sich in der Reihenfolge der Paarbildung:

```
<Zuordnung>                          <Zuordnung>
  <Beruf>1</Beruf><Ort>1</Ort>         <Beruf>1</Beruf><Ort>1</Ort>
  <Beruf>1</Beruf><Ort>2</Ort>         <Beruf>2</Beruf><Ort>1</Ort>
  <Beruf>2</Beruf><Ort>1</Ort>         <Beruf>1</Beruf><Ort>2</Ort>
  <Beruf>2</Beruf><Ort>2</Ort>         <Beruf>2</Beruf><Ort>2</Ort>
</Zuordnung>                          </Zuordnung>
```

Explizite Typprüfung

Typzusicherung

Als weitere Eigenschaft der for- und let-Klauseln besteht die Möglichkeit, eine Typprüfung über eine explizite Typdeklaration durch das zusätzliche Schlüsselwort as vorzunehmen. Korrespondiert der Ergebnistyp des Ausdrucks, an dessen Ergebnis die jeweilige Variable gebunden werden soll, nicht mit dem explizit angegebenen Typ, so wird ein Laufzeitfehler (Abschnitt 7.4.4) gemeldet. Die explizite Typprüfung mit dem Schlüsselwert as innerhalb von for- und let-Klauseln hat somit die gleiche Wirkung wie treat as (Abschnitt 3.8.3). Das folgende Beispiel wird somit nicht erfolgreich ausgeführt, da die konstanten Zeichenketten nicht mit dem geforderten Typ übereinstimmen.

```
for $x as xs:integer in ("Lehner", "Schöning")
return
  $x * 2
```

5.1.3 Where-Klausel

Analog zum `SELECT-FROM-WHERE`-Block in einer SQL-Anfrage ermöglicht die `where`-Klausel von XQuery die Filterung der Datenströme. Wird der Ausdruck einer `where`-Klausel mit der gerade aktuellen Variablenbelegung zu `true` ausgewertet, so wird die Ausführung der `return`-Klausel angestoßen. Andernfalls wird die gerade gültige Belegung verworfen. Innerhalb einer `where`-Klausel können (müssen aber nicht) alle bisher eingeführten Variablen referenziert werden.

Folgende Anfrage liefert beispielsweise eine Liste aller Ärzte und Pfleger des Krankenhauses, die in den kommenden Jahren zur Verabschiedung in den Ruhestand anstehen, d. h. im Jahr 2004 mindestens 60 Jahre alt sind:

```
for $b in fn:doc("Hochwaldklinik.xml")//(Arzt | Pfleger)
where $b/Geburtsdatum < xs:date("1944-01-01")
return
  <MedizinischesPersonal>
    {$b/@Station, $b/Name}
  </MedizinischesPersonal>
```

Das Ergebnis der Auswertung einer `where`-Klausel entspricht dem effektiven booleschen Wert (»effective boolean value«) des jeweiligen Ausdrucks. Explizit kann für jeden beliebigen Wert durch Anwendung der Funktion `fn:boolean()` der effektive boolesche Wert ermittelt werden (Abschnitt 7.1.3). Bei der Ermittlung des Wahrheitswertes der `where`-Klausel wird diese Funktion implizit auf den Ausdruck angewandt. Obige `where`-Klausel wird demnach intern wie folgt ausgewertet:

Effektiver Boolescher Wert

```
...
where fn:boolean($b/Geburtsdatum < xs:date("1944-01-01"))
```

Weitere Möglichkeiten der Filterung

Um beispielsweise nur jeden zehnten ambulant behandelten Patienten für eine statistische Erhebung auszugeben, kann die Modulo-Operation auf die Positionsvariablen angewendet werden:

```
for $p at $i in fn:collection("Patienten")//Patient_ambulant
where $i mod 10 = 0
return
  <Patient>{ $p/Name, $p/Anamnese }</Patient>
```

Da ein Prädikat aus Ausdrücken gebildet wird, können alle Funktionen verwendet werden, um eine Filterbedingung für eine `where`-Klausel zu konstruieren. Folgender FLWOR-Ausdruck verwendet die

Funktionen in where-Klausel

fn:count()-Funktion zur Ermittlung der Anzahl der Elemente, die aktuell an die Variable $x gebunden sind. Durch Verwendung der for-Klausel und der damit einhergehenden Semantik wird der return-Operator niemals ausgeführt.

```
for $x in (1,2,3)
where fn:count($x) > 1
return
   <Text>Dieser Text wird nie erscheinen</Text>
```

5.1.4   Order-By-Klausel

Die Reihenfolge, in der die return-Klausel eines FLWOR-Ausdrucks mit den entsprechenden Variablenbelegungen ausgewertet wird, kann durch die Sortierungsklausel order by explizit erzwungen werden. Die relative Ordnung von zwei Zuständen von Variablenbelegungen wird dabei durch die Ordnungsanweisung festgelegt. Zum Beispiel erzwingt die order by-Klausel in der folgenden Anweisung die Ordnung, wie sie implizit bei einer Vertauschung der for-Klauseln gegeben wäre:

```
for $y at $j in(<Labor/>, <Station/>)
for $x at $i in(<Arzt/>, <Pfleger/>)
order by $i, $j
return
   <Zuordnung>
      <Beruf>{ $i }</Beruf><Ort>{ $j }</Ort>
   </Zuordnung>
```

Sortierordnung

Falls es sich um Zeichenketten handelt, kann zusätzlich eine Sortierordnung (»collation«) angegeben werden. Details zur Sortierung auf Zeichenketten finden sich bei der Beschreibung der Zeichenkettenfunktionen in Abschnitt 7.2. In folgendem Beispiel werden die Medikamente hinsichtlich US-amerikanischer Sortierungsfolge, basierend auf der Bezeichnung des Medikamentes, ausgegeben; gleiche Medikamente werden absteigend nach ihrem Preis sortiert:

```
for $i in fn:doc("Verbrauchsartikel.xml")//Artikel
order by $i/Bezeichnung
      collation "http://www.xquery-buch.de/eng-us",
               $i/Einzelpreis descending
return $i
```

Einhaltung der Dokumentreihenfolge

Die stable order by-Variante der normalen order by-Klausel zeigt dann Wirkung, wenn zwei Einträge bzgl. des vorgegebenen Sortierungskriteriums nicht eindeutig unterschieden werden können. Während bei der stable-Variante die Einhaltung der Reihenfolge der Elemente bezüglich des Ausgangsdokumentes erzwungen wird, ist die

Reihenfolge in der normalen Variante der order by-Klausel in diesem Fall implementierungsabhängig. In folgendem Beispiel wird die Reihenfolge der Mitarbeiter aus dem Originaldokument übernommen, wenn sie an dem gleichen Tag Geburtstag haben:

```
for $p in fn:doc("Hochwaldklinik.xml")//Personal
stable order by fn:get-month-from-date($p//Geburtsdatum),
               fn:get-day-from-date($p//Geburtsdatum)
return $p
```

Mit Bezug auf die Ausführungsreihenfolge von for-Anweisungen liefert folgender FLWOR-Ausdruck das gleiche Ergebnis wie die obige Anweisung mit dem Sortierkriterium nach $i, $j:

```
for $y at $j in (<Labor/>, <Station/>)
for $x at $i in (<Arzt/>, <Pfleger/>)
stable order by $i
return
  <Zuordnung>
    <Beruf>{ $i }</Beruf><Ort>{ $j }</Ort>
  </Zuordnung>
```

Neben der aufsteigenden bzw. absteigenden Sortierung kann als weiterer Sortierungsmodifikator empty greatest bzw. empty least angegeben werden, wobei die Sortierungssemantik insbesondere bei leeren Sequenzen und NaN-Werten eindeutig geregelt wird. Ist der empty_least-Modifikator angegeben, so wird x_i vor x_j einsortiert, falls x_i eine leere und x_j eine nichtleere Sequenz repräsentiert bzw. falls x_i den Wert NaN repräsentiert und x_j weder NaN noch eine leere Sequenz ist.

Sortierung von leeren Sequenzen und NaN-Werten

Im Fall von Zeichenketten ergibt sich das gleiche Ergebnis, wenn die Zeichenkettenfunktion fn:compare(xi, xj, c) bei expliziter Sortierreihenfolge, definiert durch die Sortierordnung c, einen Wert größer als 0 liefert (Abschnitt 7.2.1) bzw. falls der normale Vergleich xi < xj zu true evaluiert. Gegensätzliches gilt, falls der inverse Modifikator empty greatest angegeben ist. Fehlt die explizite Angabe eines derartigen Modifikators, so entscheidet die Implementierung, welche der beiden Regeln im Konfliktfall Anwendung findet. Das folgende Beispiel sortiert Medikamente nach ihrem Preis, wobei fehlende Preisangaben semantisch als der kleinstmögliche Preis interpretiert werden und (bedingt durch die absteigende Sortierung) am Ende in der Medikamentenliste erscheinen.

fn:compare()

```
for $i in fn:doc("Verbrauchsartikel.xml")//Artikel
order by $i/Einzelpreis descending empty least
return $i
```

Aufheben der Sortierung

Wird hingegen aus Anwendungssicht auf eine Sortierung vollkommen verzichtet, so kann dies dem System – wie bereits in Abschnitt 3.1.2 eingeführt – mit Hilfe der Funktion `fn:unordered()` mitgeteilt werden. Der Hinweis, dass auf eine Sortierreihenfolge (auch auf die Dokumentreihenfolge) nicht Rücksicht genommen werden muss, eröffnet dem ausführenden System Freiheiten zur Optimierung und effizienteren Ausführung der XQuery-Anfrage.

Verwendung von fn:unordered() in FLWOR-Ausdrücken

Die Funktion `fn:unordered()` erwartet als Parameter eine Sequenz und liefert diese Sequenz mit einer nicht deterministisch vorhersagbaren Ordnung. Da das Aufheben einer Sortierreihenfolge als Funktion in XQuery realisiert ist, kann die Sortierung für einen ganzen FLWOR-Ausdruck oder auch nur für einzelne Teile bzw. Teilausdrücke verwendet werden.

Sollen beispielsweise Preise für medizinische Gegenstände in eine andere Währung überführt und dabei auf eine explizite Sortierung verzichtet werden, so kann die Sortierung bereits bei der Auswertung des Pfadausdrucks zur Initialisierung der Laufvariablen über alle medizinischen Gegenstände aufgehoben werden.

```
for $i in fn:unordered(fn:doc("Verbrauchsartikel.xml")//Artikel)
return
  <USD-Preis>{ $i/Einzelpreis div 1.21 }</USD-Preis>
```

Alternativ ist die Aufhebung der Sortierung jedoch auch schon auf Ebene des gesamten FLWOR-Ausdrucks anwendbar:

```
fn:unordered(for $i in fn:doc("Verbrauchsartikel.xml")//Artikel
             return
               <USD-Preis>{ $i/Einzelpreis div 1.21 }</USD-Preis>)
```

Während sich das Optimierungspotenzial bei einfachen FLWOR-Ausdrücken in Grenzen hält, ermöglicht das Aufheben der Sortierung bei Verbund- und geschachtelten FLWOR-Ausdrücken einen erheblichen Freiraum zur effizienteren Gestaltung der Anfrageausführung.

Angemerkt sei an dieser Stelle jedoch nochmals, dass grundsätzlich die Dokumentordnung gilt, die entweder explizit mit einem anwendungsspezifischen Sortierkriterium überlagert bzw. durch Einsatz der `fn:unordered()`-Funktion aufgehoben werden muss.

5.1.5   Return-Klausel

Die return-Klausel eines FLWOR-Ausdrucks gibt gewissermaßen die Schablone an, nach der das Ergebnisdokument konstruiert werden soll. Wichtig ist in diesem Kontext, dass die Dereferenzierung von

Variablen durch einen Auswertungskontext explizit angezeigt werden muss, falls umgebende Elementkonstruktoren existieren, da sich der XQuery-Prozessor im statischen Modus befindet.

So liefert beispielsweise folgende Anfrage drei Mal den Ausdruck *Dereferenzierung von* <Berufsgruppen> $x </Berufsgruppen>: *Variablen*

```
for $x in (<Arzt/>, <Pfleger/>, <Techniker/>)
return
  <Berufsgruppen> $x </Berufsgruppen>
```

Die Dereferenzierung wird durch Einbettung der Variablen $x in einen neuen Auswertungskontext aktiviert, so dass die aus Sicht der Anwendung korrekte return-Klausel lautet:

```
for $x in (<Arzt/>, <Pfleger/>, <Techniker/>)
return
  <Berufsgruppen>{ $x }</Berufsgruppen>
```

Mit dem berechneten Elementkonstruktor würde die Formulierung lauten:

```
for $x in (<Arzt/>, <Pfleger/>, <Techniker/>)
return
  element Berufsgruppen { $x }
```

Die berechnete Form der Elementkonstruktion im Kontext der return-Klausel ist dann sinnvoll bzw. ein extrem mächtiges Werkzeug, wenn zum Beispiel bestimmte Unterelemente eines gerade betrachteten Elementes nicht in die Ausgabe mit übernommen werden sollen. Eine anonymisierte Liste von Patienten (ohne Namen) kann somit durch folgende Anweisung erstellt werden:

```
for $p in fn:collection("Patienten")/*
order by $p/Geburtsdatum
return
  element AnonymisierterPatient {
    $p/* except $p/Name
  }
```

Da jede Art von Ausdrücken in einem Auswertungskontext auftreten kann, impliziert dies eine mögliche Schachtelung von FLWOR-Ausdrücken.

Schachtelung von FLWOR-Ausdrücken

Zur Illustration von geschachtelten FLWOR-Ausdrücken in return- *Pivotierung von XML-* Klauseln wird exemplarisch das Anfragemuster der Pivotierung von *Dokumenten* XML-Dokumenten herangezogen. Konkret gilt es, ein Dokument zu erstellen, welches nicht mehr jedem Patienten einzeln seine Befunde zuordnet, sondern das zu jedem existierenden Befund die davon betroffenen Patienten auflistet. Abbildung 5–2 verdeutlicht das Problem der Pivotierung schematisch.

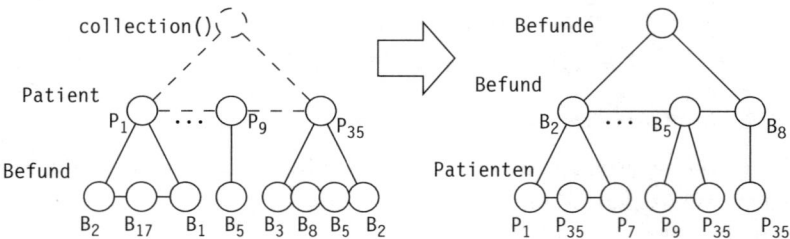

Abb. 5–2   *Pivotieren von XML-Dokumenten*

Das Ergebnisdokument wird durch einen geschachtelten FLWOR-Ausdruck spezifiziert, welcher zunächst die neue Wurzel konstruiert und das Ergebnis des nachfolgenden FLWOR-Ausdrucks als Unterelemente interpretiert. Darin werden zunächst alle Dokumente, die Patientendaten enthalten, an die Variable $c gebunden. Im zweiten Schritt werden sukzessive alle Befunde-Elemente, die in Patientendaten enthalten sind, durch einen entsprechenden Pfadausdruck ermittelt. Da offensichtlicherweise mehrere Patienten an der gleichen Krankheit erkrankt sein können und damit den gleichen Befund aufweisen können, wird mit dem Aufruf der Funktion fn:distinct-values() eine explizite Duplikateliminierung (Abschnitt 3.2.5) erzwungen. Für jeden ermittelten Befund wird die return-Klausel ausgewertet und der Befund ausgegeben. Innerhalb des <Patienten>-Elementes wird wiederum ein neuer Auswertungskontext eröffnet, in dem als Ausdruck nicht nur die Dereferenzierung einer Variablen, sondern ein erneuter FLWOR-Ausdruck existiert. Dieser gibt die Namen der Patienten zurück, die an der aktuell betrachteten und entsprechend diagnostizierten Krankheit (Vergleich im Pfadausdruck mit der aktuellen Belegung der Variablen $b) leiden.

```
<Befunde>
{
  let $c := fn:collection("Patienten")
  for $b in fn:distinct-values($c//Befund)
  order by $b
  return
    <Befund>
      <Bezeichnung>{ $b }</Bezeichnung>
      <Patienten>
      {
```

```
            for $p in $c/element(*,Patient_T)[Untersuchung/Befund = $b]
            order by $p/Name/Nachame, $p/Name/Vorname
            return $p/Name
        }
        </Patienten>
    </Befund>
}
</Befunde>
```

Als Anmerkung ist der implizite Vorgang der Atomisierung bei der Bestimmung unterschiedlicher Befunde wichtig. So liefert der Ausdruck `fn:distinct-values($c//Befund)` im obigen Beispiel nicht alle unterschiedlichen `Befund`-Elemente, sondern alle textuellen Befundbeschreibungen. Die implizit durchgeführte Atomisierung kann somit auch explizit durch Verwendung der Funktion `fn:text()` erzwungen werden, so dass `fn:distinct-values($c//Befund/fn:text())` zu obigem Ausdruck äquivalent wäre.

Zusammenfassend ist festzuhalten, dass mit dieser Form der Schachtelung ein Verbund mit Bezug auf den gleichen Datenbestand (Eigenverbund) formuliert wird. Verbundoperationen mit den unterschiedlichen Semantiken werden ausführlich im Folgenden diskutiert.

Eigenverbund

Klammerung in der Return-Klausel

Neben der Einbettung von XQuery-Ausdrücken in die return-Klausel ist an dieser Stelle noch auf eine Besonderheit bei der Vorrangregelung mit Bezug auf die Konkatenation von einzelnen XQuery-Ausdrücken durch den Kommaoperator (Abschnitt 4.1) einzugehen. Im Allgemeinen wird ein Komma gesetzt, um die Ergebnisse der beiden Operanden in Form einer einzelnen Sequenz zusammenzusetzen. Da der Kommaoperator die niedrigste Stufe bei der Vorrangregelung einnimmt, müssen bei dessen Nutzung in der return-Klausel die Ausdrücke entsprechend geklammert werden. Folgendes Beispiel illustriert die Besonderheit:

Vorrangregelung in der return-Klausel

```
for $a in fn:doc("Hochwaldklinik.xml")//Arzt
where $a/Adresse/Stadt = "Berlin"
return <Arzt>{ $a/Name/Nachname }</Arzt>
        <Kommentar>Ein Arzt aus Berlin</Kommentar>
```

Dabei ist zunächst anzumerken, dass obige XQuery-Anweisung syntaktisch nicht korrekt ist, da die return-Klausel (in jedem Iterationsschritt) zwei unabhängig voneinander existierende Knoten – und keine Knotensequenz – als Ergebnis zurückliefert. Dies müsste durch folgende modifizierte return-Klausel geändert werden:

```
...
return (<Arzt>{ $a/Name/Nachname }</Arzt>,
        <Kommentar>Ein Arzt aus Berlin</Kommentar>)
```

Kommaoperator Dabei sorgt der Kommaoperator für die Bildung einer Sequenz auf Ebene der beiden Elemente Arzt und Kommentar. Die Klammerung sorgt zusätzlich für die korrekte Zuordnung des Elementes Kommentar, so dass die Auswertung der Anfrage in folgendem Ergebnis resultiert:

```
<Arzt>Nauman</Arzt>
<Kommentar>Ein Arzt aus Berlin</Kommentar>

<Arzt>Shore</Arzt>
<Kommentar>Ein Arzt aus Berlin</Kommentar>

<Arzt>Meier</Arzt>
<Kommentar>Ein Arzt aus Berlin</Kommentar>
```

Zu beachten ist an dieser Stelle, dass der Kommaoperator die geringwertigste Stellung bei der Vorrangregelung besitzt. Würde der obige Ausdruck ohne Klammerung formuliert, so würde der Kommaoperator nicht innerhalb der Elementkonstruktion der return-Klausel, sondern auf Ebene des gesamten FLWOR-Ausdrucks und der Elementkonstruktion des Kommentarknotens wirken und somit zu folgendem Ergebnis führen:

```
<Arzt>Nauman</Arzt>
<Arzt>Shore</Arzt>
<Arzt>Meier</Arzt>
<Kommentar>Ein Arzt aus Berlin</Kommentar>
```

Abbildung 5–3 skizziert die Situation mit Blick auf die Hierarchiebildung der involvierten XQuery-Ausdrücke:

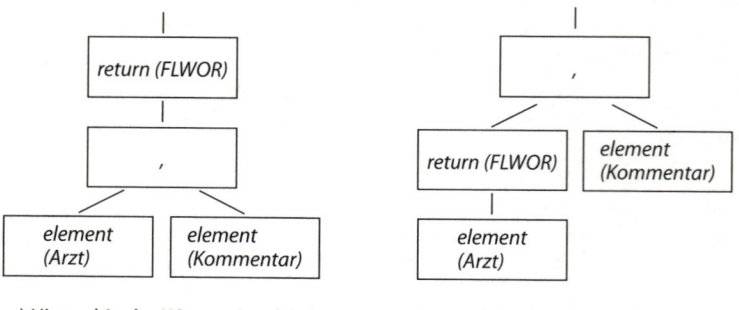

a) Hierarchie der XQuery-Ausdrücke mit Klammernsetzung in der return-Klausel

b) Hierarchie der XQuery-Ausdrücke ohne Klammernsetzung in der return-Klausel

Abb. 5–3   *Verwendung des Kommaoperators in der Return-Klausel*

5.2 Verbundberechnung

Wie bereits in Kapitel 2 angemerkt wird, existieren im Gegensatz zur relationalen Modellierung bei der Abbildung von Diskursbereichen im XML-Datenmodell hinsichtlich der Strukturierung der Darstellung eine Vielzahl von Freiheiten. Ob 1:N-Beziehungen zwischen Entitäten strukturell in einer hierarchischen Anordnung reflektiert werden, innerhalb eines Dokumentes nebeneinander und mit Verweisen verbunden stehen oder in unterschiedliche Dokumente aufgespalten werden, liegt in der Freiheit des Datenbankentwurfs. Essenziell ist somit die Kombination von Datenbeständen aus unterschiedlichen Teilen eines Dokumentes oder unterschiedlicher Dokumente. Ein Eigenverbund wurde bereits am Beispiel der Pivotierung von XML-Dokumenten skizziert. Die allgemeine Struktur von Verbundoperationen und die unterschiedlichen Semantiken werden in diesem Abschnitt detailliert betrachtet, wobei in einem ersten Schritt ein impliziter Verbund durch Verfolgung von Referenzen erläutert wird.

5.2.1 Verfolgung von Referenzen

Elemente aus unterschiedlichen XML-Dokumenten bzw. innerhalb eines XML-Dokumentes können im Prinzip auf zwei Wege miteinander in Beziehung gesetzt werden. Der (aus dem Relationenmodell) bekannte Verbund arbeitet wertebasiert, wobei eine Beziehung von zwei Elementen über eine Relation auf den Ausprägungen definiert ist. Üblicherweise wird dabei die Wertegleichheit vorausgesetzt, wobei auch andere (mathematische) Relationen zum Einsatz kommen.[2] Die zweite Variante besteht darin, im Schema hinterlegte Beziehungen über Attribute vom Typ ID bzw. IDREF zu nutzen (Abschnitt 2.6). Die Auflösung von Verweisen bzw. Referenzen wird in XQuery durch die beiden Funktionen fn:id() und fn:idref() unterstützt (Tabelle 5–1).

Referenzen und wertebasierte Verknüpfung

---

2. Eines der berühmtesten Beispiele einer wertebasierten Verknüpfung stammt aus dem Originalartikel über relationale Datenmodellierung von Ted Codd: Gefragt sind alle Angestellten, die mehr verdienen als ihr Vorgesetzter, wobei die zugrunde liegende Relation neben dem Namen (NAME) und dem Gehalt (GEHALT) des Angestellten den Namen des direkten Vorgesetzten (CHEF_NAME) als Fremdschlüssel aufweist:

```
SELECT NAME, GEHALT
  FROM MITARBEITER ANG, MITARBEITER CHEF
 WHERE ANG.GEHALT > CHEF.GEHALT
   AND ANG.CHEF_NAME = CHEF.NAME
```

Signatur	Beschreibung

`fn:id(`
  `$arg as xs:string*)`
`as element()*`
	realisiert eine Verfolgung von Referenzen und liefert eine Sequenz von Elementen zurück, die durch einen oder mehrere als Parameter übergebene IDREF-Werte referenziert werden

`fn:idref(`
  `$arg as xs:string*)`
`as node()*`
	realisiert die inverse Auflösung von Referenzen und liefert eine Sequenz von Attributknoten zurück, die einen IDREF-Wert besitzen, der mindestens einen als Parameter übergebenen ID-Wert enthält

Tab. 5–1   *Funktionen zur Verarbeitung von ID und IDREF-Werten*

fn:id() Beide Funktionen akzeptieren eine Sequenz von Zeichenketten, die jeweils als Elemente vom Typ `xs:IDREFS` bzw. `xs:ID` interpretiert bzw. falls nicht realisierbar, ignoriert werden. Im Fall der Funktion `fn:id()` besteht das Ergebnis aus den Elementen aus dem XML-Dokument des jeweiligen Kontextknotens, deren Wert eines Attributes vom Typ `ID` mindestens einem übergebenen `IDREF`-Wert entsprechen. Der Vergleich erfolgt dabei auf Ebene der Unicode-Codepoints (Abschnitt 7.2.4) ohne Berücksichtigung einer Sortierordnung (Abschnitt 7.2.1). Falls kein Element als Ziel eines Verweises aufgefunden wird, liefert die Funktion `fn:id()` die leere Sequenz zurück. Als Besonderheit gilt für nicht gültige, aber wohlgeformte XML-Dokumente, dass, falls mehrere ID-Werte mit dem gleichen Wert existieren, das erste Zielelement bzgl. der Dokumentordnung gewählt wird. Mit Hilfe der Funktion `fn:id()` lässt sich das Beispiel der Zuordnung eines leitenden Pflegers zu jeder Station wie folgt formulieren:

```
for $s in fn:doc("Hochwaldklinik.xml")//Station,
let $p := fn:id($s/@Leitung)
return
  <Station>
    {$s/Name}
    <Leitung>
      {$p//Vorname, $p//Nachname}
    </Leitung>
  </Station>
```

Die Variable $p wird durch das Ergebnis der Funktion `fn:id()` auf den Verweis des leitenden Personals für jede Station angewandt.

fn:idref() Die Funktion `fn:idref()` besitzt die zur Funktion `fn:id()` inverse Semantik, so dass als Parameter eine Liste von ID-Werten akzeptiert wird und die Attributknoten zurückgeliefert werden, die innerhalb des aktuellen Dokumentes auf diese Werte verweisen. Bei dem Vergleich und dem Verhalten bei leeren Ergebnismengen gelten die gleichen

Regeln wie bei der Funktion `fn:id()`. Da eine `ID`/`IDREF`-Beziehung stets vom Beziehungstyp 1:N ist, können mehrere gleiche `IDREF`-Werte auf das gleiche Ziel verweisen. Als Besonderheit erfolgt entsprechend vor Rückgabe der `ID`-Werte eine Duplikateliminierung. Die Formulierung der Anfrage mit Verwendung der Funktion `fn:idref()` erfordert einen zusätzlichen Filterschritt auf Stationselemente, da ein Pfleger von mehreren Stellen aus referenziert werden kann.

```
for $p in fn:doc("Hochwaldklinik.xml")//Pfleger
let $s := (for $x in fn:idref($p/@ID)
           where $x instance of element(Station, *)
           return $x)
return
  <Station>
    {$s/Name}
    <Leitung>
      {$p//Vorname, $p//Nachname}
    </Leitung>
  </Station>
```

Als Hinweis soll an dieser Stelle nochmals explizit darauf hingewiesen werden, dass die Attributknoten und nicht die Elemente mit den referenzierenden Attributen von der Funktion `fn:idref()` zurückgeliefert werden. Die Elemente erhält man durch Navigation entlang der `parent::`-Achse (Abschnitt 4.3):

```
fn:idref()/..
```

Der Vorteil bei diesem Verhalten liegt darin, dass bei einem Element mit mehreren referenzierenden Attributen auf Informationen vom gleichen Typ der Ursprung der Referenz, d. h. das referenzierende Attribut, extrahiert werden kann. Zum Beispiel:

```
<Station Leitung="schwester_02" Vertretung="schwester_04">
...
</Station>
```

In diesem XML-Fragment weist eine Station nicht nur eine Referenz auf einen Eintrag im Pflegepersonal für die Leitung, sondern auch für die Vertretung auf. Eine Anwendung der Funktion `fn:idref()` liefert dann entweder das Attribut `Leitung` oder `Vertretung`, was bei einer Rückgabe des Elementes `Station` nicht mehr unterscheidbar wäre.

Beide Funktionen zum Verfolgen von Referenzen beziehen sich jedoch stets auf das Dokument des aktuellen Kontextknotens. Eine Verfolgung externer Referenzen in Form eines XLink (Abschnitt 2.6.2) erfordert somit einen weiteren Zwischenschritt, indem zuerst das Zieldokument mit Hilfe der Funktion `fn:doc()` referenziert (und damit der

Verfolgung von XLink-Verweisen

Kontext gesetzt) werden muss, so dass dann in einem zweiten Schritt die gesuchten Zielelemente mit Hilfe der Funktion fn:id() gesucht werden können. Im Beispielszenario treten XLink-Verweise bei Patienten auf; jedem Patienten ist dabei der betreuende Arzt zugeordnet. Folgendes Beispiel fügt jedem Patienten den vollständigen Namen seines betreuenden Arztes hinzu.

```
for $p in fn:collection("Patient")//Patient_stationär

(: Auslesen des XLink-Verweises :)
let $href := $p/Arzt/@xlink:href

(: Zerlegen des XLink-Verweises in Dokument-/Elementanteil :)
let $docValue := fn:substring-before($href, "#")
let $x := fn:substring-after($href, "#xpointer(id(""")
let $idValue := fn:substring-before($x, """)")³

(: Auflösen der Referenz :)
let $a := fn:doc($docValue)/fn:id($idValue)

return
  <Patientenliste>
    <Patient>
      <Patientenname>{ $p/Name }</Patientenname>
      <Arztname>{ $a//Name }</Arztname>
    </Patient>
  </Patientenliste>
```

Das Auflösen externer Referenzen gestaltet sich dabei umfangreicher, indem in einem ersten Schritt der Wert mit Hilfe von Funktionen zur Bearbeitung von Zeichenketten (Abschnitt 7.2) in die beiden Bestandteile für das Dokument und den eigentlichen ID-Wert zerlegt wird und daran anschließend das Zielelement an die Variable $a gebunden wird.

xqb:follow-xlink()

Da diese Form der Verfolgung von XLink-Werten im folgenden Verlauf häufig auftritt, wird (zusätzlich versehen mit Fehlerbehandlungen) eine Funktion xqb:follow-xlink() vorausgesetzt. Diese Funktion wird in Abschnitt 7.4.2 ausführlich als Beispiel einer benutzerdefinier-

---

3. Die Verwendung des »"«-Zeichens als Trennsymbol zum Zerlegen von XLink-Verweisen wie beispielsweise
   ```
   xlink:href='Klinik.xml#xpointer(id("Arzt_03"))'
   ```
   in die beiden Bestandteile erfordert eine Sonderbehandlung, um die Trennzeichen von den Begrenzern der Parameterzeichenkette zu unterscheiden. Im obigen Fall werden die Symbole verdoppelt, um eine Maskierung zu erreichen. Alternativ ist die Darstellung des Trennsymbols in Unicode möglich oder die Begrenzung der Parameterzeichenkette durch »'«-Zeichen, so dass sich obige let-Klausel wie folgt ergeben würde:
   ```
   let $idValue := fn:substring-before($x, '")')
   ```

ten Funktion in XQuery diskutiert. Das obige Beispiel vereinfacht sich dann zu folgendem FLWOR-Ausdruck:

```
for $p in fn:collection("Patient")//Patient_stationär
return
  <Patientenliste>
    <Patient>
      <Patientenname>{ $p/Name }</Patientenname>
      <Arztname>
        { xqb:follow-xlink($p/Arzt/@xlink:href)//Name }
      </Arztname>
    </Patient>
  </Patientenliste>
```

5.2.2 Symmetrischer Verbund

Eine Verbundoperation wird in XQuery – wie bereits in Abschnitt 2.7 gezeigt – als »geschachtelte for-Schleife« spezifiziert, wobei in der bzw. den for-Klauseln die Laufvariablen gebunden, in der where-Klausel das Verbundprädikat ausgewertet und in der return-Klausel die durch die Variablen identifizierten Dokumentteile herangezogen werden, um ein Fragment des verknüpften Gesamtdokuments zu erzeugen.

Zur Illustration einer expliziten Verbundoperation wird wiederum auf das Beispiel der Zuordnung von Leitungspersonal zu der jeweiligen Station der Klinik Bezug genommen, wobei auf die Verfolgung der Referenzen per fn:id() verzichtet wird:

Verbundprädikat in where-Klausel

```
let $k := fn:doc("Hochwaldklinik.xml")
for $s in $k//Station,
    $p in $k//Pfleger
where $s/@Leitung = $p/@ID
return
  <Station>
    {$s/Name}
    <Leitung>
      {$p//Vorname}
      {$p//Nachname}
    </Leitung>
  </Station>
```

Dabei werden in der äußeren Schleife zunächst alle Stationen durchlaufen und für jede Station wird konzeptionell die Liste aller Pfleger nach Einträgen mit korrespondierender Nummer durchsucht.

Zu beachten ist an dieser Stelle, dass ohne Verwendung von ID/IDREF-Konstrukten auf Schemaebene und der Verwendung dieser Verbundanfrage die 1:N-Beziehung, dass eine Station auch tatsächlich nur von *einem* Pfleger geleitet wird, nicht mehr sichergestellt ist. Alternativ könnte diese Eigenschaft jedoch analog durch die Verwendung von key/keyref-Konstrukten (Abschnitt 2.5.3) auf Schemaebene erzwungen werden.

Verbundprädikat im Pfadausdruck

Da das Verbundprädikat in diesem einfachen Fall ein Test auf Gleichheit ist, kann alternativ die where-Klausel entfallen und die Überprüfung des Verbundprädikates in die Auswertung des Pfadausdrucks in die innere Schleife hineinzogen werden. Für obiges Beispiel ergibt sich dann folgende Verbundanfrage[4]:

```
let $k := fn:doc("Hochwaldklinik.xml")
for $s in $k//Station,
    $p in $k//Pfleger[@ID = $s/@Leitung]
return
  <Station>
   {$s/Name}
   <Leitung>
     {$p//Vorname}
     {$p//Nachname}
    </Leitung>
  </Station>
```

Da in diesem Beispiel implizit die Semantik des inneren Verbunds angewendet wird, weil davon auszugehen ist, dass jede Station auch einen tatsächlich existierenden Pfleger als Leitungspersonal besitzt, kann die Reihenfolge der for-Klausel beliebig geändert und die entsprechenden Pfadausdrücke angepasst werden. Obiges Szenario kann somit symmetrisch auch wie folgt geschrieben werden:

```
let $k := fn:doc("Hochwaldklinik.xml")
for $p in $k//Pfleger,
    $s in $k//Station[@Leitung = $p/@ID]
return
  <Station>
   {$s/Name}
   <Leitung>
     {$p//Vorname}
     {$p//Nachname}
    </Leitung>
  </Station>
```

---

4. Ähnlich der Anfrageausführungsplanung in einem relationalen Datenbanksystem, in dem auch nicht zuerst ein kartesisches Produkt zwischen den Relationen in der FROM-Klausel gebildet und anschließend das Verbundprädikat aus der WHERE-Klausel angewendet wird, wird in einem XQuery-fähigen Datenbanksystem die Bedingung der where-Klausel – sofern möglich – automatisch (bzw. basierend auf einem zugrunde liegenden Kostenmodell) in den Pfadausdruck eines Verbundpartners verschoben, um eine möglichst günstige Auswertung zu erhalten.

Diese Symmetrie kann jedoch nur dann Anwendung finden, wenn auf Ebene des Schemas eine Existenz der referenzierten Entitäten über Primär-/Fremdschlüsselkonzepte zugesichert ist. Falls einseitige oder beidseitige äußere Verbundoperationen berücksichtigt werden müssen, ist auf das Konzept der Schachtelung von FLWOR-Ausdrücken zurückzugreifen. Äußere Verbundoperationen liefern auch dann einen Ergebniseintrag, wenn jeweils ein bzw. beide Verbundpartner keinen entsprechenden Eintrag finden und somit nicht in die Ergebnismenge mit übernommen werden würden (Abschnitt 5.2.4). Äußere Verbundoperationen sind aus Sicht der Anwendung immer notwendig, wenn ein Datenbestand durch weitere – möglicherweise optional existierende – Informationen angereichert werden soll. Ein einseitig äußerer Verbund zwischen einer Personalstammdatei und einer Telefonliste liefert zu jedem Personaleintrag die entsprechende Telefonnummer; entgegen der Semantik des inneren Verbunds wird ein Eintrag auch dann in das Ergebnis übernommen, wenn einer Person keine Telefonnummer zugewiesen ist.

Als weitere Bemerkung sei angebracht, dass die im relationalen Verbund übliche Projektion der »doppelten Spalten« bei einem natürlichen Verbund im Kontext von XQuery konstruktiv gelöst wird, in dem das Ergebnis durch eine nahezu beliebig freie Struktur des Ergebnisausdrucks formuliert werden kann und somit die Eliminierung gleicher Werte der return-Klausel obliegt. Des Weiteren sei an dieser Stelle angemerkt, dass die optimale Reihenfolge der for-Klauseln und das »Hineinziehen« von Verbundprädikaten aus dem FLWOR-Ausdruck in die Pfadausdrücke Gegenstand der Optimierung eines XQuery-Prozessors ist. Dem Benutzer obliegt es, in deskriptiver Weise das Endergebnis zu spezifizieren.

Natürlicher Verbund

5.2.3 Einseitig äußerer Verbund

Die Symmetrie der geschachtelten for-Klauseln ist nur dann zu erhalten, wenn garantiert werden kann, dass für jedes Element mindestens ein Verbundpartner existiert und somit kein Informationsverlust erzeugt wird. Zum Beispiel ist für jeden Patienten eine Liste der im Notfall zu kontaktierenden Ärzte zu erstellen, wobei ein Verbund der Kollektion der Patientendokumente mit dem XML-Dokument Hochwaldklinik.xml durchgeführt werden muss. Als Bedingung gilt dabei, dass der Notfallarzt in der gleichen Stadt wie der Patient wohnen muss. Die Anfrage iteriert dabei über alle Patienten und alle Ärzte und überprüft in der where-Klausel das Verbundprädikat. In der return-

Symmetrie bei Verbundoperationen

Klausel werden die ermittelten Kombinationen aus Patientenname und
Notfallarzt zusammengeführt.

```
<Patientenliste>
{
  for $p in fn:collection("Patient")
  for $a in fn:doc("Hochwaldklinik.xml")//Arzt
  where $p//Adresse/Stadt = $a//Adresse/Stadt
  return
    <Patient>
      { $p/*/Name }
      <Notfallarzt>
        { $a/Name }
        { $a/Adresse }
      </Notfallarzt>
    </Patient>
}
</Patientenliste>
```

In der Liste tauchen somit nur Patienten auf, die in einer Stadt wohnen, in denen auch mindestens ein Arzt der Klinik seinen Wohnort hat,
da andernfalls die where-Klausel nicht erfüllt werden kann. Die restli-
chen Patienten erscheinen nicht im Ergebnisdokument. Um dies dennoch zu erreichen, muss in einem äußeren FLWOR-Ausdruck zunächst
die Patienteninformation erzeugt werden und dann in einem inneren
FLWOR-Ausdruck die (möglicherweise leere) Liste der entsprechenden Notfallärzte hinzugefügt werden. Ein entsprechender einseitig
äußerer Verbund wird sich dann wie folgt ergeben:

```
<Patientenliste>
{
  for $p in fn:collection("Patient")
  return
    <Patient>
      { $p/*/Name }
      <Notfallärzte>
        {
          for $a in fn:doc("Hochwaldklinik.xml")//Arzt
          where $p//Adresse/Stadt = $a//Adresse/Stadt
          return
            <Notfallarzt>
              { $a/Name }
              { $a/Adresse }
            </Notfallarzt>
        }
      </Notfallärzte>
    </Patient>
}
</Patientenliste>
```

Ein Patient taucht in diesem Fall im Ergebnisdokument auch dann auf, wenn es keinen Arzt in seiner nächsten Umgebung, d. h. in der gleichen Stadt gibt.

Zu beachten ist hierbei, dass die Semantik einer einseitigen äußeren Verbundoperation durch die Möglichkeit der Schachtelung von XQuery- bzw. insbesondere von FLWOR-Ausdrücken realisierbar ist und somit der hierarchischen Charakteristik von XML entspricht.

5.2.4 Vollständig äußerer Verbund

Während sich die Semantik eines einseitig äußeren Verbundes strukturell nahtlos in das hierarchische Konzept des XML-Datenmodells integrieren lässt, ist bei der Definition eines beidseitigen oder vollständig äußeren Verbundes eine Hilfskonstruktion zu verwenden.

Das Prinzip eines vollständig äußeren Verbundes sei an dem laufenden Beispiel der Notfallärzte verdeutlicht, indem die vier möglichen unterschiedlichen Verbundsemantiken diskutiert werden. Abbildung 5–4 illustriert die Semantik zusätzlich auf symbolische Art:

Verbundvarianten

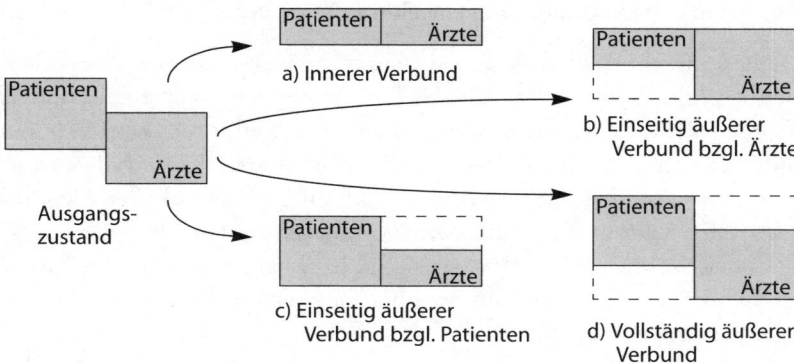

Abb. 5–4   *Illustration der unterschiedlichen Verbundsemantiken*

■ *Innerer Verbund*
  Beim inneren Verbund werden nur Kombinationen von Patienten und Ärzten in das Ergebnis übernommen, falls beide in dem gleichen Ort leben. Dies bedeutet, dass sowohl Patienten ohne Notfallarzt als auch Ärzte ohne in der gleichen Stadt lebende Patienten herausfallen.
■ *Einseitig äußerer Verbund bezüglich Patienten*
  Beim einseitig äußeren Verbund mit Bezug auf die Patienten werden grundsätzlich alle Patienten in das Ergebnis übernommen; falls

ein oder mehrere Notfallärzte existieren, werden diese dem Patienten zugeordnet.

▨ *Einseitig äußerer Verbund bezüglich Ärzte*
Beim einseitig äußeren Verbund hinsichtlich der Ärzte werden alle Ärzte zurückgeliefert, wobei Patienten, die in der gleichen Stadt leben, zugeordnet werden. Die Menge der Patienten kann offensichtlich auch leer sein.

▨ *Vollständig äußerer Verbund*
Der vollständig äußere Verbund entspricht einer Kombination aus den beiden einseitigen Verbundoperationen. Dies bedeutet, dass alle Patienten (mit und ohne Notfallarzt) und alle Ärzte (mit und ohne Patienten) in dem Ergebnis auftreten.

Für den letzten Fall des vollständig äußeren Verbunds sei im Folgenden das dazu notwendige XQuery-Anfragemuster am Beispiel aus dem vorangegangenen Abschnitt in zwei Schritten gezeigt, wobei zunächst die asymmetrische Alternative für einen einseitig äußeren Verbund erläutert wird und sich daran die Kombination zu einem vollständig äußeren Verbund anschließt.

Asymmetrische Notation eines einseitig äußeren Verbunds

Dazu kann die Semantik des einseitigen äußeren Verbunds erhalten bleiben (und dadurch das gleiche Ergebnis erzielt werden), wenn das Ergebnisdokument zunächst alle Patienten mit ihren Notfallärzten auflistet und in einem zweiten Teil alle Patienten ohne Notfallarzt aufgenommen werden. Für den ersten Teil kann im Wesentlichen die symmetrische Schreibweise aus dem vorangegangenen Abschnitt übernommen werden. Für den zweiten Teil ist in der where-Klausel darauf zu achten, dass nur die Einträge übernommen werden, die keine Verbundpartner aufweisen.

Asymmetrische
Verbundnotation

```
<Patientenliste>
  (: Patienten mit Notfallarzt :)
  <PatientenMitArzt>
  {
    for $p in fn:collection("Patienten")
    for $a in fn:doc("Hochwaldklinik.xml")//Arzt
    where $p//Adresse/Stadt = $a//Adresse/Stadt
    order by $p//Nachname, $p//Vorname
    return
      <Patient>
        { $p/*/Name }
        <Notfallarzt>
          { $a/Name }
```

```
          { $a/Adresse }
        </Notfallarzt>
      </Patient>
  }
  </PatientenMitArzt>
  ,
  (: Patienten ohne Arzt :)
  <PatientenOhneArzt>
  {
    for $p in fn:collection("Patienten")
    where fn:empty(fn:doc("Hochwaldklinik.xml")//Arzt
                          [.//Adresse/Stadt = $p//Adresse/Stadt])
    order by $p//Nachname, $p//Vorname
    return
        <Patient>
            { $p/*/Name }
        </Patient>
  }
  </PatientenOhneArzt>
</Patientenliste>
```

Zur Durchführung des Tests wird an dieser Stelle auf die fn:empty()-Funktion (Abschnitt 3.1.2) zurückgegriffen, die TRUE liefert, wenn die als Parameter übergebene Sequenz kein Element enthält. Als Parameter wird konkret in diesem Beispiel das Ergebnis des Pfadausdrucks übergeben, der die Notfallärzte für den konkreten Patienten zurückliefert.

Zu beachten ist bei diesem Anfragemuster, dass die beiden Elemente PatientenMitArzt und PatientenOhneArzt auf gleicher Stufe stehen und aus Sicht des Wurzelelementes Patientenliste eine Sequenz bilden. Dies impliziert auch die Verwendung eines Kommaoperators zwischen den beiden FLWOR-Ausdrücken.

Soll die durch diese asymmetrische Notation implizierte Zweiteilung des Ergebnisdokumentes eliminiert werden, so ist der komplexe FLWOR-Ausdruck in einen umgebenden FLWOR-Ausdruck einzubetten, der die finale und einheitliche Sortierung übernimmt. Für das laufende Beispiel würde sich folgende XQuery-Anweisung ergeben:

```
<Patientenliste>
{
  for $x in { (: obige XQuery-Anweisung ohne order by-Klauseln :) }
  order by $x//Nachname, $x//Vorname
  return $x
}
</Patientenliste>
```

Formulierung eines vollständig äußeren Verbunds

Die oben gezeigte alternative asymmetrische Formulierung eines einseitig äußeren Verbunds kann nun herangezogen werden, um einen vollständig äußeren Verbund in XQuery zu formulieren. Die eine Seite wird dabei nach dem Prinzip der Schachtelung (Abschnitt 5.2.2), die andere Seite durch das Prinzip der Zweiteilung des Ergebnisdokumentes – wie oben gezeigt – realisiert. Realistischerweise kann beispielsweise nicht davon ausgegangen werden, dass jeder Arzt in einem Ort wohnt, in dem auch ein Patient seinen Wohnort besitzt, so dass ein vollständiger äußerer Verbund notwendig ist, um sowohl alle Patienteneinträge als auch alle Ärzte im Ergebnisdokument zu erhalten. Die entsprechende Anfrage kombiniert somit die beiden einseitigen Verbundoperationen zu einer Anfrage mit einem vollständig äußeren Verbund:

Vollständig äußerer
Verbund

```
<Notfallliste>
  (: Alle Patienten mit Notfallarzt, falls möglich :)
  <Patienten>
  {
    for $p in fn:collection("Patienten")
    order by $p//Nachname, $p//Vorname
    return
      <Patient>
        { $p/*/Name,
          for $a in fn:doc("Hochwaldklinik.xml")//Arzt
          where $p//Adresse/Stadt = $a//Adresse/Stadt
          return
            <Notfallarzt>
               { $a//Vorname }
               { $a//Nachname }
            </Notfallarzt>
        }
      </Patient>
  }
  </Patienten>,

  (: Ärzte ohne Notfallpatienten :)
  <SpringerÄrzte>
  {
    for $a in fn:doc("Hochwaldklinik.xml")//Arzt
    where fn:empty(fn:collection("Patienten")/Adresse
                                  [./Stadt = $a//Adresse/Stadt])
    order by $a//Nachname, $a//Vorname
    return
      <Notfallarzt>
          { $a//Vorname }
          { $a//Nachname }
```

```
        </Notfallarzt>
    }
    </SpringerÄrzte>
}
</Notfallliste>
```

Dieses Beispiel illustriert eindrucksvoll den Aufwand, den es bedarf, um komplex strukturierte Ergebnisdokumente in einer XQuery-Anfrage zu spezifizieren. Dem Aufwand steht jedoch die enorme Flexibilität bei der Strukturierung des Ergebnisses gegenüber.

5.2.5   Zusammenfassung

Die (physische) Modellierung von XML-Datenbeständen verursacht inhärent eine Verteilung von Informationen in unterschiedliche XML-Dokumente, die im Rahmen einer XQuery-Anfrage zusammengesetzt werden müssen. Die aus dem relationalen Modell und SQL bekannte Verbundoperation kann dabei im Wesentlichen direkt auf das XQuery-Sprachkonzept übertragen werden, wobei in for-/let-Klauseln die Variablen der unterschiedlichen Quelldokumente gebunden werden und in einer where-Klausel bzw. direkt in einem Pfadausdruck das Verbundprädikat angegeben wird. Das hierarchische Strukturierungsprinzip und das Konzept der Schachtelung innerhalb von FLWOR-Ausdrücken ermöglicht darüber hinaus auf natürliche Weise die Formulierung von einseitigen äußeren Verbundoperationen, so dass die Verbundbildung keinen »Datenverlust« durch Fehlen eines Verbundpartners für einen entsprechenden Eintrag impliziert. Beidseitige bzw. vollständige äußere Verbundoperationen müssen über ein Hilfskonstrukt realisiert werden, was in umfangreichen (und fehleranfälligen) Anfragetexten resultiert.

5.3   Gruppierung und Aggregation

Die Gruppierung mit anschließender Aggregation bildet neben der Verbundberechnung die zentrale Art von Transformationen auf Datenbeständen, die mit Hilfe von Anfrageausdrücken beschrieben und entsprechend unterstützt werden müssen. Die Formulierung von Gruppierung und Aggregation in XQuery orientiert sich dabei an einer Mischung aus SQL und OQL. Darüber hinaus ist zu unterscheiden, ob die Gruppierung, die stets eine Verdichtung des Datenbestandes repräsentiert, entweder entlang einer XML-Hierarchie oder bezüglich gleicher Werte meist innerhalb eines »flachen« XML-Dokumentes erfolgt.

Die Verwandtschaften und Unterschiede werden in den beiden folgenden Abschnitten diskutiert.

5.3.1   Gruppierung nach Struktur

Der erste Schritt der Gruppierung bedeutet inhaltlich, dass aus einer Menge von Einträgen mit hinsichtlich des Gruppierungsattributes gleichen Ausprägungen nur ein Repräsentant in das Ergebnis übernommen wird. Ähnlich der Schreibweise in SQL, wo zwingend erforderlich ist, dass alle zur Gruppierung verwendeten Attribute in der SELECT-Klausel stehen müssen, werden in XQuery die zur Gruppierung verwendeten Variablen in einer for-/let-Klausel initialisiert. Wird die Gruppierungsrichtung durch die Hierarchie vorgegeben, ist – im Gegensatz zur Duplikateliminierung bei einer Gruppierung über gleiche Werte – nur eine Aggregationsfunktion über die »Kindelemente« des Zielknotens der Gruppierung zu verwenden. Der Vertreter einer Gruppe wird somit durch den darüber stehenden Knoten repräsentiert.

Gruppierung entlang der XML-Hierarchie

Als Beispiel dient das nachfolgende XML-Fragment, in dem das medizinische Personal in Ärzte und Pflegepersonal untergliedert ist.

```
<MedizinischesPersonal>
  <Ärzte>
    <Arzt> <Name>Naumann</Name> <Alter>32</Alter> </Arzt>
    <Arzt> <Name>Shore</Name>   <Alter>27</Alter> </Arzt>
    <Arzt> <Name>Meier</Name>   <Alter>25</Alter> </Arzt>
  </Ärzte>
  <Pflegepersonal>
    <Pfleger> <Name>Guldenstern</Name> <Alter>41</Alter> </Pfleger>
    <Pfleger> <Name>Murawitz</Name>    <Alter>65</Alter> </Pfleger>
  </Pflegepersonal>
</MedizinischesPersonal>
```

Auf diesem XML-Fragment soll als Ziel der Gruppierung und Aggregation das Durchschnittsalter pro Berufsgruppe bestimmt werden. Als Gruppenmitglieder gelten jeweils die einzelnen Arzt- bzw. Pfleger-Elemente; als Repräsentant wird jeweils das – bereits in der Struktur existierende – Oberelement Ärzte bzw. Pflegepersonal verwendet, so dass folgendes Ergebnisdokument daraus resultieren soll:

```
<MedizinischesPersonal>
  <Ärzte> <Alter>28</Alter> </Ärzte>
  <Pflegepersonal> <Alter>53</Alter> </Pflegepersonal>
</MedizinischesPersonal>
```

Die Anfrageformulierung orientiert sich dabei an der OQL-Syntax, indem die Menge der zu aggregierenden Elemente als Parameter der Funktion `fn:avg()` übergeben werden.

```
<MedizinischesPersonal>
{
  for $p in fn:doc("...")//MedizinischesPersonal/*
  let $x := $p/*/Alter
  return
    element { fn:node-name($p) }
      { <Alter>{ fn:avg($x) }</Alter> }
}
</MedizinischesPersonal>
```

Die sich der Gruppenbildung anschließende Aggregation erfolgt auf funktionaler Ebene. Im Allgemeinen erwartet jede Aggregationsfunktion (`fn:sum()`, `fn:avg()`, `fn:count()`, `fn:min()` und `fn:max()`) eine Sequenz von Einträgen mit gleichem Datentyp. Für das laufende Beispiel zur Berechnung des Durchschnittsalters pro Berufsgruppe muss somit für jede Berufsgruppe die Sequenz mit den unterschiedlichen Altersangaben der Funktion `fn:avg()` übergeben werden. Zur Verdeutlichung wird eine Hilfsvariable (`$x`) eingesetzt, die alle Einträge innerhalb einer Gruppe, d. h. für jede einzelne Berufsgruppe die Altersangaben in Form einer Sequenz, enthält. In diesem Fall der Gruppierung bezüglich eines Vorgängerknotens umfasst `$x` alle Enkelelemente der aktuellen Berufsgruppe. In der ersten Iteration wird die Variable `$x` mit dem Wert (32,27,25) besetzt, resultierend in dem Durchschnittsalter von 28 Jahren für die Berufsgruppe der Ärzte. Im zweiten Durchlauf wird `$x` mit dem Wert (41,65) belegt, womit der Durchschnittswert von 53 Jahren für das Pflegepersonal ermittelt wird.

5.3.2 Gruppierung nach Wertegleichheit

Die zweite Methode einer Gruppierung in XQuery steht der relationalen Methode insofern näher, als die Gruppendefinition durch die Gleichheit von Ausprägungen bestimmt ist. So bilden beispielsweise alle Personen, die in Berlin leben, eine über Wertegleichheit definierte Gruppe, die keinen direkten Niederschlag in einer hierarchischen XML-Struktur findet. Eine Gruppierung über Wertegleichheit wird somit immer dann angewendet, wenn entweder Entitäten über Eigenschaften zu einer Gruppe zusammengefasst werden sollen, die nicht a priori durch eine hierarchische Struktur repräsentiert werden, oder wenn es sich um flache XML-Daten handelt. Insbesondere der letzte

Fall ist durch die XML-artige Darstellung relationaler Datenbankin-
halte von wesentlichem Interesse.

Gruppierung nach
Wertegleichheit

Zur Illustration dieser Gruppierungs- und Aggregationsmethodik
dient wiederum das vorangegangene Beispiel zur Berechnung des
durchschnittlichen Alters des medizinischen Personals pro Berufsgruppe basierend auf folgendem XML-Fragment:

```
<MedizinischesPersonal>
  <Person> <Beruf>Arzt</Beruf>
           <Name>Naumann</Name>
           <Alter>32</Alter> </Person>
  <Person> <Beruf>Arzt</Beruf>
           <Name>Shore</Name>
           <Alter>27</Alter> </Person>
  <Person> <Beruf>Arzt</Beruf>
           <Name>Meier</Name>
           <Alter>25</Alter> </Person>
  <Person> <Beruf>Pfleger</Beruf>
           <Name>Guldenstern</Name>
           <Alter>41</Alter> </Person>
  <Person> <Beruf>Pfleger</Beruf>
           <Name>Murawitz</Name>
           <Alter>65</Alter> </Person>
</MedizinischesPersonal>
```

Die Erzeugung eines Repräsentanten erfolgt in diesem Fall durch Duplikateliminierung unter Verwendung der Funktion fn:distinct-
values() (Abschnitt 3.2.5), die bereits bei der Einführung des FLWOR-
Konstrukts verwendet worden ist. Für das obige Szenario bedeutet
dies, dass die Iteration über alle explizit definierten unterschiedlichen
Berufsgruppen bzw. unterschiedlichen Berufe (jeweils ein einziges Mal)
stattfindet:

Einsatz von
fn:distinct-values() bei der
Gruppierung

```
<MedizinischesPersonal>
{
  for $b in fn:distinct-values(fn:doc("...")//Beruf/text())
  let $x := fn:doc("...")//Alter[../Beruf/text() = $b]
  return
    element {$b}
      {<Alter>{ fn:avg($x) }</Alter>}
}
</MedizinischesPersonal>
```

Die for-Klausel realisiert dabei eine Iteration für die unterschiedlichen
Ausprägungen des Elementes Beruf, d. h. über Arzt und Pfleger. Im
zweiten Schritt werden an die Variable $x alle Altersangaben gebun-
den, die bei einem Personaleintrag mit dem entsprechenden Beruf
stehen. Das Ergebnis wird dann durch einen berechneten Elementkon-

struktor erstellt, wobei das Durchschnittsalter wie im vorangegangenen Fall durch Aufruf der Funktion fn:avg() ermittelt wird.

Im obigen XML-Fragment waren die Werte, die zur Feststellung der Gruppenzugehörigkeit verwendet werden, als textuelle Ausprägung eines Elementes repräsentiert. Als Variante dieser Darstellung existiert zum Beispiel noch eine Gruppenbildung über einen Attributwert eines Elementes oder über den Elementbezeichner. Beide Möglichkeiten seien am Beispiel gezeigt:

■ *Gruppenbildung über Attributausprägungen*

```
<MedizinischesPersonal>
  <Person Beruf="Arzt"> <Name>Naumann</Name>
                   <Alter>32</Alter> </Person>
...
```

Die Berufszugehörigkeit wird in Form eines Attributwertes beim Element Person angezeigt. Die for- und let-Klauseln ändern sich entsprechend wie folgt:

```
...
for $b in fn:distinct-values(fn:doc("...")//Person/@Beruf)
let $x := fn:doc("...")//Alter[../@Beruf = $b]
...
```

■ *Gruppenbildung über Elementbezeichner*

```
<MedizinischesPersonal>
  <Person> <Arzt/> <Name>Naumann</Name>
                   <Alter>32</Alter> </Person>
...
```

Die Elemente <Arzt/> bzw. <Pfleger/> zeigen in diesem Fall die Zugehörigkeit zu der entsprechenden Berufsgruppe an. Die Anfrage ändert sich in diesem Fall deutlich bei der Feststellung der unterschiedlichen Ausprägungen der Berufsgruppen, da die Duplikateliminierung nicht auf den Elementen, sondern auf den textuellen Bezeichnern erfolgen muss, zu deren Ermittlung ein geschachtelter FLWOR-Ausdruck vonnöten ist:

```
...
for $b in fn:distinct-values(
                 for $i in fn:doc("...")//Person/(Arzt|Pfleger)
                 return
                   fn:node-name($i))
let $x := fn:doc("...")//Alter[../fn:node-name(.) = $b]
...
```

Zusammenfassend ist festzuhalten, dass eine Gruppierung und Aggregation mit den normalen FLWOR-Mechanismen realisierbar ist und keine besondere Syntaxerweiterung, wie es beispielsweise in SQL der Fall ist, existieren muss. Die Gruppenbildung ist dabei entweder implizit durch die hierarchische Struktur vorgegeben oder wird explizit – in Analogie zum relationalen Ansatz – wertebasiert durchgeführt.

5.3.3   Aggregationsfunktionen

Die Aggregation ist in XQuery angelehnt an die Formulierung in OQL, wobei die »klassischen« Aggregationsfunktionen `fn:sum()`, `fn:avg()`, `fn:count()`, `fn:min()` und `fn:max()` zur Verfügung stehen (Tabelle 5–2), die als Argument eine Sequenz (Abschnitt 3.1) erwarten und folgende Spezifika realisieren:

fn:count()   ▨ *Berechnung der Kardinalität* (`fn:count()`)
Die Funktion `fn:count()` liefert die Anzahl der Elemente innerhalb der als Parameter übergebenen Sequenz. Eine leere Sequenz resultiert in einem Rückgabewert 0.

fn:avg()   ▨ *Berechnung des Durchschnittswertes* (`fn:avg()`)
Die in der XQuery-Funktionsbibliothek definierte Funktion `fn:avg()` liefert eine leere Sequenz, falls eine leere Sequenz als Argument übergeben wird; ist mindestens ein Element der übergebenen Sequenz vom Datentyp `xs:float` oder `xs:double` und weist es einen NaN-Wert auf, so wird ein NaN-Wert als Ergebnis zurückgeliefert. Im Allgemeinen müssen alle Elemente den gleichen Datentyp haben. Ist dies nicht der Fall, so erfolgt eine Anpassung untereinander, was insbesondere für Elemente vom Datentyp `xs:untypedAtomic` zutrifft. Sind alle Elemente vom Datentyp `xs:untypedAtomic`, so werden sie in einen Wert vom Datentyp `xs:double` implizit konvertiert. Zeitangaben müssen grundsätzlich vom Datentyp `xsd:yearMonthDuration` oder `xsd:dayTimeDuration` sein.

Folgende Beispiele illustrieren die Semantik der Berechnung eines Durchschnittswertes:

`fn:avg(`(3,4,5)`)`

liefert offensichtlich den Wert 4 mit Datentyp `xs:decimal`.

```
fn:avg((xdt:yearMonthDuration("P20Y"),
        xdt:yearMonthDuration("P10M") ))
```

liefert einen Wert vom 125 Monaten vom Datentyp `xsd:yearMonthduration`.

▓ *Bestimmung minimaler und maximaler Werte*   *fn:min()*

(fn:min() und fn:max())   *fn:max()*

Die beiden Funktionen liefern jeweils das wertemäßig kleinste bzw. größte Element aus der übergebenen Sequenz zurück. Bei einem Patt ist die Auswahl implementierungsabhängig. Wie bei der Durchschnittsberechnung ist im allgemeinen Fall gefordert, dass alle Elemente vom gleichen Typ sind; Werte vom Datentyp xdt:untypedAtomic werden dabei in Werte vom Datentyp xs:double konvertiert; die Regeln für NaN-wertige Elemente gelten ebenso analog. Mit Bezug auf Zeitangaben ist eine Bestimmung des größten bzw. kleinsten Wertes auch für Werte vom Datentyp xs:dateTime, xs:date und xs:time zugelassen. Die beiden Funktionen sind dabei durch folgenden FLWOR-Ausdruck beispielsweise als benutzerdefinierte Funktion (Abschnitt 7.4) zu simulieren. So kann fn:max($x) durch folgenden Ausdruck substituiert werden:

```
let $y := for $e in $x
          order by $e (: optional: collation bei Zeichenketten :)
          return $e
return $y[fn:last()]
```

Eine Modifikation der return-Klausel zu

```
return $y[1]
```

resultiert dann in einer Bestimmung des minimalen Wertes. Folgende Beispiele illustrieren zusätzlich die Möglichkeit von XQuery zur Aggregation bezüglich Minimum und Maximum:

```
fn:max((3,4,5))
```

liefert offensichtlich den Wert 5 vom Datentyp xs:integer.

```
fn:max((3,4,"Zero"))
```

resultiert in einer Fehlermeldung, da die Datentypen unterschiedlich sind. Der Ausdruck

```
fn:max(("a", "b", "c"))
```

hingegen liefert "c" zurück, wobei das Ergebnis durch Angabe einer spezifischen Sortierordnung (Abschnitt 7.2.1) modifiziert werden kann.

▓ *Summation* (fn:sum())   *fn:sim()*

Die Summation erfordert wiederum, dass alle Elemente vom gleichen Typ sind; Elemente vom Typ xdt:untypedAtomic werden in Werte vom Datentyp xs:double konvertiert. Eine leere Sequenz als Parameter resultiert in der Rückgabe des Wertes 0.0E0 vom Typ xs:double. Die Summation von Zeitangaben bezieht sich ausschließlich auf Zeitintervalle, zum Beispiel:

```
fn:sum((xdt:yearMonthDuration("P20Y"),
        xdt:yearMonthDuration("P10M")))
```

ergibt ein Zeitintervall von 250 Monaten als Ausprägung von xsd:yearMonthDuration. Die numerische Summation funktioniert wie erwartet:

```
fn:sum((4,5,6))                 liefert 15
fn:sum((1,(2 to 9)[.<5], 10))   liefert 20
```

Der erste Ausdruck liefert offensichtlich den Wert 15. Der zweite Ausdruck zeigt, dass jeder Ausdruck, der eine Sequenz zurückliefert auch als Parameter beim Funktionsaufruf erlaubt ist. Das Ergebnis hat dabei den Wert 1+2+3+4+10=20.

Signatur	Beschreibung

`fn:count(`
`  $arg as item()*)`
`as xs:integer`
	liefert die Anzahl der Elemente der übergebenen Sequenz zurück

`fn:avg(`
`  $arg as xdt:anyAtomicType*)`
`as xdt:anyAtomicType?`
	liefert den durchschnittlichen Wert aller Elemente der übergebenen Sequenz: sum($arg) div count($arg)

`fn:max(`
`  $arg as xdt:anyAtomicType*[,`
`  $collation as string])`
`as xdt:anyAtomicType?`
	liefert den wertemäßig größten Wert optional bezüglich einer Sortierordnung zurück

`fn:min(`
`  $arg as xdt:anyAtomicType*[,`
`  $collation as string])`
`as xdt:anyAtomicType?`
	liefert den wertemäßig kleinsten Wert optional bezüglich einer Sortierordnung zurück

`fn:sum(`
`  $arg as xdt:anyAtomicType*[,`
`  $zero as xdt:anyAtomicType?])`
`as xdt:anyAtomicType?`
	liefert den summarischen Wert aller in der Sequenz enthaltenen Elementwerte zurück; wird der zweite Parameter nicht angegeben, so wird der Wert 0.0E0 bei einer leeren Sequenz zurückgeliefert; andernfalls der Wert des zweiten Parameters

Tab. 5–2 *Aggregationsfunktionen*

Anzumerken ist an dieser Stelle, dass Aggregationsfunktionen eine Sequenz als Parameter erwarten. Der Ausdruck fn:sum(4,5,6) würde beispielsweise einen Fehler produzieren, da nicht eine Sequenz als ein Parameter, sondern drei Werte als je ein Parameter als Argumente interpretiert werden würden.

5.3.4 Gruppierung über mehrere Attribute

Sind Fakten nach unterschiedlichen Kriterien auszuweisen, so ist eine Gruppierung über mehrere Attribute notwendig. Analog zur relationalen bzw. SQL-basierten Darstellung durch Vergrößerung der Menge der Gruppierungsattribute in der GROUP BY- bzw. SELECT-Klausel kann in XQuery eine Gruppierung über mehrere Attribute erreicht werden, indem mehrere for-Klauseln zur Gruppenbildung definiert werden. Wird beispielsweise davon ausgegangen, dass die Mitarbeiterliste des laufenden Beispiels zusätzlich für jeden Mitarbeiter einen Eintrag zur Abbildung des Geschlechts hat, so kann das durchschnittliche Alter pro Berufsgruppe und pro Geschlecht ermittelt werden.

```
<MedizinischesPersonal>
  <Ärzte>
    <Arzt> <Name>Naumann</Name>
           <Alter>32</Alter>
           <Geschlecht>m</Geschlecht> </Arzt>
    <Arzt> <Name>Shore</Name>
           <Alter>27</Alter>
           <Geschlecht>w</Geschlecht> </Arzt>
    <Arzt> <Name>Meier</Name>
           <Alter>25</Alter>
           <Geschlecht>m</Geschlecht> </Arzt>
  </Ärzte>
  <Pflegepersonal>
    <Pfleger> <Name>Guldenstern</Name>
              <Alter>41</Alter>
              <Geschlecht>w</Geschlecht> </Pfleger>
    <Pfleger> <Name>Murawitz</Name>
              <Alter>65</Alter>
              <Geschlecht>w</Geschlecht> </Pfleger>
  </Pflegepersonal>
</MedizinischesPersonal>
```

Der entsprechende FLWOR-Ausdruck würde sich wie folgt ergeben:

```
<MedizinischesPersonal>
{
  for $b in fn:distinct-values(
         for $i in fn:doc("...")//MedizinischesPersonal/*/*
         return fn:name($i)),
      $g in fn:distinct-values(fn:doc("...")//Geschlecht)
  let $x := fn:doc("...")//
                    [fn:name(.) = $b and Geschlecht=$g]/Alter
  return
    (<Berufsgruppe>{ $b }</Berufsgruppe>,
      <Geschlecht>{ $g }</Geschlecht>,
      <Alter>{ fn:avg($x) }</Alter>)
}
</MedizinischesPersonal>
```

Eliminierung leerer Gruppen

Jedes weitere Gruppierungskriterium wird in einem FLWOR-Ausdruck somit durch eine neue Iterationsvariable gekennzeichnet. Die Semantik der »geschachtelten Schleifen« bei einer Gruppierung über mehrere Attribute impliziert darüber hinaus, dass grundsätzlich alle möglichen Kombinationen erzeugt werden, unabhängig davon, ob für die entsprechende Kombination im Ausgangsdatenbestand mindestens ein Eintrag existiert. Um die »klassische« Gruppierungssemantik zu simulieren und nur die Kombinationen auszugeben, die mindestens einen zu aggregierenden Eintrag aufweisen, ist die Funktion fn:exists() (Abschnitt 3.1.2) in der where-Klausel einzusetzen, mit deren Hilfe die Existenz eines Eintrags in der zu aggregierenden Sequenz zu testen ist. Die obige Anweisung verändert sich somit zu folgendem Ausdruck:

```
<MedizinischesPersonal>
{
  for $b in fn:distinct-values(
          for $i in fn:doc("...")//MedizinischesPersonal/*/*
          return fn:name($i)),
      $g in fn:distinct-values(fn:doc("...")//Geschlecht)
  let $x := fn:doc("...")//
                  [fn:name(.) = $b and Geschlecht=$g]/Alter
  where fn:exists($x)
  return
    (<Berufsgruppe>{ $b }<Berufsgruppe>,
     <Geschlecht>{ $g }</Geschlecht>,
     <Alter>{ fn:avg($x) }</Alter>)
}
</MedizinischesPersonal>
```

5.3.5 Gruppenfilterung und Sortierung

Die Überprüfung auf Existenz eines Eintrags, über den es zu aggregieren gilt, um leere Gruppierungskombinationen zu eliminieren, entspricht im Wesentlichen dem Konstrukt der Gruppenfilterung (in SQL durch die HAVING-Klausel realisiert). Im Allgemeinen werden Filterbedingungen auf Gruppen in XQuery in der where-Klausel des entsprechenden FLWOR-Ausdrucks angegeben. Ist in dem laufenden Beispiel die Ausgabe auf die Gruppen einzuschränken, die mindestens drei Personen repräsentieren und deren Durchschnittsalter unterhalb von 50 Jahren liegen sollen, so kann dies durch Hinzunahme der entsprechenden where-Klausel realisiert werden:

```
<MedizinischesPersonal>
{
  for $b in fn:distinct-values(
          for $i in fn:doc("...")//MedizinischesPersonal/*/*
          return fn:name($i)),
      $g in fn:distinct-values(fn:doc("...")//Geschlecht)
  let $x := fn:doc("...")//
                      [fn:name(.) = $b and Geschlecht=$g]/Alter
  where fn:count($x) > 2 and fn:avg($x) < 50
  order by $g, fn:avg($x) descending
  return
    (<Berufsgruppe>{ $b }<Berufsgruppe>,
     <Geschlecht>{ $g }</Geschlecht>,
     <Alter>{ fn:avg($x) }</Alter>)
}
</MedizinischesPersonal>
```

Gruppenfilterung und Gruppensortierung

Zusätzlich zur Filterung auf Gruppen kann eine explizite Sortierung auf alle direkten bzw. abgeleiteten Variablen bei der Formulierung einer Gruppierungsanfrage vorgenommen werden. In obigem Beispiel wird zunächst nach der Zugehörigkeit zu einem Geschlecht und daran anschließend nach dem Durchschnittsalter der jeweiligen Personen absteigend sortiert.

5.3.6 Mehrfachgruppierung

Das Prinzip der Mehrfachgruppierung wird dann eingesetzt, wenn innerhalb einer einzelnen Anfrage der Originaldatenbestand mehrfach nach unterschiedlichen Kriterien gruppiert werden soll[5]. Mehrfachgruppierung steht dabei im Gegensatz zu einer (einmaligen) Gruppierung über mehrere Attribute. Im laufenden Beispiel soll das Durchschnittsalter sowohl nach Geschlecht als auch nach Berufsgruppe mit folgendem Ergebnis berechnet werden:

```
<MedizinischesPersonal>
  <MedizinischesPersonal_nach_Beruf>
    <Berufsgruppe>
      <Beruf>Arzt</Beruf>
      <Alter>28</Alter>
    </Berufsgruppe>
    <Berufsgruppe>
      <Beruf>Pfleger</Beruf>
      <Alter>53</Alter>
    </Berufsgruppe>
```

---

5. Mehrfachgruppierungen werden in SQL:2003 durch das Konstrukt der GROUPING SETS() beispielsweise explizit unterstützt.

```
        </MedizinischesPersonal_nach_Beruf>
        <MedizinischesPersonal_nach_Geschlecht>
          <Geschlechtsgruppe>
            <Geschlecht>m</Geschlecht>
            <Alter>28</Alter>
          </Geschlechtsgruppe>
          <Geschlechtsgruppe>
            <Geschlecht>w</Geschlecht>
            <Alter>53</Alter>
          </Geschlechtsgruppe>
        </MedizinischesPersonal_nach_Geschlecht>
      </MedizinischesPersonal>
```

Die dazu korrespondierende XQuery ergibt sich mit zwei hintereinander liegenden FLWOR-Blöcken wie folgt:

```
<MedizinischesPersonal>
  <MedizinischesPersonal_nach_Beruf>
  {
    for $b in fn:distinct-values(
          for $i in fn:doc("...")//MedizinischesPersonal/*/*
          return fn:name($i))
    let $x := fn:doc("...")//*[fn:name(.) = $b]/Alter
    return <Berufsgruppe>
             <Beruf>{ $b }</Beruf>
             <Alter>{ fn:avg($x) }</Alter>
           </Berufsgruppe>
  }
  </MedizinischesPersonal_nach_Beruf>
  <MedizinischesPersonal_nach_Geschlecht>
  {
    for $g in fn:distinct-values(fn:doc("...")//Geschlecht)
    let $x := fn:doc("...")//*[Geschlecht=$g]/Alter
    return <Geschlechtsgruppe>
             <Geschlecht>{ $g }</Geschlecht>
             <Alter>{ fn:avg($x) }</Alter>
           </Geschlechtsgruppe>
  }
  </MedizinischesPersonal_nach_Geschlecht>
</MedizinischesPersonal>
```

Weisen zwei Gruppierungskombinationen gleiche Gruppierungseigenschaften auf, so kann die Gemeinsamkeit dahingehend ausgenützt werden, dass nur eine einzige Variable definiert werden muss und gemeinsam genutzt werden kann.

5.3.7   Geschachtelte Gruppierung

Als extrem mächtige Eigenschaft, die auf dem Prinzip der Anwendung von Aggregationsfunktionen auf Sequenzen beruht, gilt die Fähigkeit der Schachtelung mit Gruppierungen. Die Überlegung, die sich hinter diesem Grundprinzip verbirgt, besteht darin, dass alle Ausdrücke, die eine Sequenz von Knoten liefern, als Parameter für eine Aggregationsfunktion verwendet werden können. Da neben einfachen Pfadausdrücken auch beliebig komplexe FLWOR-Ausdrücke einen XQuery-Ausdruck repräsentieren, dürfen (potenziell korrelierte) FLWOR-Ausdrücke als Parameter jeder Aggregationsfunktion auftreten. Ohne die zusätzliche let-Klausel im äußeren FLWOR-Ausdruck könnte die Berechnung des Durchschnittsalters analog auch wie folgt über ein zusätzliches FLWOR-Konstrukt innerhalb der fn:avg()-Funktion erfolgen:

```
<MedizinischesPersonal>
{
   for $b in fn:distinct-values(for $i in fn:doc("...")//
                                    MedizinischesPersonal/*/*
                       return fn:name($i))
   return (<Berufsgruppe> {$b} </Berufsgruppe>,
             <Alter>{ fn:avg(let $x := fn:doc("...")//*
                              [fn:name(.) = $b]/Alter
                    return $x)} </Alter>)
}
</MedizinischesPersonal>
```

Geschachtelte Gruppierung

Der FLWOR-Ausdruck innerhalb der Aggregationsfunktion ist dabei korreliert, da er eine Variable ($b) referenziert, die sich auf einen Kontext außerhalb des Ausdrucks bezieht. Analog zur vorangegangenen Notation wird die let-Klausel bei jeder Iteration der for-Klausel neu ausgewertet.

Die Schachtelung von FLWOR-Ausdrücken ist sowohl in return-Klauseln als auch über Funktionen an die Objektkonstruktion im Bereich objektorientierter Anfragesprachen angelehnt und eröffnet einen weiten Bereich für komplexe Anfragen. An allen Stellen, an denen beispielsweise Aggregationsfunktionen erlaubt sind (zum Beispiel in Form einer Gruppenfilterung innerhalb einer where-Klausel), ist eine Schachtelung von FLWOR-Ausdrücken möglich.

Die Mächtigkeit des Konzeptes sei an folgendem Beispiel gezeigt, in dem die durchschnittlichen Behandlungskosten pro Arzt im gesamten Krankenhaus ermittelt werden sollen. Die Behandlungskosten ergeben sich dabei aus der Summe der von ihm während einzelner Behandlungsvorgänge verbrauchter medizinischer Artikel.

In einem ersten Schritt sind dazu für einen Arzt die Behandlungskosten per Summation zu bilden. Mit $a als Variable für den aktuell zu
betrachtenden Arzt ergibt sich der Gesamtbetrag für jede Behandlung,
für die dieser Arzt die Verantwortung zeichnet (Test auf Gleichheit
über is-Operator nach Verfolgung des XLinks: Abschnitt 7.4.2),
durch Multiplikation von Menge (aus der Kollektion Patient) und Ein-
zelpreis (aus Verbrauchsartikel.xml), wobei als Verbundkriterium die
Gleichheit des Artikels herangezogen wird. Eine Summation über alle
Kosten pro durchgeführter Behandlung liefert dann die Gesamtkosten
pro Arzt:

```
for $b in fn:collection("Patienten")//Patient_stationär/
        Behandlung[xqb:follow-xlink(../Arzt/@xlink:href) is $a]
return
  fn:sum(for $x in $b//verbrauchter_Artikel,
              $y in fn:doc("Verbrauchsartikel.xml")//Artikel
          where $x/@Artikel_id = $y/@ID
          return $x/@Menge * $y/Einzelpreis)
```

Die durchschnittlichen Behandlungskosten pro tatsächlich behandeln-
dem Arzt ergeben sich dann durch Anwendung der fn:avg()-Funktion
auf die oben berechneten Behandlungskosten für jeden einzelnen Arzt.
Die gesamte Anfrage ergibt sich dann zu folgendem Ausdruck, wobei
der obige Teil kursiv markiert ist:

```
<Behandlungskosten_nach_Arzt>
{
  for $a in fn:doc("Hochwaldklinik.xml")//Arzt
  return
    <Arzt>
      <Name>{ $a//Vorname, $a//Nachname }</Name>
      <Behandlungskosten>
      { fn:avg(for $p in fn:collection("Patienten")//
          Patient_stationär/
          Behandlung[xqb:follow-xlink(../Arzt/@xlink:href) is $a]
            return
              fn:sum(for $x in $p//verbrauchter_Artikel,
                          $y in fn:doc("Verbrauchsartikel.xml")
                                                    //Artikel
                      where $x/@Artikel_id = $y/@ID
                      return $x/@Menge * $y/Einzelpreis)
        ) }
      </Behandlungskosten>
    </Arzt> }
</Behandlungskosten_nach_Arzt>
```

5.3.8 Zusammenfassung

Die Gruppierung und Aggregation erfährt in XQuery keine explizite Beachtung in Form einer speziellen Syntax, sondern wird auf funktionaler Ebene, d. h. durch Anwendung von Aggregationsfunktionen auf Sequenzen mit den zu aggregierenden Werten, gelöst. Bei der Formulierung einer Gruppierung ist konzeptionell zu unterscheiden, ob das Ausgangsdokument bereits die zu bildenden Gruppen reflektiert oder ob die Gruppen durch Wertegleichheit gebildet werden. Im zweiten Fall ist dabei die Funktion `fn:distinct-values()` heranzuziehen. Darüber hinaus erlaubt XQuery durch das Prinzip der Schachtelung die Formulierung komplexer Auswertungen.

5.4 Zusammenfassung

FLWOR-Ausdrücke spiegeln das zentrale Grundkonstrukt wider, um komplexe XQuery-Anfragen, basierend auf XML-Dokumenten, zu formulieren. Die `for`- und `let`-Klauseln dienen dazu, Variablen an Ergebnisse von Ausdrücken (üblicherweise Pfadausdrücken) zu binden, wobei die unterschiedliche Semantik dahingehend zu beachten ist, dass eine `let`-Klausel das Ergebnis des Ausdrucks an die nachfolgenden Teile der Anfrage komplett in einem Schritt weiterleitet, während eine `for`-Klausel eine Iteration über die nachfolgenden Anfrageteile realisiert und in jedem Schritt eine elementweise Bindung an die Variablen vornimmt. `where`-Klauseln dienen – in Analogie zur objektorientierten Anfragesprache OQL – der Filterung von Ausgabeströmen, wobei einfache Prädikate, geschachtelte Unteranfragen und Aggregationsoperationen herangezogen werden können. Eine Sortierung kann in der `order by`-Klausel explizit angegeben werden, wobei unterschiedliche Spezifika wie Sortierordnungen oder Sortierungsmodifikatoren zur Behandlung von NaN-Werten bzw. leeren Sequenzen festgelegt werden können. In der `return`-Klausel werden schließlich sukzessive die Bestandteile des Endergebnisdokumentes spezifiziert. Durch eine entsprechende Anordnung und Schachtelung einzelner FLWOR-Ausdrücke kann erreicht werden, dass unterschiedliche Verbundsemantiken wie innere, halbseitig äußere bzw. vollständig äußere Verbundoperationen im Kontext von XQuery realisiert werden.

Bei der Gruppierung kann im Wesentlichen auf zwei unterschiedliche Gruppierungsvarianten Bezug genommen werden. Während bei der Gruppierung nach Struktur die Gruppierungsrichtung durch die Struktur vorgegeben wird, erfolgt bei einer Gruppierung nach Wertegleichheit eine Gruppenbildung durch explizite Duplikateliminierung.

Dabei kann auf Gleichheit über atomare Werte, Attributwerte und gleiche Elementbezeichner getestet werden. Die Aggregationsbildung erfolgt auf funktionaler Ebene durch die fünf Aggregationsfunktionen zur Summenbildung, Durchschnittsbildung, der Bestimmung der Kardinalität und minimaler bzw. maximaler Werte. Der Abschnitt über die Gruppierung umfasst neben der detaillierten Darstellung dieser Konzepte auch weiter gehende Funktionalität wie Mehrfachgruppierung, Gruppenfilterung und Gruppensortierung.

FLWOR-Ausdrücke bilden somit den Kern einer jeden »ordentlichen« XQuery-Anfrage, wobei die Mächtigkeit der einzelnen Klauseln durch weitere XQuery-Ausdrücke und die Verwendung von XQuery-Funktionen immens gesteigert werden kann. Während sich das folgende Kapitel weiteren XQuery-Ausdrücken widmet, werden im Anschluss daran XQuery-Funktionen, gruppiert nach Anwendungsgebieten, aufgearbeitet und Besonderheiten erläutert.

5.5 Übungen

1. Erzeugen Sie eine nummerierte Liste aller Angestellten aufsteigend sortiert nach dem Geburtsdatum, wobei die Angestellten, die kein Geburtsdatum aufweisen, am Ende erscheinen und nach dem Nachnamen sortiert sein sollen.

2. Produzieren Sie eine sortierte Liste von Patienten aus Berlin nach der PLZ-Angabe, wobei für Patienten, wohnhaft innerhalb eines Postleitzahlengebiets die Dokumentenreihenfolge übernommen werden soll.

3. Sortieren Sie die Einträge der Ärzte dergestalt um, dass das Spezialgebiet die Grobgliederung reflektiert und die Ärzte dem jeweiligen Gebiet untergeordnet werden (Pivotierung der Ärzte nach Spezialgebiet).

4. Erzeugen Sie eine Liste von Patienten mit mehr als 10 Leistungen; der Patienteneintrag soll dabei alle Elemente eines normalen Patienten außer der Adresse umfassen.

5. Berechnen Sie den durchschnittlichen Blutzuckerwert für jeden Patienten, der mindestens drei der entsprechenden Labortestwerte auf Blutzucker besitzt.

6. Bestimmen Sie den ältesten und jüngsten Mitarbeiter (Name und Vorname) für jede Gruppe von Angestellten (Gruppierung nach Elementtypen!).

7. Liefern Sie alle Stationen, die aktuell weniger als fünf Patienten in der Belegung aufweisen.

8. Erzeugen Sie die nachfolgende Liste von Stationen mit der Klinikbezeichnung durch einen XQuery-Ausdruck:

```
<Station>Notaufnahme</Station>
<Station>Entbindung</Station>
<Station>Kardiologie</Station>
<Klinik>Hochwaldklinik</Klinik>
```

Welches Ergebnis würden die folgenden Ausdrücke liefern?

```
for $s in fn:doc("Hochwaldklinik.xml")//Station/Name
let $k := fn:doc("Hochwaldklinik.xml")//Klinik/Name
return ($s/text(), $k/text()})
```

9. Liefern Sie die Bezeichnung aller Medikamente, die dem Patienten Johannes Markstein verabreicht worden sind.

10. Bilden Sie Patienten- und Arzt-Kombinationen, die im gleichen Jahr geboren sind (Tipp: Nutzen Sie die Funktion `fn:get-year-from-date()`).

11. Erzeugen Sie eine Liste von Patienten, die mindestens eine Laborleistung aufweisen, deren Gesamtkosten (pro Laborleistung) über dem Durchschnitt der gesamten Laborkosten liegen.

12. Erstellen Sie eine Liste von Patienten, die nur mit einem Medikament behandelt worden sind.

6 Erweiterte XQuery-Ausdrücke

Ein XQuery-Ausdruck stellt den zentralen syntaktischen Baustein einer XQuery-Anfrage dar. Die beiden wichtigsten Ausdruckstypen, Pfadausdrücke und FLWOR-Ausdrücke, wurden in den beiden vorangegangenen Kapiteln ausführlich diskutiert, so dass sich dieses Kapitel den weiteren bzw. erweiterten XQuery-Ausdrücken widmen kann.

Dazu werden im ersten Abschnitt arithmetische und Vergleichsausdrücke diskutiert. Während sich die Klasse der arithmetischen Ausdrücke im Wesentlichen an der normalen Semantik von Arithmetikoperatoren orientiert, weist die Klasse der Vergleichsausdrücke eine Vielzahl unterschiedlicher Facetten auf, die in diesem Abschnitt beleuchtet werden. Zur Diskussion stehen die Konzepte wie Gleichheit und Identität und darauf aufbauende Vergleichsmöglichkeiten, die auf Wertegleichheit oder Knotengleichheit beruhen.

Der zweite Abschnitt subsumiert eine Sammlung weiterer XQuery-Ausdrücke, die detailliert aufgearbeitet und deren Besonderheiten hinsichtlich Semantik, Präzedenz bei der Auswertung und Verhalten im Fehlerfall dargestellt werden. Im Einzelnen werden dabei logische, konditionale und quantifizierende Ausdrücke diskutiert und am laufenden Beispielszenario evaluiert. Das Kapitel schließt mit der Betrachtung von Sequenzausdrücken, wobei sowohl die Konstruktion und Kombination von Sequenzen als auch die Eigenschaft der Erhaltung der Reihenfolge beschrieben werden.

Ziel des Kapitels ist es zum einen, die Darstellung von XQuery-Ausdrücken abzurunden, so dass zusammen mit den beiden vorangegangenen Kapiteln die zentralen Sprachkonzepte von XQuery beschrieben sind. Zum anderen sollen die scheinbar klassischen und normalen Ausdrücke hinsichtlich ihrer besonderen Semantik im Umfeld von XQuery detailliert erläutert werden.

6.1 Arithmetische Ausdrücke

Der Abschnitt über arithmetische Ausdrücke ist dahingehend zentral, dass in nahezu jeder Anfrage eine Skalaroperation zur Ermittlung abgeleiteter Werte oder auch zur Einschränkung von Ergebnismengen enthalten ist. Die Anfragesprache XQuery stellt hierfür jedoch nur eine kleine Menge an arithmetischer Funktionalität als integralen Bestandteil des Sprachumfangs zur Verfügung. Die Menge der arithmetischen *Addition,* Operatoren beschränkt sich dabei auf die Skalaroperatoren für Addi- *Subtraktion,* tion, Subtraktion, Multiplikation, Division und Restwertbildung. Wei- *Multiplikation,* ter gehende Operatoren werden über Funktionen realisiert, die im sich *Division,* anschließenden Kapitel aufgearbeitet und strukturiert dargestellt wer- *Restwert* den. Das nachstehend gezeigte Fragment der XQuery-Grammatik illustriert die Menge der zur Verfügung stehenden arithmetischen Ausdrücke:

```
AdditiveExpr        ::= MultiplicativeExpr ( (+ | -) MultiplicativeExpr )*

MultiplicativeExpr  ::= UnaryExpr ( (* | div | idiv | mod) UnaryExpr )*

UnaryExpr           ::= (- | +)* UnionExpr
```

»Punkt-vor-Strich«-Regel Da ein Summationsausdruck aus zwei Multiplikationsausdrücken geformt wird, wird die »Punkt-vor-Strich«-Regel eingehalten. Vor einem Subtraktionsoperator muss ein Leerzeichen stehen, da das Operatorenzeichen sonst als Teil eines Bezeichners interpretiert werden würde. Für die Division werden in XQuery zwei unterschiedliche Operatoren mit jeweils spezifischer Semantik bereitgestellt. Der `div`-Operator realisiert dabei die Division mit Nachkommastellen und liefert den Datentyp der beiden numerischen Operanden nach einer entsprechenden Datentypanpassung (Abschnitt 3.2.4). Falls beide Operanden den Datentyp `xs:integer` aufweisen, liefert die Operation einen Wert vom Datentyp `xs:decimal`. Der `idiv`-Operator hingegen liefert das Ergebnis der ganzzahligen Division als Wert des Datentyps `xs:integer` und erwartet, dass beide Operanden ebenfalls vom Typ `xs:integer` sind.

Das folgende Beispiel berechnet die mittlere Anzahl verbrauchter Artikel für jede durchgeführte Operation pro Patient sowohl exakt als auch mit ganzzahliger Division und Restwertbildung.

```
<Behandlungsstatistik>
{
  for $p in fn:collection("Patienten")/element(*,Patient_T)
  let $t := fn:sum(for $x in $p//Operation
                   return $x/Ende - $x/Beginn)
  let $a := fn:count($p//Operation/*/verbrauchter_Artikel)
```

```
   let $b := fn:count($p//Operation)
   return (
     <Patient>{ $p/Name/* }</Patient>,
     <Anzahl_div>{ $a div $b }</Anzahl_div>,
     <Anzahl>
         <Anzahl_idiv>{ $a idiv $b }</Anzahl_idiv>
         <Anzahl_mod>{ $a mod $b }</Anzahl_mod>
     </Anzahl>,
     <Operationsdauer>{ $t }</Operationsdauer>)
 }
</Behandlungsstatistik>
```

Dabei wird für jeden Patienten ein Eintrag für die Behandlungsstatistik generiert. Die Variable $a enthält dabei die Zahl der Artikel, die in allen Operationen des jeweiligen Patienten verwendet worden sind. Die Variable $b zählt alle Operationen des konkreten Patienten.

Zusätzlich wird in der obigen Anfrage die Gesamtdauer der Operationen des Patienten ermittelt, indem in einem ersten Schritt die Dauer einer Operation mit Hilfe des Subtraktionsoperators zwischen dem Ende- und Startzeitpunkt eines Eingriffs ermittelt wird. Diese Zeiten werden dann mit der Aggregationsfunktion fn:sum() zu einem Gesamtergebnis zusammenaddiert. Das Ergebnis besitzt dabei den Datentyp xs:dayTimeDuration.

Im Allgemeinen erfolgt die Auswertung der arithmetischen Ausdrücke, indem zunächst die Operandenausdrücke ausgewertet werden und anschließend überprüft wird, ob einer der Operanden eine Sequenz mit mehr als einem Element ist. In diesem Fall wird ein Laufzeitfehler generiert. Ist einer der Operanden eine leere Sequenz, so ist das Ergebnis auch eine leere Sequenz. Im zweiten Schritt wird auf Typverträglichkeit überprüft bzw. der Typ der Operanden implizit an xs:double (bzw. xs:integer für idiv-Operator) angepasst, falls ein Operand den Typ xs:untypedAtomic aufweist. Im letzten Schritt wird der Operator ausgewertet. Die Präzedenz folgt den allgemein gültigen Regeln: Unäre Operatoren binden stärker als binäre Operatoren und multiplikative Ausdrücke werden vorrangig vor additiven Ausdrücken ausgewertet. Die Vorrangregelung kann durch Klammersetzung entsprechend explizit angepasst werden.

Folgende Besonderheit ist an dieser Stelle zu erwähnen. Der Ausdruck A-B ist kein arithmetischer Ausdruck, sondern ein regulärer Bezeichner. Erst ein zusätzliches Leerzeichen (A -B) sorgt dafür, dass das Zeichen - intern durch den Operator ersetzt und der Ausdruck als op:numeric-subtract(A, B) interpretiert wird.

Behandlung von Überlauf und Unterlauf

Anzumerken ist noch die Behandlung von Über- bzw. Unterläufen. XQuery-Implementierungen müssen sich dabei konform zum entsprechenden IEEE-Standard 754-1985 ([IEEE754]) verhalten, wobei eine Vielzahl von Freiheitsgraden möglich ist. Bei einem Überlauf von Operationen mit Parametern vom Typ xs:float bzw. xs:double kann entweder ein Fehler verursacht werden (Abschnitt 7.4.4) oder INF beziehungsweise -INF oder die größte positive bzw. negative Zahl zurückgeliefert werden. Bei einem Unterlauf wird entweder 0.0E0 oder +/-2**Ex mit x als dem kleinstmöglichen Exponenten für Werte aus dem Wertebereich von xs:float bzw. xs:double zurückgegeben.

Für Operatoren mit Parametern vom Datentyp xs:decimal ist bei einem Überlauf ein Fehler, bei einem Unterlauf die Rückgabe des Wertes 0.0 vorgeschrieben. Bei xs:integer-Operatoren kann die Implementierung in beiden Fällen entweder immer einen Fehler oder – falls ein implementierungsabhängiger Mechanismus zum Einstellen des Verhaltens gegeben ist – gemäß der Vorgabe von ISO 10967 [ISO10967] den Wert modulo der größten darzustellenden Zahl als Ergebnis liefern.

Division durch 0

Der Divisionsoperator liefert des Weiteren einen Sonderfall bei einer Division durch 0, wobei bei xs:decimal- bzw. xs:integer-Operanden ein entsprechender Fehler vom Laufzeitsystem verursacht wird. Bei einer Division mit xs:float- bzw. xs:double-Operanden wird gemäß der Spezifikation IEEE 754-1985 [IEEE754] der größte bzw. kleinste darstellbare Wert INF/-INF als Ergebnis zurückgeliefert, falls der Divisor den Wert 0 aufweist.

Äquivalente Operatoren

Verhältnis Operatoren / Funktionen

Jeder arithmetische Ausdruck wird durch entsprechende Operatoren, die im Sinne einer Implementierung der arithmetischen Ausdrücke für entsprechende Datentypen der Operanden gesehen werden können, begleitet. Anders als Funktionen (Namensraum fn) existieren Operatoren (Namensraum op) in der XQuery-Spezifikation ausschließlich zur Vervollständigung des theoretischen Datenmodells und sind in der expliziten Form nicht direkt von der Anwendung benutzbar.

Tabelle 6–1 listet die für arithmetische Ausdrücke auf numerischen Datentypen äquivalenten Operatoren auf (für Funktionen auf numerische Werte: Abschnitt 7.1.1). So könnte das obige Beispiel, in dem die durchschnittliche Zahl verbrauchter Gegenstände ermittelt wird, intern wie folgt realisiert werden:

Signatur	Beschreibung

`op:numeric-[add|`
`          subtract|`
`          multiply|`
`          divide|`
`          mod] (`
`   $arg1 as numeric,`
`   $arg2 as numeric)`
`as numeric`
	äquivalent zu den arithmetischen Ausdrücken:
	• $arg1 + $arg2
	• $arg1 - $arg2
	• $arg1 * $arg2
	• $arg1 div $arg2
	• $arg1 mod $arg2

`op:numeric-integer-divide(`
`   $arg1 as xs:integer,`
`   $arg2 as xs:integer)`
`as xs:integer`
	äquivalent zum arithmetischen Ausdruck:
	• $arg1 idiv $arg2

`op:numeric-unary-[plus|minus] (`
`   $arg as numeric)`
`as numeric`
	äquivalent zu den arithmetischen Ausdrücken:
	• +$arg
	• −$arg

`op:numeric-[equal|`
`          less-than|`
`          greater-than] (`
`   $arg1 as numeric,`
`   $arg2 as numeric)`
`as xs:boolean`
	äquivalent zu den arithmetischen Ausdrücken:
	• $arg1 = $arg2
	• $arg1 lt $arg2 bzw. $arg2 ge $arg1
	• $arg1 gt $arg2 bzw. $arg2 le $arg1

Tab. 6–1   *Übersicht von Operatoren auf numerische Werte*

```
...
return
  ...
  <Anzahl_div>{ op:numeric-divide($a,$b) }</Anzahl_div>
  <Anzahl>
     <Anzahl_idiv>{op:numeric-integer-divide($a,$b)}</Anzahl_idiv>
     <Anzahl_mod> {op:numeric-mod($a,$b)}</Anzahl_mod>
  </Anzahl>
  ...
```

Als Voraussetzung für die Äquivalenz bei der Anwendung dieser Operatoren müssen $a und $b jeweils einen numerischen Datentyp besitzen. In analoger Weise existiert ein entsprechender Ersatz für die Subtraktion der beiden Zeitangaben zur Ermittlung der Behandlungsdauer. Ohne auf die Vielzahl der Funktionen im Kontext der Zeit- und Kalenderfunktionalität eingehen zu wollen (Abschnitt 7.3), könnte der entsprechende FLWOR-Ausdruck innerhalb der `fn:sum()`-Funktion wie folgt intern realisiert werden:

```
...
for $x in $p//Operation
return
  fn:subtract-dateTimes-yielding-dayTimeDuration($x/Ende,
                                                 $x/Beginn)
...
```

6.2 Vergleichsausdrücke

Vergleichsausdrücke werden im Allgemeinen für zwei Zwecke innerhalb einer XQuery verwendet: erstens, um eine Einschränkung auf dem Ausgangsdatenbestand vorzunehmen bzw. eine Verbundbedingung zwischen zwei XML-Dokumenten zu spezifizieren und zweitens, um intern eine (implizit bzw. explizit erzwungene) Sortierung des Ergebnisdokumentes zu realisieren. In XQuery werden drei Arten von Vergleichsausdrücken unterschieden:

- *Wertevergleich (»value comparison«)*
  Ausdrücke, die einen Wertevergleich realisieren, werden benötigt, um einzelne Werte untereinander zu vergleichen.
- *Allgemeiner Vergleich (»general comparison«)*
  Ein allgemeiner Vergleich ist ein existenziell quantifizierender Vergleichsoperator auf zwei Sequenzen von Werten. Ein allgemeiner Vergleichsausdruck ist dann wahr, wenn mindestens ein Element jeder Sequenz den Vergleich erfolgreich absolviert hat.
- *Knotenvergleich (»node comparison«)*
  Ein Knotenvergleich testet, ob die beiden Operandenknoten identisch sind oder eine per Operator vorgegebene Beziehung innerhalb der Dokumentordnung erfüllen.

Das für Vergleichsoperatoren zuständige Grammatikfragment ist nachfolgend angegeben, wobei die Aufteilung in die drei unterschiedlichen Subklassen direkt sichtbar ist:

```
ComparisonExpr  ::= RangeExpr ( (ValueComp
                               | GeneralComp
                               | NodeComp) RangeExpr)?
ValueComp       ::= eq | ne | lt | le | gt | ge
GeneralComp     ::= = | != | < | <= | > | >=
NodeComp        ::= is | << | >>
```

6.2.1 Wertevergleich

Ausdrücke, die einen Wertevergleich beschreiben, werden dazu verwendet, um einzelne Ausprägungen, d. h. atomare Werte, unterschiedlicher Datentypen miteinander zu vergleichen. Wertevergleichsausdrücke finden sich üblicherweise in where-Klauseln von FLWOR-Ausdrücken wieder. Im folgenden Beispiel, in dem alle Patienten des Arztes Stefan Müller ermittelt werden, findet sich ein Wertevergleich in der where-Klausel bei dem Test auf den korrekten Nachnamen.

eq, ne, lt, le, gt, ge

```
for $p in fn:collection("Patienten")/*
let $a := xqb:follow-xlink($p/Arzt/@xlink:href)//Name
where $a//Nachname eq "Müller"
  and $a//Vorname = "Stefan"
return $p/Name
```

In diesem Zusammenhang ist auf zwei besondere Situationen hinzuweisen. Der Vergleich von zwei leeren Zeichenketten – unter Berücksichtigung der Dualität von einelementiger Sequenz und atomarem Wert – liefert den Wahrheitswert true:

```
let $a := ("")
let $b := ""
where $a eq $b
return
    <Text>Leere Zeichenketten sind identisch</Text>
```

Anders verhält es sich bei einem Wertevergleich von zwei NaN-Werten (Abschnitt 3.2.5), wobei grundsätzlich der Wahrheitswert false zurückgeliefert wird, d. h. NaN != NaN. Ist es explizit erforderlich, auf NaN zu testen, so muss für den Test auf den Wert NaN auf einen Trick mit der Konvertierung des NaN-Wertes in eine Zeichenkette und einem anschließenden Vergleich mit dem String "NaN" zurückgegriffen werden.

```
let $x := xs:double("NaN")
where xs:string($x) eq "NaN"
return
    <Text>
      Test auf NaN-Wert einer Zahl vom Datentyp xs:double()
    </Test>
```

Die let-Klausel bindet dabei den Wert NaN an die Variable $x, der in der where-Klausel in eine Zeichenkette konvertiert und dann mit dem String "NaN" verglichen wird.

6.2.2 Allgemeine Vergleiche

=, !=, <, <=, >, >= Allgemeine Vergleiche können im Wesentlichen als eine mengenwertige Erweiterung einfacher Wertevergleiche betrachtet werden. Ein Ausdruck mit einem allgemeinen Vergleich ist dann wahr, d. h., der effektive boolesche Wert wird zu `true` evaluiert, wenn mindestens ein Element der Sequenzen, die als Operanden dem Vergleichsoperator übergeben werden, den Vergleich erfüllt.

In obigem Beispiel existiert ein Ausdruck mit einem allgemeinen Vergleich bei dem Test bzgl. des Vornamens. Der Ausdruck würde zu `true` evaluiert, sobald einer der maximal zwei nach Schemavorgabe erlaubten Vornamen (Abschnitt 1.3) »Stefan« lautet. Hingegen könnte der Ausdruck mit einem einfachen Wertevergleich

```
...
and $a//Vorname eq "Stefan"
```

Laufzeitfehler bei Wertevergleich einen Laufzeitfehler verursachen, da nicht garantiert ist, dass alle Operanden grundsätzlich Sequenzen der Länge 1 sind. Die Auswertung eines allgemeinen Vergleichsausdrucks darf dabei abbrechen, sobald ein Paar von Elementen aus den beiden Operandensequenzen gefunden ist, welches die Vergleichsbedingung erfüllt. Die Suchstrategie ist implementierungsabhängig.

Datentypanpassung Die Phasen der Auswertung eines Vergleichsausdrucks umfassen zunächst die Überprüfung auf die korrekte Form der Operanden, Überprüfung bzw. Anpassung der Datentypen in den Operanden und schließlich die Durchführung des eigentlichen Vergleichs durch Ermittlung des booleschen Wertes. Die Anpassung der Datentypen erfolgt dadurch, dass ein Wert vom Typ `xs:untypedAtomic` des einen Operanden zum Datentyp `xs:double` konvertiert wird, falls der Wert aus dem anderen Operanden einen numerischen Datentyp aufweist; andernfalls wird zum Datentyp `xs:string` konvertiert. Der Prozess der Konvertierung sei an folgenden FLWOR-Ausdrücken nach [W3C-19] illustriert. Im ersten Ausdruck kann kein Wertepaar ermittelt werden, welches – auch nach der Anpassung der Datentypen – den geforderten Wertevergleich erfüllt, so dass die return-Klausel nicht aktiviert wird. Das liegt daran, dass $b und $c als Zeichenketten verglichen werden.

```
let $a := "1", $b := "2", $c := "2.0"
where ($a, $b) = ($c, 3.0)
return
   <Text>Dieser Text wird nie erscheinen</Text>
```

Wird der konstante numerische Wert 3.0 durch 2.0 ersetzt, so erfolgt im nachfolgenden allgemeinen Vergleichsausdruck eine Konvertierung der Variablen $y zum Datentyp xs:double, wodurch der Wertevergleich mit dem konstanten Wert 2.0 zu true evaluiert wird:

```
let $x := "1", $y := "2", $z := "2.0"
where ($x, $y) = ($z, 2.0)
return
  <Text>Dieser Text wird erscheinen</Text>
```

Des Weiteren sind erwartungsgemäß allgemeine Vergleichsoperatoren nicht auf den Test auf Gleichheit beschränkt. So wird für folgenden Vergleichsausdruck der boolesche Wert true ermittelt, da es eine »Kombination« von wertebasierten Vergleichsoperationen gibt (»any-Semantik«), welche die Ungleichheitsbedingung erfüllt (1.0 ne 2.0 bzw. 2.0 ne 1.0).

```
where (1.0, 2.0) != (1.0, 2.0)
```

In Analogie dazu würde ein Ersetzen des !=-Operators durch einen </<=- bzw. >/>=-Operator ebenfalls in einem true-Wert resultieren, da es mindestens ein Wertepaar gibt, welches den entsprechenden Operator erfüllen würde (zum Beispiel: 1.0 < 2.0).

Zum Schluss der Betrachtungen zu allgemeinen Vergleichsoperatoren bleibt anzumerken, dass bedingt durch die Dualität von Element und einelementiger Sequenz ein Wertevergleich inhaltlich identisch mit einem allgemeinen Vergleich zwischen zwei Sequenzen mit je einem Element ist. Wertevergleiche sind dann anzuwenden, wenn sicherge-stellt werden kann, dass exakt ein Wert vorhanden ist; andernfalls ist auf den (zur Laufzeit aufwändigeren) allgemeinen Vergleich über Sequenzen zurückzugreifen. Das Verhältnis sei darüber hinaus an den beiden folgenden Ausdrücken verdeutlicht:

```
( ) = ( )
( ) eq ( )
```

Der erste Ausdruck wird zu false ausgewertet, da es kein Element in der Sequenz gibt, für welches der Wert true ermittelt werden kann. Der zweite Ausdruck hingegen liefert einen Laufzeitfehler, da – wie oben bereits erwähnt – ein Wertevergleich zwingend vorschreibt, dass alle Operanden aus einer Sequenz der Länge 1 bestehen.

6.2.3 Knotenvergleich

Die dritte Klasse an Vergleichsausdrücken bezieht sich auf die Über-prüfung von Knoten, wobei sowohl der Test auf Identität (versus Gleichheit durch den =-Operator als Wertegleichheit) als auch die Überprüfung auf relative Positionierung einzelner Knoten in einer

is
>>

Sequenz darunterfallen. Voraussetzung für einen erfolgreich durchgeführten Vergleich ist, dass jeder Operand entweder eine leere Sequenz ist oder aus genau einem Element besteht. Im ersten Fall ist das Ergebnis eines Knotenvergleichs wiederum eine leere Sequenz. Andernfalls hängt das Ergebnis vom Operator ab:

Knotenidentität ▨ *Überprüfung auf Identität*

Der is-Operator liefert true, falls beide Operatoren auf den gleichen Knoten verweisen. Anwendung findet der Knotenvergleich mit Identitätsprüfung in Fällen mit mehreren Selektionen. Zum Beispiel soll überprüft werden, ob der Arzt "Paul König" der betreuende Arzt des stationären Patienten mit der Patientennummer "pat_res_01001" ist. Beide Einschränkungen müssen auf den gleichen Knoten verweisen:

```
fn:collection("Patienten")
        //Patient_stationär[@ID="pat_res_01001"]/
                                xqb:follow-xlink(./Arzt/@xlink:href)
    is
fn:doc("Hochwaldklinik.xml")
        //Arzt[Nachname = "König" and Vorname = "Paul"]
```

Für einen Test auf Ungleichheit eines Knotens existiert kein eigener Operator, so dass auf die Negation mit Hilfe der fn:not()-Funktion (Abschnitt 6.3.1 und 7.1.3) zurückgegriffen werden muss.

Relative ▨ *Vergleich der relativen Positionierung*
Positionsbestimmung
Die Operatoren << oder >> dienen dazu, zwei Knoten bezüglich ihrer Positionierung in der Dokumentordnung zu vergleichen. Der <<-Operator liefert true genau dann, wenn der erste Operandenknoten dem zweiten Operandenknoten vorausgeht. Der >>-Operator ist analog mit Vertauschung der Operanden definiert. Zur Illustration soll ein Arztbericht erstellt werden, der für den Patienten mit der Kennung pat_res_010001 alle Vorgänge vor der jeweils ersten Transplantation für jede Operation des Patienten liefert.

```
<Operationsvorgänge>
{
  let $p := fn:collection("Patienten")
                      //Patient_stationär[@ID="pat_res_010001"]
  (: Iteration über alle Operationen mit Transplantationen :)
  for $o in $p//Operation[Transplantation]
  return
    <Operation>
    {
      $o/Beschreibung,
      for $v in $o/*
      where $v << ($o/Transplantation[1])
```

```
   return
      <Vorgang>{ fn:node-name($v) }</Vorgang>
   }
   </Operation>
}
</Operationsvorgänge>
```

Im Zusammenhang mit dem Vergleich der relativen Positionierung *Positionsangaben in* bilden Positionsangaben innerhalb der Pfadausdrücke (Ab- *Pfadausdrücken* schnitt 4.5) ein mächtiges Konstrukt zur Formulierung komplexer ordnungsbezogener Anfragen. So soll beispielsweise ein Arztbericht mit allen Vorgängen erstellt werden, die zwischen der ersten und der vorletzten Injektion der ersten Operation durchgeführt worden sind:

```
<KritischeOperationsvorgänge>
{
  let $p := fn:collection("Patienten")
                      //Patient_stationär[@ID="pat_res_010001"]
  let $o := $p//Operation[1]
  for $v in $o/*
  where $v >> $o/Injektion[1] and $v << $o/Injektion[fn:last()-1]
  return $v
}
</KritischeOperationsvorgänge>
```

Die where-Klausel filtert dabei alle Vorgänge während einer Operation ($v), die nach der ersten und vor der vorletzten Injektion der ersten Operation durchgeführt worden sind. Zur Ermittlung der Position des letzten Eingriffs wird auf die Funktion fn:last() (Abschnitt 4.5) zurückgegriffen.

Zuletzt sei nochmals auf den Unterschied zwischen Wertevergleich und Knotenvergleich am Beispiel konstruierter Knoten eingegangen. Folgender Ausdruck

```
<Text>bla bla</Text> = <Text>bla bla</Text>
```

mit einem Wertevergleich wird zu true evaluiert, da der Wert der beiden Operanden dem Gleichheitsoperator genügt. Wird der Gleichheitsoperator durch den Identitätsoperator ersetzt, so liefert der dadurch entstandene Knotenvergleich false:

```
<Text>bla bla</Text> is <Text>bla bla</Text>
```

Der Grund dafür liegt darin, dass der linke und der rechte Operator durch zwei unterschiedliche Knoten repräsentiert werden und dadurch der Knotenvergleich entsprechend negativ ausfällt.

6.3 Weitere Ausdrücke

Neben Vergleichsausdrücken erlaubt XQuery die Angabe von logischen, quantifizierenden und konditionalen Ausdrücken, die im Rahmen dieses Abschnitts aufgearbeitet werden.

6.3.1 Logische Ausdrücke

In XQuery wird ein logischer Ausdruck entweder aus einem and- oder einem or-Ausdruck gebildet, wobei das nachfolgende Grammatikfragment die Vorrangregelung zwischen or und and deutlich macht:

```
OrExpr      ::= AndExpr ( or AndExpr )*

AndExpr     ::= InstanceofExpr ( and InstanceofExpr )*
```

or
and

Der effektive boolesche Wert wird dabei für jeden Operanden ermittelt. In Abhängigkeit vom Auftreten eines Laufzeitfehlers bei dieser Ermittlung ergibt sich gemäß Tabelle 6–2 der Wert des entsprechenden logischen Ausdrucks.

AND		Operand 1		
		true	**false**	**error**
Operand 2	**true**	true	false	error
	false	false	false	false / error
	error	error	false / error	error
OR		Operand 1		
		true	**false**	**error**
Operand 2	**true**	true	true	true / error
	false	true	false	error
	error	true / error	error	error

Tab. 6–2 *Ergebnistabelle für logische Ausdrücke*

Laufzeitfehler bei der Auswertung von logischen Ausdrücken

Werden beide Operanden zu true evaluiert, so ergibt sich sowohl für einen and- als auch für einen or-Ausdruck der effektive boolesche Wert true. Tritt bei der Bestimmung des booleschen Wertes auf einer Seite ein Laufzeitfehler auf, so wird mit zwei Ausnahmen der Fehler an die aufrufende Umgebung weitergereicht: Ist ein Operand eines and-Operators bereits zu false evaluiert worden, kann implementierungsabhängig der false-Wert weitergegeben werden, unabhängig davon, ob bei der Auswertung des zweiten Operanden ein Fehler aufgetreten ist oder nicht. Der analoge Fall gilt auch für die Verknüpfung mit dem or-Operator, wobei nach der Feststellung eines wahren Wertes das Gesamtergebnis zu true evaluiert werden darf, obwohl die Auswertung des zweiten Operators einen Laufzeitfehler hervorgebracht hat bzw. in einem Laufzeitfehler resultieren würde. Die Auswertung logischer Ausdrücke ist somit nicht deterministisch im Fall einer Existenz von Fehlern. Des Weiteren ist zu beachten, dass die beiden Operatoren als Ergebnis den Wert true bzw. false zurückgeben, falls mindestens einer der beiden Operanden die leere Sequenz als Wert aufweist, wobei der effektive boolesche Wert für eine leere Sequenz false ist. Dieses Verhalten steht dabei im Gegensatz zur Semantik bei arithmetischen Operatoren, die in diesem Fall in einer leeren Sequenz resultieren würden.

Der erste der folgenden logischen Ausdrücke, wie sie üblicherweise in der where-Klausel eines FLWOR-Ausdrucks auftreten können, liefert entweder den Wert true oder einen Laufzeitfehler:

```
(: Ausdruck 1 :) "Kurt" ne "Emil" or 4711 idiv 0 = 13
(: Ausdruck 2 :) "Kurt" eq "Kurt" or 4711 idiv 0 = 13
(: Ausdruck 3 :) "Kurt" eq "Kurt" and 4711 idiv 0 = 13
```

In Analogie dazu ist das Ergebnis des zweiten Ausdrucks ebenfalls nicht eindeutig und kann entweder in true oder einem Laufzeitfehler resultieren. Der dritte Ausdruck hingegen muss gezwungenermaßen in einen Laufzeitfehler münden, da für einen and-Ausdruck der zweite Operand zwingend (ohne Fehler) ausgewertet werden muss, sofern der erste Ausdruck zu true evaluiert worden ist.

Funktionen und Operatoren auf booleschen Werten

Neben den logischen Ausdrücken bietet der Sprachumfang von XQuery eine umfassende Sammlung an Funktionen und Operatoren für die Anwendung auf boolesche Werte. Tabelle 6–3 gibt einen Überblick über die interessanten Funktionen in diesem Kontext. Die beiden Funktionen fn:false() und fn:true() liefern den jeweils durch die Bezeichnung suggerierten konstanten booleschen Wert false bzw. true.

fn:false()
fn:true()

Das Fehlen der Negation, die bei den logischen Ausdrücken nicht direkt realisiert ist, wird durch die Funktion fn:not() mit entsprechender Semantik kompensiert. Die Negation ermittelt mit Hilfe der Funktion fn:boolean() (Abschnitt 7.1.3) den effektiven booleschen Wert des Parameters und liefert true, wenn das Ergebnis false bzw. false, wenn der effektive boolesche Wert true ist.

fn:not()

Zu beachten ist, dass die Funktion `fn:not()` sich auf den Wert des Parameters bezieht, welcher durch einen entsprechenden XQuery-Ausdruck ermittelt werden kann. Handelt es sich dabei um einen Pfadausdruck, so kann sich der Test auf die Existenz eines Elementes, und nicht auf dessen Wert beziehen. Zum Beispiel liefert

```
fn:not(.//Medikament)
```

den Wert `false`, falls das Element existiert — unabhängig von der entsprechenden Belegung. Sollte der boolesche Wert negiert werden, so ist ein expliziter Rückgriff auf den Wert des Elementes oder eine explizite Konvertierung in den Datentyp `xs:boolean` sinnvoll:

```
fn:not(fn:data(.//Medikament))
fn:not(xs:boolean(.//Medikament))
```

Die dritte Klasse an Operatoren auf booleschen Werten, die an dieser Stelle erläutert werden, repräsentieren das Spiegelbild der Vergleichsoperatoren für Wertausdrücke auf booleschen Werten. Die Operation `op:boolean-equal()` korrespondiert dabei zum eq-Operator, `op:boolean-less-than()` kann als Pendant zum `lt`- bzw. durch Vertauschung der Operanden zum ge-Operator betrachtet werden. Analoges gilt für den dritten Vergleichsoperator auf booleschen Werten: `op:boolean-greater-than()`.

Signatur	Beschreibung
`fn:false()` `as xs:boolean`	liefert den Wert false
`fn:true()` `as xs:boolean`	liefert den Wert true

`fn:not(`
  `$arg as item()*)`
`as xs:boolean`
	liefert den Wert true, wenn der effektive boolesche Wert des Argumentes false ist bzw. invertiert

`op:boolean-[equal|`
         `less-than|`
         `greater-than](`
  `$val1 as xs:boolean,`
  `$val2 as xs:boolean)`
`as xs:boolean`
	äquivalent zu Wertevergleichen:
	· $val1 eq $val2
	· $val1 lt $val2 bzw. $val2 ge $val1
	· $val1 gt $val2 bzw. $val2 le $val1

Tab. 6–3   *Übersicht von Funktionen und Operatoren auf booleschen Werten*

6.3.2   Konditionale Ausdrücke

Konditionale Ausdrücke eröffnen die Möglichkeit einer Fallunterscheidung innerhalb einer XQuery-Anfrage. Da ein konditionaler Ausdruck eine Spezialform eines »normalen« XQuery-Ausdrucks ist, kann eine dadurch spezifizierte Fallunterscheidung überall dort auftreten, wo ein Ausdruck erlaubt ist. Wie das entsprechende Grammatikfragment zeigt, besteht ein konditionaler Ausdruck aus einem Testausdruck, dessen effektiver boolescher Wert darüber entscheidet, ob das Ergebnis der then- bzw. der else-Klausel als Ergebnis zurückgeliefert wird.

if (...) then ... else

```
IfExpr        ::= if ( Expr ) then ExprSingle else ExprSingle
```

Der Testausdruck spielt aus Sicht der Anwendung zwei unterschiedliche Rollen. Zum einen werden Vergleichsausdrücke formuliert, um werteabhängig die Auswertung des then- bzw. else-Teils zu steuern. Der folgende konditionale Ausdruck berechnet beispielsweise die 10-prozentige Zuzahlung zu Medikamenten in der Apotheke in Abhängigkeit vom Preis mit einer unteren Schranke von € 5 bzw. einer oberen Schranke von € 10:

```
for $m in fn:doc("...")
return
  if ( $m/Preis*0.1 < 5.0 ) then 5.0
                  else if ($m/Preis > 100.0) then 10.0
                                  else $m/Preis * 0.1
```

Zum anderen werden konditionale Ausdrücke eingesetzt, um das Fehlen von Knoten bzw. Attributen bei einer Auswertung zu kompensieren. Dazu gilt, dass, falls der Testausdruck aus einer Sequenz besteht, implizit auf Existenz eines Elementes geprüft wird, wobei der effektive boolesche Wert einer leeren Sequenz false ist. Fehlt beispielsweise in dem laufenden Anwendungsszenario die Preisangabe bei einem Medikament, so wird grundsätzlich zu Gunsten der Krankenkasse die höchste Zuzahlung des Patienten fällig:

Test auf Existenz von Knoten bzw. Attributen

```
if ( $m/Preis ) then ... (: obige Zuzahlungsberechnung :)
                else 10.0
```

Der implizite Test auf die Existenz eines Elementes bzw. eines Attributes kann auch explizit durch Rückgriff auf die Funktion fn:exists() beschrieben werden:

```
if ( fn:exists($m/Preis) ) then ... (: obige Zuzahlungsberechnung :)
                else 10.0
```

Im Unterschied zu konditionalen Ausdrücken in anderen Datenbankanfrage- bzw. Programmiersprachen kann der else-Teil nicht wegfallen, sondern muss mit angegeben werden. Falls es aus Sicht der Anwendung jedoch keine Alternative geben soll, kann dies beispielsweise durch die Rückgabe eines NaN-Wertes simuliert werden. Folgender konditionaler Ausdruck rechnet den Medikamentenpreis – sofern er denn existiert – in US-Dollar um:

```
if ( $m/Preis ) then $m/Preis * 1.21
                else xs:double("NaN")
```

Bei Zeichenketten ist bei einer entsprechenden Reaktion an Stelle von NaN eine leere Zeichenkette zurückzugeben, um die erzwungene Existenz einer else-Klausel zu kompensieren:

```
if ($p//Adresse/Telefon) then fn:concat("+49", $p//Adresse/Telefon)
                         else ""
```

Anwendung konditionaler Ausdrücke

In der Praxis treten konditionale Ausdrücke meist ausschließlich in where- bzw. return-Klauseln von FLWOR-Ausdrücken auf. Folgendes Beispiel ermittelt alle Patienten, bei denen innerhalb eines Vorgangs Medikamente verabreicht wurden, die Kosten in Höhe von mehr als 1000 verursacht haben. Die Kosten ergeben sich dabei aus dem Preis des Medikamentes und – falls vorhanden – der Anzahl der verabreichten Exemplare.

```
let $p := fn:collection("Patienten")
                    //Patient_stationär[@ID="pat_res_010001"]
for $o in $p//Operation//verbrauchter_Artikel
for $a in fn:doc("Verbrauchsartikel.xml")
                            //Artikel[@ID = $o/@Artikel_id]
let $k := if ($o/@Menge) then $a/Einzelpreis * $o/@Menge
                    else $a/Einzelpreis
where $k > 1000
return
  <Medikamentenverbrauch>
    { $p/Name, $a/Bezeichnung, $k }
  </Medikamentenverbrauch>
```

Der konditionale Ausdruck wird in diesem Fall für jeden Vorgang innerhalb der Operation und jeden dabei verbrauchten Artikel zur Berechnung der Gesamtkosten ausgewertet. In vielen Fällen wird ein konditionaler Ausdruck nur einmalig in der return-Klausel zur Generierung des Ergebnisdokumentes verwendet und direkt eingebettet, so dass sich bei Wegfall der where-Bedingung das obige Beispiel wie folgt beschreiben lässt:

```
let $p := fn:collection("Patienten")
                    //Patient_stationär[@ID="pat_res_010001"]
for $o in $p//Operation//verbrauchter_Artikel
for $a in fn:doc("Verbrauchsartikel.xml")
```

```
                              //Artikel[@ID = $o/@Artikel_id]
return
  <Medikamentenverbrauch>
    { $p/Name, $a/Bezeichnung,
      if ($o/@Menge) then $a/Einzelpreis * $o/@Menge
                     else $a/Einzelpreis
    }
  </Medikamentenverbrauch>
```

Eine Schachtelung wird wiederum deutlich, wenn die Gesamtkosten pro Operation berechnet werden sollen. Dabei müssen die Kosten pro verbrauchten Artikel innerhalb einer Operation aufsummiert werden:

```
let $p := fn:collection("Patienten")
                        //Patient_stationär[@ID="pat_res_010001"]
for $o in $p//Operation
return
  <Behandlungsinformation>
    { $p/Name }
    <Datum>{ xs:date($o/Beginn) }</Datum>
    <Kosten>
      { fn:sum(for $x in $o//verbrauchter_Artikel
               for $a in fn:doc("Verbrauchsartikel.xml")//Artikel
               where $a/@ID = $x/@Artikel_id
               return
                  if ($x/@Menge) then $a/Einzelpreis * $x/@Menge
                                 else $a/Einzelpreis )
      }
    </Kosten>
  </Behandlungsinformation>
```

Behandlung von Laufzeitfehlern

Die Auswertung konditionaler Ausdrücke weist – in Analogie zur Auswertung logischer Ausdrücke – eine Besonderheit bei der Behandlung von Laufzeitfehlern auf. Wird der Testausdruck zu true evaluiert, so wird der Alternativzweig nicht ausgewertet und eventuell auftretende Laufzeitfehler nicht beachtet. Gleiches gilt für die Auswertung der then-Klausel, falls der Testausdruck zu false ausgewertet wird.

6.3.3 Quantifizierende Ausdrücke

XQuery unterstützt explizit die Formulierung quantifizierender Ausdrücke durch entsprechende Sprachkonstrukte. Ein quantifizierender Ausdruck besteht dabei minimal aus einem der beiden Schlüsselwörter some oder every zur Anzeige einer existenziellen bzw. universellen Quantifizierung, einer nur für den Kontext des quantifizierenden Ausdrucks gültigen Variablenbindung und einem Ausdruck nach dem Schlüsselwort satisfies, gegen den die Belegungen der Variablen getestet werden.

```
QuantifiedExpr  ::= (( some $ ) | ( every $ ))
                        VarName TypeDeclaration? in ExprSingle
                         (, $ VarName TypeDeclaration? in ExprSingle)*
                        satisfies ExprSingle
```

Existenzielle Quantifizierung

some ... in ... satisfies

Handelt es sich um eine existenzielle Quantifizierung, eingeleitet mit dem Schlüsselwort some, so wird der quantifizierende Ausdruck zu wahr evaluiert, falls es mindestens eine Belegung der Variablen gibt, für die der zu quantifizierende Ausdruck den effektiven booleschen Wert true liefert. Im Extremfall bedeutet dies, dass eine existenzielle Quantifizierung über eine leere Sequenz, die sich aus der Variablenbindung ergibt, grundsätzlich mit false bewertet wird. Der folgende Ausdruck wird entsprechend mit true bewertet, da mindestens eine Belegung der temporär gebundenen Variablen $x ("Lehner") die geforderte Zeichenkettenlänge erfüllt.

```
some $x in ("Lehner", "Schöning")
        satisfies fn:string-length($x) = 6
```

Die explizite existenzielle Quantifizierung spiegelt im Wesentlichen die Standardauswertung von Prädikaten innerhalb von FLWOR-Ausdrücken wider. Folgendes Beispiel illustriert dies, in dem alle Operationen im Sinne von Ärztefehlern ausgegeben werden sollen, bei denen der erste Einschnitt ohne Betäubung vorgenommen wurde:

```
<Arztfehler>
{
  for $o in fn:collection("Patienten")//Operation
  where some $i in $o//Einschnitt
                satisfies fn:empty($o//Anästhesie[. << $i])
  return $o
}
</Arztfehler>
```

Diese Anfrage ermittelt zunächst alle Operationen und bindet diese an die Variable $o. Die Operation wird jedoch nur in das Ergebnisdokument übernommen, falls die entsprechende existenzielle Quantifizierung zu true ausgewertet wird. In dem quantifizierenden Ausdruck werden alle Einschnitte innerhalb einer Behandlung dahingehend abgeprüft, ob – innerhalb derselben Behandlung – eine Betäubung existiert, die vor dem Einschnitt stattgefunden hat.

Die existenzielle Quantifizierung kann direkt durch die where-Klausel eines FLWOR-Ausdrucks bzw. als Filterausdruck in einem Pfadausdruck simuliert werden. Obiges Beispiel kann somit in analoger Weise wie folgt formuliert werden:

Simulation durch where-Klausel oder Prädikat in Pfadausdruck

```
<Arztfehler>
{
  for $o in fn:collection("Patienten")
             //Operation[.//Einschnitt[not(../Anästhesie[1]<<.)]]
  return $o
}
</Arztfehler>
```

Die Variable $o wird dabei nur an die Operationen gebunden, bei denen die Reihenfolge »Einschnitt« vor »Anästhesie« innerhalb der Dokumentordnung vorgefunden wird. Der Pfadausdruck ist dabei in zwei Schritten zu interpretieren, die in Abbildung 6–1 verdeutlicht werden. Das Prädikat des äußeren Pfadausdrucks ist ein Pfadausdruck, der zunächst alle Einschnitte innerhalb der gerade betrachteten Operation identifiziert (und implizit auf deren Existenz prüft). Im zweiten Schritt erfolgt die Auswertung des Prädikates des inneren Pfadausdrucks, wobei das Prädikat nur dann zu true evaluiert wird, wenn der erste Anästhesieeintrag innerhalb dieser Operation nicht vor dem aktuell betrachteten Einschnitt (durch .-Notation gekennzeichnet) liegt.

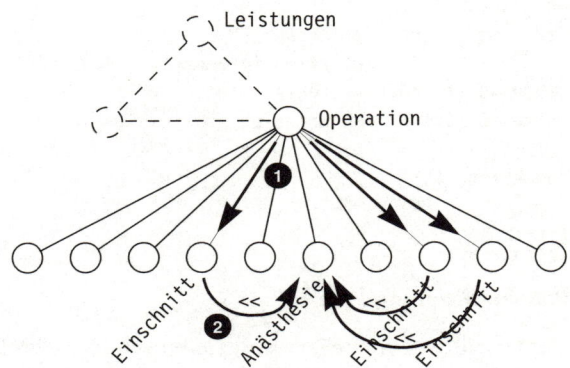

Abb. 6–1   *Simulation existenzieller Quantifizierung mit Pfadausdrücken*

Des Weiteren zeigt das obige Beispiel, dass die innerhalb eines quantifizierenden Ausdrucks gebundenen Variablen auch in dem zu überprüfenden Ausdruck nach dem satisfies-Schlüsselwort referenziert werden können. Eine Referenzierung außerhalb des quantifizierenden Ausdrucks ist hingegen nicht erlaubt, so dass folgende XQuery-Anwei-

Variablengültigkeit

sung zur Ausgabe der »kritischen« Behandlung mit dem entsprechenden zu früh durchgeführten Eingriff einen Fehler (zur Übersetzungszeit) liefern würde:

```
<Arztfehler>
{
  for $o in fn:collection("Patienten")//Operation
  where some $i in $o//Einschnitt
                satisfies fn:empty($o//Anästhesie[. << $i])
  return ($o, $i) (: Fehler, $i ist hier nicht bekannt :)
}
</Arztfehler>
```

Als Letztes sei angemerkt, dass existenzielle Quantifizierungen oftmals
gewinnbringend in konditionale Ausdrücke eingebettet werden. So
wird mit folgendem Ausdruck jeder Arzt mit einer Eigenschaft versehen, die darauf hinweist, ob ein Arztfehler vorgelegen hat oder ob bisher nur fehlerfreies Arbeiten aufgetreten ist:

```
for $a in fn:doc("Hochwaldklinik.xml")//Arzt
for $p in fn:collection("Patienten")//Patient_stationär
let $o := $p//Operation
where xqb:follow-xlink($p/Arzt/@xlink:href) is $a
return
  <Arzt>
  {
    $a/Name,
    <Anmerkung>
    { if some $i in $o//Einschnitt
                    satisfies fn:empty($o//Anästhesie[. << $i])
      then xs:string("Arztfehler liegt vor")
      else xs:string("Fehlerfreies Arbeiten")
    }
    </Anmerkung>}
  }
  </Arzt>
```

Universelle Quantifizierung

every ... in ... satisfies   Eine mit dem Schlüsselwort every eingeleitete universelle Quantifizierung liefert dann true, wenn für alle Belegungen der innerhalb des
quantifizierenden Ausdrucks gebundenen Variablen der nach dem
satisfies-Schlüsselwort stehende Ausdruck mit true evaluiert wird.
Entsprechend ergibt nachfolgender Ausdruck false, da nicht alle Zeichenketten, die an $x gebunden werden, die geforderte Länge aufwei-
sen.

```
every $x in ("Lehner", "Schöning")
        satisfies fn:string-length($x) = 6
```

Im Gegensatz zur existenziellen Quantifizierung liefert eine universelle Quantifizierung true, falls die Variablen an eine leere Sequenz gebunden werden. Die Auswertung einer universellen Quantifizierung bricht mit dem Wert false ab, sobald eine Belegung gefunden worden ist, die den zu überprüfenden Ausdruck nicht befriedigt. Da die Strategie, nach welcher die Variablenbelegungen getestet werden, implementierungsabhängig ist, kann folgender Ausdruck entweder in false oder in einen Laufzeitfehler münden.

```
every $x in ("Lehner", "Schöning", 3.1416)
      satisfies fn:string-length($x) = 6
```

Im Fall einer existenziellen Quantifizierung wäre das Ergebnis für obigen Ausdruck ebenfalls offen und kann zwischen true und einem Laufzeitfehler variieren.

Die universelle Quantifizierung wird im Anwendungsbeispiel an der Aufgabe illustriert, alle Patienten zu finden, die bisher nur mit Morphium behandelt wurden und für die sich somit der Verdacht auf eine Medikamentenabhängigkeit ergibt:

```
<MedikamentenabhängigePatienten>
{
  let $m := fn:doc("Verbrauchsartikel.xml")//
                          Artikel[Bezeichnung = "Morphium"]
  for $p in fn:collection("Patienten")/*
  where every $a in $p//verbrauchter_Artikel
                satisfies ($a/@Artikel_id = $m/@ID)
  return
    <Patient>{ $p/Name/Nachname, $p/Name/Vorname }</Patient>
}
</MedikamentenabhängigePatienten>
```

Dazu werden zunächst Morphium-Medikamente an die Variable $m gebunden. Im universell quantifizierenden Ausdruck wird anschließend überprüft, ob jedes für den aktuell betrachteten Patienten verbrauchte Medikament mit einem Morphium-Medikament korrespondiert. In einem entsprechenden Fall wird die where-Bedingung mit true ausgewertet und der Patientenname ausgegeben.

Quantifizierende Ausdrücke mit mehreren Variablen

Wie der Auszug aus der Grammatik für quantifizierende Ausdrücke zu Beginn dieses Abschnitts zeigt, können mehrere Variablen temporär für den jeweiligen Ausdruck gleichzeitig gebunden werden. Die Semantik, die sich dahinter verbirgt, besteht darin, dass alle Kombinationen von Variablenbelegungen für den Test des zu befriedigenden

Ausdrucks herangezogen werden. Im Fall universeller Quantifizierung müssen demnach alle möglichen Belegungen den zu überprüfenden Ausdruck zu true evaluieren; bei existenzieller Quantifizierung muss mindestens eine Kombination möglicher Variablenbelegungen gefunden werden, die den zu befriedigenden Ausdruck zu true evaluiert.

```
(: Ausdruck 1 :) some $x in (1,2,3), $y in (2,3,4)
                            satisfies $x*$y = 6

(: Ausdruck 2 :) every $x in (1,2,3), $y in (2,3,4)
                            satisfies $x*$y = 6
```

Während der erste Ausdruck zu true evaluiert wird, da es mindestens eine Kombination der Belegung der beiden Variablen $x und $y ($x=2, $y=3 bzw. $x=3, $y=2) gibt, die die geforderte Gleichung erfüllt, trifft dies für den zweiten Ausdruck nicht zu, da mindestens (irgend-) eine Kombination die Gleichung nicht erfüllt.

Explizite Typzusicherung   Darüber hinaus erlaubt die Bindung von Variablen in quantifizierenden Ausdrücken in Analogie zur Bindung von Variablen in let- und for-Klauseln eines FLWOR-Ausdrucks eine explizite Typzusicherung durch das Schlüsselwort as (Abschnitt 3.8.3). Der erste Ausdruck würde in einem Typfehler resultieren, da die Elemente der Sequenz nicht dem angegebenen Typ xs:integer entsprechen. Der zweite Ausdruck hingegen würde true ergeben, da nach der expliziten Konvertierung numerischer Werte in eine ganze Zahl (Abschnitt 3.2.4) der Ausdruck $x*2=6 durch das erste Element in der Sequenz erfüllt sein würde.

```
(: Ausdruck 1 :) some $x as xs:integer in (3.141592654, 2.718281828)
                                satisfies $x*2 = 6
(: Ausdruck 2 :) some $x as xs:integer in (xs:integer(3.141592654),
                                xs:integer(2.718281828))
                                satisfies $x*2 = 6
```

Im Fall einer Konvertierungsverletzung ist die Generierung eines Laufzeitfehlers implementierungsabhängig. Zum Beispiel könnten die beiden folgenden Anweisungen in einen Laufzeitfehler münden oder true bzw. false liefern.

```
some $x as xs:integer in (3, "Lehner", "Schöning")
                satisfies $x*2 = 6

every $x as xs:integer in (2, "Lehner", "Schöning")
                satisfies $x*2 = 6
```

Sofern der XQuery-Prozessor das Konzept der statischen Typprüfung (Kapitel 8) implementiert hat, können entsprechende Fehler bereits zur Übersetzungszeit gefunden werden.

6.4 Zusammenfassung

Nach der Erläuterung der Grundkonstrukte der XQuery-Sprache in den Kapiteln 4 und 5 mit Schwerpunkt auf Pfadausdrücke und FLWOR-Ausdrücke, widmet sich dieses Kapitel weiter gehenden Konzepten, die zur Formulierung komplexer Anfragen dienen und die Mächtigkeit der Anfragesprache deutlich erhöhen.

Im ersten Abschnitt werden dazu im Detail arithmetische Ausdrücke vorgestellt und Besonderheiten im Kontext von XML und XQuery erläutert. Der zweite Teil widmet sich den so genannten Vergleichsausdrücken. Prinzipiell ist an dieser Stelle wichtig, dass drei unterschiedliche Arten von Vergleichen in XQuery zur Verfügung stehen. Ein Wertevergleich basiert auf einzelnen atomaren Werten, ein allgemeiner Vergleich basiert auf Sequenzen und nützt wiederum die Methoden für einen Wertevergleich. Als Drittes existiert ein Knotenvergleich, welcher innerhalb eines Dokumentes vorgenommen wird und insbesondere einen Vergleich über die Positionierung von Knoten innerhalb eines Dokumentes ermöglicht.

Der dritte Abschnitt fokussiert die Konzepte der logischen, der konditionalen und schließlich der quantifizierenden Ausdrücke, wobei hinsichtlich existenzieller und universeller Quantifizierung unterschieden werden kann.

6.5 Übungen

1. Erzeugen Sie eine Liste aller Patienten mit dem jeweiligen Aufenthaltsstatus »stationär« bzw. »ambulant«. Ein Patient ist dabei als stationär zu klassifizieren, wenn er ein Bett in der Klinik belegt.

2. Für eine statistische Erhebung soll bzgl. der Dokumentenordnung jeder fünfte Patient herausgefunden werden.

3. Erstellen Sie für die Patienten eine Statistik, aus der die Zeitdauer vom Kontaktdatum bis zur letzten erhaltenen Leistung und bis heute hervorgeht.

4. Geben Sie alle Patienten aus, die eine Leistung zuerst auf der Rehabilitationsstation und dann in der Notaufnahme empfangen haben.

5. Geben Sie alle Operationen mit den entsprechenden Patienten und Arztnamen aus, in denen aufeinander folgende Infusionen mit dem gleichen Verbrauchsartikel/Medikament erfolgten.

6. Geben Sie für folgenden Ausdruck einen FLWOR-Ausdruck an, der nur Wertevergleich verwendet und die gleiche Semantik besitzt:

```
let $x := ("a", "b"), $y := ("x", "b", "z")
where $x = $y
return "TRUE"
```

7. Erzeugen Sie für jedes Medikament einen Eintrag, der die günstigste Alternative enthält, sofern verfügbar.

8. Listen Sie alle Patienten auf, deren sämtliche Blutzuckerwerte sofern vorhanden nicht unter 200 liegen.

7 Funktionen in XQuery

Der Kern der XQuery-Sprache umfasst nur die wesentlichen Kon-strukte zur Formulierung von Anfragen an XML-Datenbanken. Angereichert werden diese Basiskonstrukte durch eine Vielzahl von Funktionen, die ein breites Spektrum an Anforderungen abdecken. Darüber hinaus ermöglicht XQuery den Einsatz benutzerdefinierter Funktionen, was neben einer Modularisierung und einer damit einher-gehenden Anfragespezifikation eine erhöhte Funktionalität liefert.

In diesem Kapitel werden alle Konzepte und Techniken diskutiert, die im Zusammenhang mit Funktionen in XQuery stehen. Um die Darstellung nicht zu einer reinen Auflistung und Erläuterung der vor-gegebenen Funktionsbibliothek werden zu lassen, erfolgt die Aufarbei-tung gegliedert nach inhaltlichen Gesichtspunkten.

Im ersten Abschnitt werden hierzu funktionale Ausdrücke bzw. Funktionen auf numerischen und booleschen Werten vorgestellt, wobei hier im Wesentlichen eine Ergänzung und Abrundung zu der Darstellung im Bereich der arithmetischen und logischen Ausdrücke aus dem vorangegangenen Kapitel erfolgt. Daran schließt sich die Erläuterung der in XQuery bereitgestellten Funktionen zur Manipula-tion von Zeichenketten an, wobei insbesondere der Mechanismus der unterschiedlichen Sortierordnungen und Methoden für das Pattern Matching diskutiert und am Beispiel erläutert werden.

Im dritten Abschnitt werden in konzentrierter Form die Funktio-nen zur Verarbeitung von Zeit- und Datumsangaben diskutiert, wobei auf Grund der Vielzahl der Funktionen nur auf einzelne Klassen von Funktionen zur Analyse und Manipulation von kalendarischen Werten eingegangen werden kann. Der letzte inhaltliche Abschnitt behandelt den Kontext benutzerdefinierter Funktionen. Neben der Definition einfacher Funktionen und der damit zusammenhängenden Problema-tik der Kompatibilität und Parameterübergabe wird das in XQuery mögliche Prinzip der Rekursion sowohl generisch als auch am Beispiel erläutert. Darüber hinaus werden Möglichkeiten der Fehlerbehandlung in Sinne von Fehler- bzw. Trace-Funktionen diskutiert.

Das Kapitel schließt mit einer reichhaltigen Auswahl an Übungsaufgaben, um sowohl das Prinzip der Nutzung von XQuery-Funktionen als auch die Definition eigener benutzerdefinierter Funktionen zu vertiefen.

7.1 Funktionen auf numerischen und booleschen Werten

Bei der Behandlung von XQuery-Ausdrücken in den vorangegangenen Kapiteln sind bereits Funktionen auf numerischen und booleschen Werten implizit verwendet worden, so dass an dieser Stelle nur eine Abrundung und Ergänzung zu den bereits vorgenommenen Ausführungen erfolgen muss.

7.1.1 Operatoren auf numerischen Werten

Operatoren auf numerischen Werten

Für jeden eingebauten arithmetischen Operator (wie beispielsweise +) existiert ein entsprechender Operator aus der XQuery-Funktionsbibliothek (zum Beispiel op:numeric-add()). Da die Liste der Operatoren bereits in Abschnitt 6.1 bei der Erläuterung arithmetischer Ausdrücke behandelt wird, kann hier auf eine detaillierte Beschreibung verzichtet werden.

7.1.2 Funktionen auf numerischen Werten

Funktionen auf numerischen Werten

Die Menge der Funktionen zur Manipulation numerischer Werte besteht aus den fünf in Tabelle 7–1 zusammengefassten Funktionen. Die Funktionen fn:abs(), fn:ceiling() und fn:floor() werden in der Tabelle erklärt und an folgendem Beispiel illustriert:

```
<BeispielNumerischeFunktionen>
{
  let $x := 4711.5, $y := -4711.5
  return (
    <ABS><X>{fn:abs($x)}</X>
         <Y>{fn:abs($y)}</Y></ABS>,
    <CEILING><X>{fn:ceiling($x)}</X>
             <Y>{fn:ceiling($y)}</Y></CEILING>,
    <FLOOR><X>{fn:floor($x)}</X>
           <Y>{fn:floor($y)}</Y></FLOOR>)
}
</BeispielNumerischeFunktionen>
```

Das Ergebnis besteht dann aus folgenden Wertepaaren (wobei die Formatierung aus Gründen der übersichtlichen Darstellung erhalten
bleibt):

```
<BeispielNumerischeFunktionen>
    <ABS><X>4711.5</X>
        <Y>4711.5</Y></ABS>
    <CEILING><X>4712</X>
            <Y>-4711</Y></CEILING>
    <FLOOR><X>4711</X>
            <Y>-4712</Y></FLOOR>
</BeispielNumerischeFunktionen>
```

Signatur	Beschreibung

`fn:abs(`
`  $arg as numeric?)`
`as numeric?`
	absoluter Wert des Argumentwerts $arg

`fn:ceiling(`
`  $arg as numeric?)`
`as numeric?`
	kleinste ganze Zahl, die größer oder gleich dem Wert des Arguments $arg ist

`fn:floor(`
`  $arg as numeric?)`
`as numeric?`
	größte ganze Zahl, die kleiner oder gleich dem Wert des Arguments $arg ist

`fn:round(`
`  $arg as numeric?)`
`as numeric?`
	nächstliegende ganze Zahl mit Bezug auf den Wert des Arguments $arg; bei zwei möglichen Ergebnissen, die größere von beiden; äquivalent zu fn:floor($arg + 0.5)

`fn:round-half-to-even(`
`  $arg as numeric?[,`
`  $precision as xs:integer])`
`as numeric?`
	nächstliegende Zahl mit Bezug auf den Wert des Arguments $arg, die ein Vielfaches zu $10^{-\$precision}$ ist; bei zwei möglichen Ergebnissen dasjenige, dessen geringwertigste Stelle gerade ist; das Weglassen von $precision ist äquivalent zu $precision = 0

Tab. 7–1   *Übersicht von Funktionen auf numerischen Werten*

Die beiden weiteren Funktionen erlauben das Runden von Werten,
wobei sich die Semantik in der Behandlung der Grenzwerte unterscheidet. Die Funktion `fn:round()` rundet auf die nächste ganze Zahl – im
Grenzfall auf die größere von beiden. Die Funktion `fn:round-half-to-`
`even()` hingegen wählt die Zahl, deren geringwertigste Ziffer gerade
ist. Zum Beispiel liefert `fn:round()`, angewandt auf 1.5, 2.5 und 3.5, die
Ergebnisse 2, 3, 4, während `fn:round-half-to-even()` (mit einer Genauigkeit von 0) die Ergebnisse 2, 2, 4 liefern würde. Zusätzlich erlaubt die
Angabe einer Genauigkeit bei `fn:round-half-to-even()` die Rundung
auf Nach- bzw. Vorkommastellen, wie folgendes Beispiel illustriert:

fn:abs()

fn:ceiling()

fn:floor()

fn:round()

fn:round-half-to-even()

```
let $x := xdt:untypedAtomic(3.567812E+3),
    $y := (4.7564E-3), $z := (35612.25)
where fn:round-half-to-even($x, 2) eq 3567.81E0
  and fn:round-half-to-even($y, 2) eq 0.0E0
  and fn:round-half-to-even($z,-2) eq 35600
return
  <Text>Dieser Text wird erscheinen!</Text>
```

Die initialisierten Werte der Variablen $x, $y und $z sind ursprünglich vom Datentyp xdt:untypedAtomic, xs:double und xs:decimal. Der Wert von $x wird bei der Auswertung der Funktion automatisch in einen Wert vom Typ xs:double konvertiert; für die verbleibenden Variablen ändert sich der Typ nicht, so dass die Ergebnisse der Funktionen vom Typ xs:double, xs:double und xs:decimal sind. Darüber hinaus liefern die Funktionen eine leere Sequenz zurück, falls das Argument eine leere Sequenz repräsentiert; wenn die Funktionen auf NaN angewendet werden, wird ein NaN-Wert als Ergebnis zurückgeliefert.

7.1.3   Funktionen und Operatoren auf booleschen Werten

fn:true()
fn:false()
fn:not()

Funktionen und Operatoren auf booleschen Werten werden bereits im Zusammenhang mit der Beschreibung der logischen Ausdrücke in XQuery in Abschnitt 6.3.1 behandelt. Die beiden Konstruktorfunktionen fn:true() und fn:false() bilden zusammen mit der durch eine Funktion realisierten Negation fn:not() die Menge von Funktionen auf booleschen Werten. Darüber hinaus stehen für einen Wertevergleich zur Realisierung der =, < und >-Semantik die drei Operatoren op:boolean-equal(), op:boolean-less-than() und op:boolean-greater-than() zur Verfügung. Dabei ist zu beachten, dass false kleiner als true bzw. true größer als false ist, d. h., dass der folgende Ausdruck positiv ausgewertet wird:

```
where fn:false() < fn:true
  and fn:true() > fn:false
  and fn:true() = fn:true()
  and fn:false() = fn:false()
```

Bestimmung des effektiven booleschen Wertes

fn:boolean()

Die Funktion fn:boolean() dient zur Ermittlung des effektiven booleschen Wertes für einen beliebigen Ausdruck und wird implizit bei der Bewertung logischer Ausdrücke, der fn:not()-Funktion, der where-Klausel in einem FLWOR-Ausdruck (Abschnitt 5.1.3) und bei konditionalen (Abschnitt 6.3.2) sowie quantifizierenden Ausdrücken (Abschnitt 6.3.3) angewandt (Tabelle 7–2). Die Funktion liefert false, falls der Parameter eine leere Sequenz, den booleschen Wert false, eine leere Ausprägung der Typen `xs:string` bzw. `xdt:untypedAtomic`, einen numerischen Wert 0 oder den Wert `NaN` bei Datentypen `xs:double` oder `xs:float` aufweist. Andernfalls liefert die Funktion das Ergebnis `true`. Zum Beispiel liefert `fn:boolean("false")` den Wert `true`, `fn:boolean(fn:false())` und `fn:boolean(())` jedoch den Wert `false`. Die Funktion `fn:boolean` darf nicht mit der Konstruktorfunktion `xs:boolean` verwechselt werden: Der Aufruf `xs:boolean("false")` liefert den Wert `false`.

Signatur	Beschreibung

`fn:boolean(`
 `  $arg as item()*)`
 `as xs:boolean`
	effektiver boolescher Wert einer beliebigen Sequenz

Tab. 7–2 *Funktion zur Bestimmung des effektiven booleschen Wertes*

7.2 Funktionen auf Zeichenketten

Im Gegensatz zu anderen Datenbankanfragesprachen wie SQL oder OQL weist XQuery eine reichhaltige Bibliothek an Funktionen zur Verarbeitung von Zeichenketten auf. Im Wesentlichen lässt sich die Menge der Funktionen in drei Klassen unterteilen:

- *Vergleich von Zeichenketten*
  Zentral für den Vergleich von Zeichenketten ist die Möglichkeit zur Angabe einer anwendungsspezifischen Sortierordnung (»collation«).
- *Manipulation von Zeichenketten*
  Die Funktionen, die zur Manipulation von Zeichenketten zur Verfügung stehen, umfassen im Wesentlichen die klassische Funktionalität zur Konkatenation, die Substringbildung bzw. den Test auf Enthaltensein.
- *Pattern Matching*
  Der Ursprung der Dokumentverarbeitung impliziert ein mächtiges Konzept zur Auswertung regulärer Ausdrücke auf Zeichenketten.

Die drei unterschiedlichen Klassen von Funktionen werden im Folgenden kompakt jeweils an Beispielen eingeführt, wobei mit einem Vergleich von Zeichenketten begonnen wird.

7.2.1 Vergleich von Zeichenketten

Für den Vergleich von Zeichenketten in XQuery steht eine einzelne Funktion `fn:compare()` – siehe Tabelle 7–3 – zur Verfügung, die alle

fn:compare()

Operatoren wie eq, le, ... für einen Wertevergleich zwischen zwei Stringwerten realisiert.

Signatur	Beschreibung

fn:compare(
  $comparand1 as xs:string?,
  $comparand2 as xs:string?[,
  $collation as xs:string])
as xs:integer?
	vergleicht die beiden Zeichenketten (hinsichtlich einer explizit angegebenen Sortierordnung):
	= 0 : $comparand1 eq $comparand2
	= −1 : $comparand1 lt $comparand2
	= +1 : $comparand1 gt $comparand2

Tab. 7–3   *Funktion zum Vergleich von Zeichenketten*

Das numerische Ergebnis der Vergleichsfunktion ist 0, falls beide Zeichenketten identisch sind, und -1 bzw. +1, falls der Wert des ersten Operanden vor bzw. hinter dem zweiten Operanden hinsichtlich einer Sortierordnung positioniert wird. Das grundsätzliche Prinzip verdeutlichen folgende Beispiele:

fn:compare('XQuery', 'XQuery')   liefert 0

fn:compare('XQuery', 'XQuery und XML')   liefert -1,
    d. h. 'XQuery' lt 'XQuery und XML'

fn:compare('XQuery', '')   liefert +1,
    d. h. 'XQuery' gt ''

Eigentlich interessant wird der Vergleich von Zeichenketten jedoch erst dann, wenn das Konzept einer expliziten Sortierordnung (»collation«) berücksichtigt wird. Die Sortierordnung kann von der Anwendung angegeben werden und legt die spezifische Ordnung auf Zeichenketten fest. Neben der Verwendung in Funktionen zur Analyse und Manipulation von Zeichenketten findet sich das Prinzip der Sortierordnung in der order by-Klausel von FLWOR-Ausdrücken (Abschnitt 5.1.4) wieder.

fn:default-collation()   Im statischen Kontext (Abschnitt 8.3) einer XQuery-Auswertung existiert eine Standard-Sortierordnung, deren Bezeichnung mit der Funktion fn:default-collation() in Erfahrung gebracht werden kann. Ist explizit eine Sortierordnung beispielsweise bei der Vergleichsfunktion fn:compare() angegeben, so wird diese vom XQuery-Prozessor verwendet. Ein Laufzeitfehler vom Typ »unsupported collation« zeigt dabei an, dass die geforderte Strategie vom System nicht unterstützt wird. Falls eine Sortierordnung nicht explizit von der Anwendung gefordert wird, so wird die im statischen Kontext existierende Sortierordnung verwendet. XQuery erlaubt dabei das Setzen der standardmäßig referenzierten Sortierordnung im Anfrageprolog (Abschnitt 8.2) bzw. greift auf die standardmäßig existierende Unicode-Codepoint-Sortierordnung zurück.

Im Deutschen sind zwei Sortierordnungen gebräuchlich: diejenige, die im Telefonbuch Verwendung findet, und diejenige, die in Wörterbüchern eingesetzt wird. Sie unterscheiden sich in der Behandlung der Umlaute: Im Wörterbuch wird ein Umlaut wie der entsprechende Grundbuchstabe behandelt (»ä« wie a«), im Telefonbuch wie die aus Kreuzworträtseln bekannte Umschreibung (»ä« wie ae«). Nach der Wörterbuchsortierung gilt somit »Äpfel=Apfel«, nach der Telefonbuchsortierung ist »Äpfel (im Sinne von Aepfel) < Apfel«. In beiden Sortierordnungen wird »ß« wie »ss« behandelt. Am Beispiel der Vergleichsfunktion von zwei Zeichenketten sei dies verdeutlicht, wobei der erste Ausdruck den Wert 0, der zweite Ausdruck den Wert -1 zurückliefern würde. Der Parameter zur Sortierordnung ist vom Typ xs:string, muss aber als xs:anyURI interpretierbar sein:

Sortierordnung

```
(: Ausdruck 1 :)
  fn:compare('Äpfel', 'Apfel',
            'http://www.xquery-buch.de/Wörterbuchordnung')

(: Ausdruck 2 :)
  fn:compare('Äpfel', 'Apfel',
            'http://www.xquery-buch.de/Telefonbuchordnung')
```

Somit kann eine Sortierordnung benutzt werden, um Operationen auf Zeichenketten an die jeweilige Sprache anzupassen. So wird im Schwedischen beispielsweise ein »Ö« hinter einem Z sortiert. Eine Sortierordnung kann darüber hinaus aber auch benutzt werden, um die Klein-/Großschreibung zu ignorieren. Die einfachste Sortierordnung (Unicode-Codepoint-Sortierordnung), deren Existenz in jeder XQuery-Implementierung zwingend vorgeschrieben ist, vergleicht zwei Zeichenketten, basierend auf den numerischen Werten ihrer einzelnen Zeichen in der Unicode-Darstellung (»Codepoints«).

Aus systemtechnischer Perspektive kann eine Sortierordnung als Schnittstelle mit zwei Methoden visualisiert werden. Die erste Methode akzeptiert zwei Zeichenketten und signalisiert, ob diese – aus Sicht der Sortierordnung – identisch sind oder nicht. Die zweite Funktion akzeptiert eine Sequenz von Zeichenketten und liefert die darin enthaltenen Zeichenketten sortiert wieder als Sequenz zurück.

7.2.2 Manipulation von Zeichenketten

Die Manipulation von Zeichenketten umfasst zum einen Funktionen zum Konkatenieren einzelner Stringwerte und zum anderen Funktionen zur Analyse und Umwandlung von Klein- in Großbuchstaben und

fn:concat()
fn:string-join()

umgekehrt. Die Funktion `fn:concat()` fügt alle Zeichenketten ohne weitere Trennsymbole zu einer einzelnen Zeichenkette zusammen. In Analogie dazu erlaubt die Funktion `fn:string-join()` die Konkatenation mit expliziter Angabe von Trennzeichen. Folgendes Beispiel illustriert die unterschiedliche Semantik:

```
let $a := xs:string("Frankenbergerstraße"),
    $b := xs:string("5"),
    $x := ("D", "1500", "Berlin")
return (
  <KonkatenierteAdresse>
    {fn:concat($a, $b, $x[1], $x[2], $x[3])}
  </KonkatenierteAdresse>,
  <VerknüpfteAdresse>
    {fn:string-join(($a, $b), ""),
     fn:string-join((fn:string-join(($x[1],$x[2]), "-"), $x[3]),
                                                       " ")}
  </VerknüpfteAdresse>)
```

Diese Anfrage resultiert in folgendem Ergebnis, wobei aus Gründen der leichteren Lesbarkeit die Formatierung erhalten bleibt:

```
<KonkatenierteAdresse>
   Frankenbergerstraße5D1500Berlin
</KonkatenierteAdresse>
<VerknüpfteAdresse>
   Frankenbergerstraße5
   D-1500 Berlin
</VerknüpfteAdresse>
```

Beim Einsatz der Funktionen zur Manipulation von Zeichenketten ist darauf zu achten, dass ein Argument eine Zeichenkette repräsentiert und nicht aus einer Sequenz von Elementen besteht. Das folgende Konstrukt würde somit zu einem Fehler führen:

```
let $a := xs:string("Frankenbergerstraße"),
    $b := xs:string("5"),
    $x := ("D", "1500", "Berlin")
return (
    fn:concat($a, $b, $x)
```

Neben diesem funktionalen Unterschied hebt sich die Funktion `fn:string-join()` von der reinen Konkatenation dadurch ab, dass die zu verknüpfenden Stringwerte Elemente einer als Parameter erwarteten Sequenz sind. Dies eröffnet im praktischen Umgang weitere Möglichkeiten, indem als Parameter XQuery-Ausdrücke – und damit sowohl Pfad- als auch ganze FLWOR-Ausdrücke – eingesetzt werden können, die als Ergebnis eine Sequenz zurückliefern.

```
let $x := (<Adresse>
                <Straße>Frankenbergerstraße</Straße>
                <Hausnr>5</Hausnr>
                <Stadt>Berlin</Stadt>
                <Staat>D</Staat>
                <PLZ>15000</PLZ>
            </Adresse>)
return
    fn:string-join($x/Adresse/*/fn:text(), " ")
```

oder alternativ mit einem FLWOR-Ausdruck

```
...
return
    fn:string-join(for $y in $x
                    return fn:text(.), " ")
```

Tabelle 7–4 gibt einen Überblick über die exakten Signaturen sowohl der beiden betrachteten Funktionen zur Verknüpfung von Zeichenketten als auch über weitere Methoden zur Manipulation und Analyse von Stringwerten.

Signatur	Beschreibung

`fn:concat(`
`  $arg1 as xs:string?,`
`  $arg2 as xs:string?, ...)`
`as xs:string`
	fügt alle übergebenen Zeichenketten ohne Trennzeichen zu einer Zeichenkette zusammen

`fn:string-join(`
`  $arg1 as xs:string*,`
`  $arg2 as xs:string)`
`as xs:string`
	fügt alle Zeichenketten des ersten Parameters mit dem Wert des zweiten Parameters als Trennzeichen zu einer Zeichenkette zusammen

`fn:string-length(`
`  [$arg as xs:string])`
`as xs:integer`
	liefert die Länge der übergebenen Zeichenkette; wird keine Zeichenkette übergeben, so wird die Länge des über die Funktion fn:string() konvertierten aktuellen Kontextknotens zurückgegeben

`fn:upper-case(`
`  $arg as xs:string?)`
`as xs:string`
	ersetzt – sofern möglich – alle Kleinbuchstaben durch die entsprechenden Großbuchstaben gemäß Unicode Case Mapping

`fn:lower-case(`
`  $arg as xs:string?)`
`as xs:string`
	ersetzt – sofern möglich – alle Großbuchstaben durch die entsprechenden Kleinbuchstaben gemäß Unicode Case Mapping

Tab. 7–4 *Funktionen zur Manipulation von Zeichenketten (Teil 1)*

Die Funktionen `fn:string-length()`, `fn:upper-case()` und `fn:lower-case()` sind im Prinzip selbsterklärend. Die Form der Ermittlung einer Stringlänge ohne expliziten Parameter mag erwähnenswert sein, da in

fn:string-length()
fn:upper-case()
fn:lower-case()

diesem Fall der aktuelle Kontextknoten nach einer Konvertierung in eine Zeichenkette als impliziter Parameter existiert. Zur Illustration mögen die folgenden Beispiele ausreichend sein:

```
let $x := (<Name>
                <Vorname>Benjamin</Vorname>
                <Nachname>Naumann</Nachname>
            </Name>)
return
  <Namensliste>
  {
  for $y in $x/*/fn:text()
  return (
    <NAME>{fn:upper-case($y)}</NAME>,
    <name>{fn:lower-case($y)}</name>,
    <Stringlänge>{fn:string-length($y)}</Stringlänge> )
  }
  </Namensliste>
```

Dieser FLWOR-Ausdruck liefert folgende Ausgabe:

```
<Namensliste>
  <NAME>BENJAMIN</NAME>
  <name>benjamin</name>
  <Stringlänge>8</Stringlänge>
  <NAME>NAUMANN</NAME>
  <name>naumann</name>
  <Stringlänge>7</Stringlänge>
</Namensliste>
```

Die Funktionen `fn:upper-case()` und `fn:lower-case()` richten sich nach der Unicode-Datenbank. Es gibt allerdings Buchstaben, für die diese Abbildung nicht eindeutig ist, sondern von der Sprache abhängt: Im Türkischen ist beispielsweise der Großbuchstabe zu »i« das Symbol »I« mit einem Punkt darauf! Unicode reagiert auf dieses Phänomen mit einem komplexen sprachabhängigen Regelwerk. XQuery berücksichtigt diese Sprachabhängigkeiten jedoch nicht.

7.2.3   Substitution und Konvertierung von Zeichenketten

Wie bereits gezeigt, können Zeichenketten mit vordefinierten XQuery-Funktionen umfangreich bearbeitet werden. Funktionen, die Substitution und Konvertierung von Zeichenketten erlauben, werden im Folgenden vorgestellt.

fn:substring()   Die Funktion `fn:substring()` beispielsweise liefert als Ergebnis den Teilstring (mit optional anzugebender maximaler Länge) des ersten Parameters ab der Position, die im zweiten Parameter zu spezifizieren ist (Tabelle 7–5). Das erste Zeichen im Stringwert hat dabei die Position 1; Positionsangaben < 1 bedeuten, dass ab dem ersten Zeichen zurückgegeben wird. Negative Längenangaben resultieren in einem Stringwert der Länge 0. Folgende Beispielausdrücke illustrieren die Semantik der `fn:substring()`-Funktion:

```
fn:substring("Bluttransfusion", 5)        liefert "transfusion"
fn:substring("Bluttransfusion", 4, 2)     liefert "tt"
fn:substring("Bluttransfusion", 37, 2)    liefert ""
fn:substring("Bluttransfusion", -1, -1)   liefert ""
```

Signatur	Beschreibung

`fn:substring(`
`  $sourceString as xs:string?,`
`  $startingLoc as xs:double[,`
`  $length as xs:double])`
`as xs:string`
	liefert den Teil des ersten Parameters ab der im zweiten Parameter angegebenen Position; wird kein dritter Parameter angegeben, so ist die Länge des Rückgabewertes nicht beschränkt

`fn:translate(`
`  $arg as xs:string?,`
`  $mapString as xs:string,`
`  $transString as xs:string)`
`as xs:string`
	führt eine Ersetzung in der als ersten Parameter übergebenen Zeichenkette durch, wobei jeder Buchstabe durch einen Buchstaben aus dem dritten Parameter durch Anwendung der Maske (zweiter Parameter) substituiert wird

Tab. 7–5 *Funktionen zur Manipulation von Zeichenketten (Teil 2)*

Zum anderen können Zeichenketten mit Hilfe der Funktion `fn:translate()` verarbeitet werden. Dabei werden die Zeichen in der Originalzeichenkette (1. Parameter), die eine Zuordnung in der Maske (2. Parameter) besitzen, durch Zeichen des Ersetzungsstrings (3. Parameter) ersetzt. Zum Beispiel können durch folgenden Funktionsaufruf in der Zeichenkette "Winterbergstraße" alle Buchstaben »r« durch ein »l« ersetzt werden:

fn:translate()

```
fn:translate("Winterbergstraße", "r", "l")
   liefert "Wintelbelgstlaße"
```

Die Ersetzungsmöglichkeit kann dabei in zwei Richtungen erweitert werden. Zum einen kann die Maske mehrere Zeichen umfassen, die jeweils durch das hinsichtlich der Position korrespondierende Zeichen im Ersetzungsstring ersetzt werden. Zum anderen können einzelne Zeichen (am Ende der Maske) durch Weglassen eines Ersetzungszeichens aus dem Originalstring eliminiert werden.

```
fn:translate("Winterbergstraße", "er", "EL")
   liefert "WintELbELgstLaßE"

fn:translate("Winterbergstraße", "Wre", "Hl")
   liefert "Hintlblgstlaß"
```

Als Sonderform der `fn:translate()`-Funktion kann bis zu einem bestimmten Grad die Normalisierung von Zeichenketten angesehen werden. Der Bereich der »Normalisierung« umfasst im weitesten Sinne die drei Funktionen `fn:normalize-space()`, `fn:normalize-unicode()` und `fn:escape-uri()`.

Signatur	Beschreibung

`fn:normalize-space(`
`  [$arg as xs:string?])`
`as xs:string`
	eliminiert sowohl alle doppelten Leerzeichen als auch Leerzeichen am Anfang und Ende der Zeichenkette

`fn:normalize-unicode(`
`  $arg as xs:string?[,`
`  $normalizationForm as xs:string])`
`as xs:string`
	normalisiert die übergebene Zeichenkette hinsichtlich eines angegebenen Normalisierungsformates; standardmäßig – ohne zusätzlichen Parameter – nach NFC

`fn:escape-uri(`
`  $uri-part as xs:string?,`
`  $escape-reserved as xs:boolean)`
`as xs:string`
	führt eine Konvertierung der Zeichenkette durch, so dass alle Sonderzeichen durch eine Escape-Sequenz der Form %HH ersetzt werden

Tab. 7–6   *Funktionen zur Manipulation von Zeichenketten (Teil 3)*

fn:normalize-space()   Die `fn:translate()` am naheliegendste Funktion `fn:normalize-space()` eliminert in einem übergebenen Stringwert bzw. – falls kein Parameter explizit angegeben ist – in dem Stringwert des aktuellen Kontextknotens alle doppelten Leerzeichen sowie alle Leerzeichen am Anfang und Ende der Zeichenkette. Darüber hinaus werden alle weiteren Leerraumzeichen wie CR, LF, TAB durch ein Leerzeichen ersetzt.

fn:escape-uri()   Die dritte Funktion, die eine Ersetzung in Zeichenketten mit vordefinierter Semantik erfüllt, ist `fn:escape-uri()`. Dabei werden alle Sonderzeichen zur Darstellung einer URI in eine hexadezimale Repräsenation der Form %HH überführt. Der zusätzliche boolesche Parameter bestimmt dabei den Umfang der zu ersetzenden Sonderzeichen:

* `$escape-reserved = true`
  Alle Zeichen außer »a-z«, »A-Z«, »0-9« und »%,#-_.!~*'()« werden konvertiert.
* `$escape-reserved = false`
  Alle Zeichen außer »a-z«, »A-Z«, »0-9«, »%,#-_.!~*'()« und zusätzlich »;/?:@&=+$,[]« werden konvertiert.

Im Allgemeinen gilt die Faustregel, dass eine Konvertierung mit `$escape-reserved = true` erfolgen soll, wenn ein Teil einer URI geformt werden soll, und `false`, wenn eine vollständige URI bzw. eine URI-Referenz erstellt werden soll. Folgendes Beispiel illustriert den Unterschied bei der Ersetzung von Sonderzeichen:

```
fn:escape-uri("http://www.xquery-buch.de/
                      Patient Adam Schmidt#befund", fn:false())
```

liefert

```
"http://www.xquery-buch.de/Patient%20Adam%20Schmidt#befund"
```

```
fn:escape-uri("http://www.xquery-buch.de/
                      Patient Adam Schmidt#befund", fn:true())
```

liefert

```
"http%3A%2F%2Fwww.xquery-buch.de%2F
                      Patient%20Adam%20Schmidt%23befund"
```

7.2.4 Unicode-Behandlung

Zeichenketten können in eine Folge von Unicode-Codepoints umgewandelt werden und umgekehrt. Die Funktion `fn:codepoints-to-string` akzeptiert eine Sequenz von ganzen Zahlen, die als Codepoints interpretiert werden und liefert eine entsprechende Zeichenkette zurück. Analog liefert die Funktion `fn:string-to-codepoints` die Codepoints für eine Zeichenkette zurück. Das Ergebnis der folgenden Ausdrücke ist gleich:

fn:codepoints-to-string()
fn:string-to-codepoints()

```
fn:codepoints-to-string((58, 4D, 4C))
"&#x58;&#x4D;&#x4C;"
"XML"
```

Die Signaturen der Funktionen finden sich in folgender Tabelle.

Signatur	Beschreibung

`fn:codepoints-to-string(`
  `$arg as xs:integer*)`
`as xs:string`
	liefert eine Zeichenkette aus den angegebenen Unicode-Codepoints

`fn:string-to-codepoints(`
  `$arg as xs:string?)`
`as xs:integer*`
	liefert die Unicode-Codepoints zu einer Zeichenkette

Tab. 7–7 *Umwandlung zwischen Codepoints und Zeichenketten*

In manchen Schriften gibt es viele modifizierende Zeichen zu Grundbuchstaben (wie wir sie aus europäischen Sprachen beispielsweise in Form von Akzenten oder Doppelpunkten über den Buchstaben kennen: ä é à ñ ÿ Å ç). Die möglichen Kombinationen sind so vielfältig, dass man sich bei der Definition von Unicode entschieden hat, nicht jeder Kombination einen eigenen Codepoint zuzuordnen, sondern die Kombinationszeichen einzeln zu kodieren, so dass ein Buchstabe wie ñ

Unicode-Normalisierung

durch eine Folge von Codepoints dargestellt werden kann: U+006E (n)
und U+0303 (»kombinierende« Tilde)[1]. Die kombinierenden Zeichen
stehen dabei immer hinter dem Grundbuchstaben. Hier ergibt sich nun
das Problem der Normalisierung, und zwar aus zwei Gründen:

- Gerade in asiatischen Schriften können mehrere kombinierende
  Zeichen auf einen Grundbuchstaben angewendet werden, wobei
  zunächst jede Reihenfolge der kombinierenden Zeichen zugelassen
  ist.
- Einige Kombinationen sind auch als eigene Codepoints definiert,
  etwa ñ als U+00F1, bedingt durch die Übernahme von Latin-1.

Somit kann ein Zeichen äquivalent mit verschiedenen Kombinationen
von Codepoints dargestellt werden, ein Effekt, der besonders beim
Vergleich von Zeichenketten hinderlich ist. Um dieses Problem zu ent-
schärfen, definiert Unicode einige Normalisierungsverfahren, die das
Ziel haben, alle verschiedenen Darstellungen desselben Zeichens auf
eine Darstellung zurückzuführen. Dabei kann entweder auf eine vollständig zerlegte Darstellung normalisiert werden (die Normalisierungsform heißt *NFD*), so dass U+00F1 immer in eine Folge von U+006E
und U+0303 transformiert wird, oder es werden zusammengesetzte Zeichen verwendet, wo das möglich ist (*NFC*); aus U+006E und U+0303
wird also U+00F1. Dabei wird erst NFD hergestellt und dann eine so
genannte kanonische Komposition angewandt. In beiden Fällen ist für
die verbleibenden Kombinationszeichen eine bestimmte Reihenfolge
vorgeschrieben.

Nun gibt es neben den äquivalenten Zeichenfolgen (U+00F1 ist
äquivalent zu U+006E und U+0303, so dass die Verwendung einer der beiden Kodierungen keine Zusatzinformation zu der anderen trägt) auch
noch so genannte kompatible Zeichenfolgen. So hat zum Beispiel die
im Niederländischen häufig verwendete Ligatur ĳ einen eigenen Codepoint in Unicode (U+0133). Sie wird nicht als äquivalent angesehen
zur Aufeinanderfolge von i und j, denn wenn sie durch diese beiden
Buchstaben ersetzt würde, ginge Information (hier: Forma-
tierungsinformation) verloren. Da in vielen Szenarien aber eine Gleich-
behandlung erwünscht sein dürfte, erklärt Unicode die Ligatur ĳ und

---

1. Ein solches Kombinationszeichen kann nicht für sich alleine stehen, sondern
   bezieht sich stets auf das letzte vorhergehende nicht kombinierende Zeichen.
   Es gibt von den kombinierenden Zeichen im Allgemeinen auch die Variante,
   die alleine stehen kann (»spacing ~« statt »combining ~«) mit einem eigenen
   Codepoint in Unicode. In der Darstellung als ein Zeichen wird den kombinierenden Zeichen ein Platzhalter für das zu modifizierende Zeichen hinzugefügt,
   also ◌̃ für kombinierende Tilde (◌ ist hier der Platzhalter).

die Kombination aus i und j für kompatibel. Die Normalisierungsformen NFKD und NFKC berücksichtigen auch kompatible Zeichen und führen sie in eine gemeinsame Darstellung über, und zwar NFKD analog zu NFD mit maximaler Zerlegung, NFKC analog zu NFC mit Verwendung zusammengesetzter Zeichen.

XQuery bietet die Funktion `fn:normalize-unicode()` an, um eine solche Normalisierung durchzuführen. Die gewünschte Normalisierungsform kann dabei als Parameter übergeben werden. Wird ein solcher Parameter nicht übergeben, so wird gemäß NFC normalisiert.

fn:normalize-unicode()

7.2.5 Analyse von Zeichenketten

Der Bereich der Analyse von Zeichenketten wird durch die in Tabelle 7–8 angegebenen Funktionen abgedeckt. Die Semantik ist dabei im Wesentlichen intuitiv und bedarf keiner weiteren Erklärung.

Signatur	Beschreibung

`fn:contains(`
`  $arg1 as xs:string?,`
`  $arg2 as xs:string? [,`
`  $collation as xs:string])`
`as xs:boolean`
	überprüft, ob die Zeichenkette des zweiten Parameters in dem Wert von $arg1 auftritt

`fn:{starts|ends}-with(`
`  $arg1 as xs:string?,`
`  $arg2 as xs:string? [,`
`  $collation as xs:string]) as`
`xs:boolean`
	überprüft, ob der Wert von $arg1 mit der Zeichenkette des zweiten Parameters beginnt bzw. endet

`fn:substring-{before|after}(`
`  $arg1 as xs:string?,`
`  $arg2 as xs:string? [,`
`  $collation as xs:string]) as`
`xs:string`
	liefert den Teil der in $arg1 übergebenen Zeichenkette zurück, der vor bzw. nach dem ersten Auftreten der Zeichenkette $arg2 in $arg1 folgt

Tab. 7–8 *Funktionen zur Analyse von Zeichenketten*

In diesem Zusammenhang ist noch anzumerken, dass jede Funktion ohne bzw. mit einer expliziten Angabe einer Sortierordnung existiert. Die Sortierordnung (»collation«) hat in diesem Kontext die über die reine Vergleichsoperation hinausgehende Funktion, dass die einzelnen Zeichen einer Zeichenkette einer lexikalischen Einheit zugeordnet werden, die dann zur Auswertung der jeweiligen Funktion herangezogen werden. Ohne Angabe einer expliziten Sortierordnung wird folgender exemplarische Ausdruck offensichtlicherweise den Wert true ergeben:

`fn:contains("Kanuele", "el")`   liefert true

Wird jedoch zum Beispiel die im Deutschen gebräuchliche Sortierordnung nach dem Telefonbuch verwendet, in der der Umlaut »ü« durch die lexikalische Einheit »ue« repräsentiert wird, so liefert der folgende Ausdruck überraschenderweise true:

```
fn:contains("Kanüle", "el",
            "http://www.xquery-buch.de/Telefonbuchordnung")
```

liefert true

Dies ergibt sich deshalb, weil die Zeichenkette »Kanüle« intern als »Kanuele« repräsentiert wird. Wird andernfalls die Zeichenkette »ue« als einzelne lexikalische Einheit (naheliegenderweise als »ü«) in einer Sortierordnung betrachtet, so ergibt sich hingegen folgendes Ergebnis:

```
fn:contains("Kanuele", "el",
            "http://www.xquery-buch.de/Spezialordnung")
```

liefert false

Die Verwendung expliziter Sortierordnungen spielt bei der Analyse von Zeichenketten eine wichtige Rolle und muss – um entsprechende Überraschungen zu vermeiden – sorgfältig geplant werden.

7.2.6   Auswertung regulärer Ausdrücke auf Zeichenketten

Erkennung regulärer Ausdrücke

Zur Auswertung regulärer Ausdrücke beziehen sich die entsprechenden Funktionen im Wesentlichen auf die in XML Schema (Abschnitt 2.5) vorgegebene Syntax, die wiederum an die Notation der Programmiersprache Perl angelehnt ist. Zur Auswertung stehen die in Tabelle 7–9 aufgelisteten XQuery-Funktionen zur Verfügung.

Signatur	Beschreibung

`fn:matches(`
    `$input as xs:string?,`
    `$pattern as xs:string[,`
    `$flags as xs:string])`
`as xs:boolean`
	überprüft, ob der in $pattern angegebene reguläre Ausdruck durch die Zeichenkette des ersten Parameters erfüllt wird

`fn:replace(`
    `$input as xs:string?,`
    `$pattern as xs:string,`
    `$replacement as xs:string[,`
    `$flags as xs:string])`
`as xs:string`
	ersetzt den Teil des Stringwertes von $input, der auf den angegebenen regulären Ausdruck zutrifft, mit der in $replacement übergebenen Zeichenkette

`fn:tokenize(`
    `$input as xs:string?,`
    `$pattern as xs:string[,`
    `$flags as xs:string])`
`as xs:string+`
	zerlegt eine Zeichenkette in einzelne Bestandteile, wobei der reguläre Ausdruck die Trennfunktion übernimmt

Tab. 7–9   *Funktionen zur Auswertung regulärer Ausdrücke*

Die Funktion fn:matches() wendet einen regulären Ausdruck auf eine *fn:matches()*
Zeichenkette an und signalisiert, ob dieser Ausdruck erfüllt wird. In
welchem Umfang (siehe Erweiterung der regulären Ausdrücke im Folgenden) und wie häufig der reguläre Ausdruck erfüllt wird, ist dabei
nicht von Interesse. Folgender Ausdruck liefert alle Operationen, bei
deren Beschreibung »Fraktur« (einschließlich Tippfehler, d. h. "Fraktur", "Fracktur" oder – auf fränkisch – "Fragdur") auftritt:

```
for $o in fn:collection("...")/...
where fn:matches($o/Beschreibung/text()), "Frac?(kt|gd)ur")
     (: analog wäre auch möglich: "Frac?[kg][td]ur" :)
return $o
```

Der dritte Parameter ist wie bei allen anderen Funktionen zur Auswertung regulärer Ausdrücke optional und kann unterschiedliche Modi
zur Steuerung der Auswertung (siehe nachfolgende Bemerkungen)
repräsentieren.

Die zweite Funktion, fn:replace(), erweitert die von fn:matches() *fn:replace()*
zur Verfügung gestellte Grundfunktionalität dahingehend, dass jeder
Teilstring der Originalzeichenkette, der den regulären Ausdruck
erfüllt, durch eine als dritten Parameter übergebene Zeichenkette
ersetzt werden kann. Folgender Ausdruck ersetzt jedes Auftreten einer
Fraktur durch eine Verschraubung:

```
fn:replace("Fraktur des linken Oberschenkelknochens",
           "Frac?(kt|gd)ur", "Verschraubung")
```

liefert

```
"Verschraubung des linken Oberschenkelknochens"
```

Die dritte Funktion, fn:tokenize(), erlaubt schließlich die Verwendung *fn:tokenize()*
regulärer Ausdrücke zur Aufspaltung einer einzelnen Zeichenkette in
unterschiedliche Teile. Die Funktion als solche wird an folgenden Beispielen illustriert:

```
fn:tokenize("Virus ist impfstoffresistent", "\s+")
   liefert ("Virus", "ist", "impfstoffresistent")
```

```
fn:tokenize("Herz, Leber, Niere, Galle", ",\s*")
   liefert ("Herz", "Leber", "Niere", "Galle")
```

```
fn:tokenize("Herz,Leber,,Niere,Galle,", ",")
   liefert ("Herz", "Leber", "", "Niere", "Galle", "")
```

Zur Aufteilung von Zeichenketten in entsprechende Bestandteile kann
auf Spezialsymbole zurückgegriffen werden, die zusätzlich um quantifizierende Komponenten erweitert werden können. Im Einzelnen werden zum Beispiel die folgenden Spezialsymbole unterstützt:

- \s für Leerzeichen im weiteren Sinn
- \t für horizontale Tabulatoren
- \n für Absatzkennzeichnung
- \...

Die Häufigkeit des Auftretens von Sonderzeichen kann durch nachgestellte quantifizierende Komponenten geregelt werden. Das +-Symbol beispielsweise signalisiert, dass der vorangegangene Teil eines regulären Ausdrucks mindestens einmal in der zu analysierenden Zeichenkette erfolgreich erkannt worden ist. Für weiter gehende Details zur generellen Methodik der regulären Auswertung wird auf [Frie02] verwiesen. Eine Zusammenstellung der Spezialsymbole und der quantifizierenden Komponenten findet sich im Anhang.

Besonderheiten der Auswertung regulärer Ausdrücke in XQuery

Einzelzeilenmodus
Mehrzeilenmodus
Groß-/Kleinschreibung
Leerraumbehandlung

Bei der Auswertung regulärer Ausdrücke im Kontext von XQuery wird im Gegensatz zur Analyse von Zeichenketten keine explizite Sortierordnung berücksichtigt, sondern die Auswertung erfolgt auf Basis der Unicode-Codepoints. Des Weiteren besitzt jede Funktion einen Parameter $flags, mit dem der Modus der Auswertung des regulären Ausdrucks angegeben werden kann. Im Einzelnen werden folgende Indikatoren unterstützt:

▓ *Einzelzeilenmodus* ($flag = "s")
Die Auswertung des regulären Ausdrucks bei der Auswertung des .-Kriteriums erfolgt im Zeichenketten- und nicht im Zeilenmodus und dadurch zeilenübergreifend, so dass ein .-Symbol auch einen Zeilenwechsel interpretiert.

```
fn:match("XQuery-
        Buch", "XQ.*ch")          liefert false
fn:match("XQuery-
        Buch", "XQ.*ch", "s")     liefert true
```

▓ *Mehrzeilenmodus* ($flag = "m")
Die Auswertung erfolgt lokal pro Zeile, so dass ein ^ bzw. $-Symbol irgendeinen Zeilenstart bzw. ein Zeilenendesymbol innerhalb einer Zeichenkette erkennt.

```
fn:match("XQuery-
        Buch", "^B.*h$")          liefert false

fn:match("XQuery-
        Buch", "^B.*h$", "m")     liefert true
```

■ *Sensitivität bzgl. Groß-/Kleinschreibung (*$flag = "i"*)*
Bei gesetztem Flag wird zwischen Groß- und Kleinschreibung nicht
unterschieden:

`fn:match`("XQuery-Buch", "xq.*CH", "i"`)`   liefert `true`

■ *Ignorierung von Leerzeichen im regulären Ausdruck (*$flag = "x"*)*
Dieser Indikator gibt an, ob Leerzeichen im regulären Ausdruck
Gegenstand der Auswertung sind (Standardverhalten) oder keine
explizite Beachtung finden (zum Beispiel zur Verbesserung der
Darstellungsweise).

In Ergänzung zu den in XML Schema zulässigen Definitionen eines
regulären Ausdrucks ermöglichen die Zeichenkettenfunktionen folgende Erweiterung (in Anlehnung an die Programmiersprache Perl):

Beginn und Ende einer Zeichenkette
Minimaler Teilstring
Reguläre Unterausdrücke
Rückwärtsreferenzierung

■ *Erkennung von Beginn und Ende einer Zeichenkette*
Die beiden Symbole »^« und »$« erlauben die Identifizierung des
Beginns bzw. des Endes einer Zeichenkette. Im folgenden Beispiel
muss die Zeichenkette mit einem "X" beginnen und mit einem "h"
enden:

`fn:matches`("XQuery-Buch", "^X.*h$")   liefert `true`

■ *Erkennung des minimalen Teilstrings*
Ein regulärer Ausdruck kann durch einen zusätzlichen »?«-Modifi-
kator erweitert werden, der besagt, dass der kleinstmögliche Teilstring einer Zeichenkette, der den regulären Ausdruck erfüllt,
erkannt werden soll. Ohne diesen Zusatz ist es das Ziel, bei der
Auswertung von regulären Ausdrücken den größtmöglichen Teilstring in der Originalzeichenkette zu identifizieren. Diese Erweiterung ist offensichtlich uninteressant für die Funktion `fn:matches()`,
da hiermit nur die Existenz (und nicht der eigentliche Gegenstand)
einer positiven Erfüllung des Ausdrucks von Interesse ist.
Folgendes Beispiel illustriert die unterschiedliche Semantik.

`replace`("XXXX", "X+", "Y"`)`   liefert `"Y"`
`replace`("XXXX", "X+?", "Y"`)`   liefert `"YYYY"`

Im ersten Fall wird die Ersetzung durch den String "Y" dadurch vorgenommen, dass der größtmögliche Teilstring ersetzt wird, der den
regulären Ausdruck erfüllt. Im konstruierten Beispiel korrespondiert dies zu dem Originalstringwert, der ein einziges Mal ersetzt
wird. Im zweiten Fall wird durch den zusätzlichen Modifikator der
kleinstmögliche Teilstring identifiziert, der den regulären Ausdruck
erfüllt. Im Beispiel ist dies jeweils ein einzelnes Zeichen "X", welches
viermal hintereinander durch "Y" ersetzt wird.

▨ *Erkennung regulärer Unterausdrücke*

In Analogie zur Perl-Programmiersprache wird bei der Auswertung der regulären Ausdrücke in XQuery ein Rückgriff auf Unterausdrücke über die laufende Nummer des jeweiligen Ausdrucks ermöglicht. Ein Unterausdruck wird durch Klammerung im regulären Ausdruck gekennzeichnet. Im Ersetzungsteil werden durch die Variablen $1 bis $9 die durch den Ausdruck referenzierten Teilstrings identifiziert. Folgendes Beispiel bildet drei Gruppen, wobei die erste "Query", die zweite das Zeichen "-" und die dritte Gruppe den String "Buch" repräsentiert:

```
replace("XQuery-Buch", "^X(.*)(-)(B.*)", "$3 und $1")
    liefert "Buch und Query"
```

▨ *Rückwärtsreferenzierung*

Innerhalb eines regulären Ausdrucks ist die Rückwärtsreferenzierung auf einen bereits erkannten Teilstring erlaubt. Ein mögliches Ziel einer Rückwärtsreferenzierung wird dabei analog zum vorangegangenen Konzept der Unterausdrücke durch Klammerung verdeutlicht. Eine Referenz auf einen Unterausdruck innerhalb eines regulären Ausdrucks erfolgt durch die Angabe von »\n« mit »n« als Nummer des zuletzt referenzierten Ausdrucks. Der folgende Ausdruck

```
^('|").*\1
```

erkennt dabei eine Zeichenkette, die mit einfachen oder doppelten Anführungszeichen umschlossen ist, wobei die Rückwärtsreferenzierung sicherstellt, dass das Ende der Zeichenkette mit dem gleichen Teilausdruck wie der Beginn der Zeichenkette erkannt wird. Der zentrale Unterschied zwischen dem Prinzip der Erkennung von Unterausdrücken und der Rückwärtsreferenzierung besteht somit darin, dass im ersten Fall eine Referenz auf einen erkannten Teilstring bei der Konstruktion des Ergebniswertes auftritt, während im Fall der Rückwärtsreferenzierung eine Referenz auf einen erkannten Teilstring innerhalb des regulären Ausdrucks erfolgt. Folgendes Beispiel illustriert den Unterschied innerhalb eines Aufrufs der Funktion fn:replace():

```
replace($x,"^('|"").*\1","Mit $1 umschlossener Text")
```

Die Anweisung ergänzt dabei einen korrekt eingeschlossenen Text durch die Information, welches Anführungszeichen verwendet wird. Während der \1-Anteil die Rückwärtsreferenzierung repräsentiert, wird mit dem $1-Anteil auf den erkannten Wert zurückgegriffen. Im regulären Ausdruck muss dabei das Zeichen »"« verdoppelt werden, weil es innerhalb eines String-Literals auftritt, welches selbst durch ein Anführungszeichen begrenzt ist (Abschnitt 3.2.2).

Die Vielzahl der Parameter und punktuellen Erweiterungen zeigen, dass der »Textverarbeitung« in XQuery ein hoher Stellenwert eingeräumt wird.

7.3 Zeit- und Kalenderfunktionen

Der Sprachstandard von XQuery sieht eine kaum überblickbare Menge an Funktionen zur Analyse und Manipulation von Zeit- und Kalenderangaben vor. Da sich die Semantik der Funktionen in vielen Fällen bereits aus der Signatur ergibt, werden in diesem Abschnitt nur die Besonderheiten und Ausnahmen explizit erläutert. Für eine vollständige Liste der Funktionen sei auf Anhang B verwiesen.

7.3.1 Aktuelle Zeit und Zeitzonen

Die aktuelle Zeit kann durch drei Funktionen in unterschiedlicher Granularität vom System abgefragt werden. Der resultierende Zeitstempel (bei `fn:current-dateTime()`), das aktuelle Datum (`fn:current-date()`) bzw. die aktuelle Uhrzeit (`fn:current-time()`) repräsentieren einen Zeitpunkt während der Auswertung einer XQuery-Anfrage. Das Verhalten der Funktionen ist stabil, was bedeutet, dass ein mehrmaliges Aufrufen der Funktion innerhalb einer Anfrage den gleichen Wert liefert.

fn:current-dateTime()
fn:current-date()
fn:current-time()

Signatur	Beschreibung
`fn:current-dateTime()` `as xs:dateTime` `fn:current-date()` `as xs:date` `fn:current-time()` `as xs:time`	liefert den aktuellen Zeitstempel bzw. das aktuelle Datum oder die aktuelle Uhrzeit

Tab. 7–10 *Funktionen zur Ermittlung des aktuellen Zeitstempels*

fn:implicit-timezone()
fn:adjust-dateTime-to-
timezone()
fn:adjust-date-to-
timezone()
fn:adjust-time-to-
timezone()

Jedem Auswertungskontext ist eine implizite Zeitzone zugeordnet, die bei allen Funktionen und Operationen auf Zeitangaben betrachtet wird. Die Funktion `fn:implicit-timezone()` kann herangezogen werden, um die aktuell gültige Zeitzone zu ermitteln. Die Familie der `fn:adjust-xxx()`-Funktionen ermöglicht die Anpassung einer Zeitangabe vom Typ `xs:dateTime`, `xs:date` und `xs:time` an die implizit im Auswertungskontext gültige (Wegfall des entsprechenden Parameters) oder eine explizit übergebene Zeitzone:

Signatur	Beschreibung
`fn:implicit-timezone()` `as xdt:dayTimeDuration?`	liefert die aktuelle Zeitzone des gerade gültigen Auswertekontextes

`fn:adjust-{dateTime|`
`        date|`
`        time}-to-timezone(`
`  $arg as {xs:dateTime?`
`        xs:date|`
`        xs:time},`
`  $timezone as xdt:dayTimeDuration?)`
`as {xs:dateTime?|`
`    xs:date?|`
`    xs:time?}`
	passt die als Parameter übergebene Zeitangabe an die jeweilige Zeitzone an; die Funktion existiert für die Typen:
	· dateTime
	· date
	· time

`fn:get-timezone-from-{dateTime|`
`                    date|`
`                    time}(`
`  $arg as {xs:dateTime?|`
`          xs:date?|`
`          xs:time?})`
`as xdt:dayTimeDuration?`
	liefert die Zeitzone als Wert eines Uhrzeitintervalls von dem jeweiligen Parameter zurück;
	die Zeitverschiebung kann für die folgenden Typen ermittelt werden:
	· dateTime
	· date
	· time

Tab. 7–11 *Funktionen für Zeitzonen*

Als Beispiel für die obigen Funktionen möge der folgende FLWOR-Ausdruck dienen.

```
let $tz1 := fn:implicit-timezone()
let $tz2 := xdt:dayTimeDuration("-PT10H")
return
  <ImpliziteZeitzone>{ $tz1 }</ImpliziteZeitzone>,
  <T1>
    {fn:adjust-dateTime-to-timezone(
                xs:dateTime("2004-03-05T13:00:00")),
     fn:adjust-date-to-timezone(xs:date("2004-03-05")),
     fn:adjust-time-to-timezone(xs:time("13:00:00")) }
  </T1>,
```

```
<T2>
  {fn:adjust-dateTime-to-timezone(xs:dateTime("2004-03-05T13:00:00-08:00")),
    fn:adjust-date-to-timezone(xs:date("2004-03-05-08:00")),
    fn:adjust-time-to-timezone(xs:time("13:00:00-08:00")) }
</T2>,
<T3>
  {fn:adjust-dateTime-to-timezone(xs:dateTime("2004-03-05T13:00:00-08:00"), $tz2),
    fn:adjust-date-to-timezone(xs:date("2004-03-05-08:00"), $tz2),
    fn:adjust-time-to-timezone(xs:time("13:00:00-08:00"), $tz2) }
</T3>
```

Dieser Ausdruck liefert folgendes Ergebnis, wobei im ersten Fall eine Übernahme der impliziten Zeitzone erfolgt. Im zweiten Szenario werden Zeitangaben mit einer Zeitzone in die implizite Zeitzone umgerechnet. Im dritten Block erfolgt eine Anpassung schließlich hinsichtlich einer absoluten Zeitzone (vom Typ xdt:dayTimeDuration()), was bei der Datumsanpassung in diesem Beispiel zu einem Wechsel des Tages führt.

```
<ImpliziteZeitzone>-PT8H0M</ImpliziteZeitzone>
<T1>2004-03-05T10:00:00-08:00
    2004-03-05-08:00
    10:00:00-08:00
</T1>
<T2>2004-03-05T10:00:00-05:00
    2004-03-05-05:00
    10:00:00-05:00
</T2>
<T3>2004-03-05T15:00:00-10:00
    2004-03-04-10:00
    15ß:00:00-10:00
</T3>
```

7.3.2   Analyse von Zeitangaben

Zeitangaben können durch eine Ansammlung von Funktionen in einzelne Bestandteile zerlegt werden. Die Extraktion von Komponenten mit Bezug auf die unterschiedlichen Granulate von Zeitangaben findet sich – in komprimierter Form – in Tabelle 7–12 aufgelistet.

Die Semantik der einzelnen Funktionen ist dabei durch das Bezeichnungsschema im Wesentlichen vorgegeben. So liefert der Ausdruck

```
fn:get-day-from-date("2004-01-08")
```

den Wert 8 vom Datentyp xs:integer. Alle diese Funktionen liefern Werte vom Datentyp xs:integer mit Ausnahme der Funktionen, die den Sekundenanteil ermitteln und – bedingt durch eine über Sekunden

Signatur	Beschreibung

`fn:get-{years|`
`      months}-`
`          from-yearMonthDuration(`
`  $arg as xdt:yearMonthDuration?)`
`as xs:integer?`
	liefert
	· Jahr- bzw.
	· Monatskomponente einer Zeitangabe
	vom Typ xdt:yearMonthDuration

`fn:get-{days|`
`      hours|`
`      minutes}-`
`          from-dayTimeDuration(`
`  $arg as xdt:dayTimeDuration?)`
`as xs:integer?`
`fn:get-seconds-from-dayTimeDuration(`
`  $arg as xdt:dayTimeDuration?)`
`as xs:decimal?`
	liefert
	· Tages-,
	· Stunden-,
	· Minuten oder
	· Sekundenanteil
	einer Zeitangabe vom Typ xdt:dayTimeDu-
	ration

`fn:get-{year|`
`      month|`
`      day|`
`      hours|`
`      minutes}-from-dateTime(`
`  $arg as xs:dateTime?)`
`as xs:integer?`
`fn:get-seconds-from-dateTime(`
`  $arg as xs:dateTime?)`
`as xs:decimal?`
	liefert Komponenten einer Zeitangabe vom
	Typ xs:dateTime für:
	· Jahr
	· Monat
	· Tag
	· Stunden
	· Minuten
	· Sekunden

`fn:get-{year|month|day}-from-date(`
`  $arg as xs:date?)`
`as xs:integer?`
	liefert Komponenten einer Datumsangabe
	(xs:date) für:
	· Jahr
	· Monat
	· Tag

`fn:get-{hours|`
`      minutes}-from-time(`
`  $arg as xs:time?)`
`as xs:integer?`
`fn:get-seconds-from-time(`
`  $arg as xs:time?)`
`as xs:decimal?`
	liefert Komponenten einer Uhrzeitangabe
	(xs:time) für:
	· Stunden
	· Minuten
	· Sekunden

Tab. 7–12 *Funktionen zur Analyse von Zeitangaben*

hinausgehende Zeitauflösung – in einem Wert vom Datentyp xs:deci-
mal resultieren, d. h.,

```
fn:get-seconds-from-time("11:35:02.2523")
```

liefert als Beispiel den Wert 2.523 vom Typ xs:decimal. Unterstützt
werden in summa die fünf Datentypen zur Verwaltung von Zeitangaben, wobei die noch nicht in einem Beispiel referenzierten Datentypen
im folgenden Beispiel Verwendung finden:

```
let $ymd := xdt:yearMonthDuration("P8Y10M")
let $dtd := xdt:dayTimeDuration("P2DT8H30M12.5S")
```

```
let $dt := xs:dateTime("2004-01-08T11:40:25.1-05:00")
return (
  <JahrUndMonat>
    { fn:get-years-from-yearMonthDuration($ymd)," Jahre und ",
      fn:get-months-from-yearMonthDuration($ymd)," Monate" }
  </JahrUndMonat>,
  <TagUndUhrzeit>
    { fn:get-days-from-dayTimeDuration($dtd)," Tage und ",
      fn:get-hours-from-dayTimeDuration($dtd)," Stunden und ",
      fn:get-minutes-from-dayTimeDuration($dtd)," Minuten und ",
      fn:get-seconds-from-dayTimeDuration($dtd)," Sekunden " }
  </TagUndUhrzeit>,
  <DatumUndUhrzeit>
    { "Tag ",fn:get-day-from-dateTime($dt)," im Monat ",
      fn:get-month-from-dateTime($dt)," des Jahres ",
      fn:get-year-from-dateTime($dt)," zur Stunde ",
      fn:get-hours-from-dateTime($dt)," und ",
      fn:get-minutes-from-dateTime($dt)," Minuten und ",
      fn:get-seconds-from-dateTime($dt)," Sekunden " }
  </DatumUndUhrzeit>)
```

Diese Extraktion von Komponenten unterschiedlicher Zeitangaben resultiert in folgendem XML-Fragment:

```
<JahrUndMonat>
  8 Jahre und 10 Monate
</JahrUndMonat>
<TagUndUhrzeit>
  2 Tage und 8 Stunden und 30 Minuten und 12.5 Sekunden
</TagUndUhrzeit>
<DatumUndUhrzeit>
  Tag 8 im Monat 1 des Jahres 2004 zur Stunde 11 und 40 Minuten
und 25.1 Sekunden
</DatumUndUhrzeit>
```

7.3.3 Vergleich von Zeitangaben

Der Vergleich von Zeitangaben wird aus Sicht des Benutzers vollkommen durch die klassischen Operatoren (Abschnitt 6.2.2) realisiert. Die eingebetteten Operatoren werden innerhalb der Spezifikation, wie bereits in Abschnitt 6.1 bei der Behandlung arithmetischer Ausdrücke erwähnt, durch eine Vielzahl expliziter Operatoren unterstützt, die nicht direkt aufrufbar sind. Tabelle 7–13 gibt einen Überblick in einer komprimierten Darstellungsform. Anzumerken ist dabei, dass bei den darstellungsbezogenen Datentypen g{YearMonth|Year|MonthDay|Month-Day} ausschließlich ein Test auf Gleichheit existiert.

Signatur	Beschreibung
```op:{yearMonthDuration| dayTimeDuration| dateTime| date| time}-{equal| less-than| greater-than}($op1 as {xdt:yearMonthDuration| xdt:dayTimeDuration| xdt:dateTime| xdt:date| xdt:time}, $op2 as {xdt:yearMonthDuration| xdt:dayTimeDuration| xdt:dateTime| xdt:date| xdt:time}) as xs:boolean```	15 Operatoren zur Realisierung der Vergleichbarkeit von Wertepaaren mit den Typen: · yearMonthDuration · dayTimeDuration · dateTime · date · time hinsichtlich · $op1 = $op2 · $op1 < $op2 · $op1 > $op2
```op:{gYearMonth| gYear| gMonthDay| gMonth| gDay}-equal($op1 as {gYearMonth| gYear| gMonthDay| gMonth| gDay}, $op2 as {gYearMonth| gYear| gMonthDay| gMonth| gDay}) as xs:boolean```	5 Operatoren zum Test auf Gleichheit von Wertepaaren mit den Typen: · gYearMonth · gYear · gMonthDay · gMonth · gDay

Tab. 7–13 *Operatoren zur Realisierung der Vergleichbarkeit von Zeitangaben*

Folgende Anfrage liefert beispielsweise eine Liste von Personen des Krankenhauspersonals, die im Jahr 2004 das Alter von 65 Jahren erreichen.

```
for $p in fn:foc("Hochwaldklinik.xml")//(Arzt | Pfleger)
where fn:getYearFromDate($p/Geburtsdatum)+65 eq 2004
return
   <Rentenanwärter>{ $p/Name }</Rentenanwärter>
```

7.3.4   Arithmetische Operatoren und Funktionen

Neben den Vergleichsoperatoren schreibt der XQuery-Sprachstandard eine Menge von Operatoren und Funktionen zur Formulierung arithmetischer Ausdrücke vor. Analog zu den Vergleichsfunktionen sind aus Sicht der Anwendung wiederum die eingebetteten Operatoren in der Infix-Notation zu verwenden. Tabelle 7–14 gibt zusammenfassend die Liste der definierten Operatoren und Funktionen wieder. Zu beachten ist dabei, dass für die beiden XQuery-spezifischen Datentypen xdt:yearMonthDuration und xdt:dayTimeDuration (Abschnitt 3.4) zusätzlich zwei Funktionen definiert werden, die eine Subtraktion von

Signatur	Beschreibung

`op:{subtract|`
`    add}-{yearMonthDurations|`
`          dayTimeDurations}(`
`  $arg1 as {xdt:yearMonthDuration|`
`          xdt:dayTimeDuration},`
`  $arg2 as {xdt:yearMonthDuration|`
`          xdt:dayTimeDuration})`
`as {xdt:yearMonthDuration|`
`    xdt:dayTimeDuration}`
	je zwei Operatoren zur Subtraktion bzw. Addition von Zeitintervallen bzgl. der beiden Datentypen:
	· xdt:yearMonthDuration
	· xdt:dayTimeDuration

`fn:subtract-dateTimes-yielding-`
`             {yearMonthDuration|`
`             dayTimeDuration}(`
`  $arg1 as xs:dateTime?,`
`  $arg2 as xs:dateTime?)`
`as {xdt:yearMonthDuration?|`
`    xdt:dayTimeDuration?}`
	zwei Funktionen zur Subtraktion von xs:dateTime-Argumenten, wobei der Zieldatentyp gewählt werden kann:
	· xdt:yearMonthDuration
	· xdt:dayTimeDuration

`op:subtract-{dates|Sabon}(`
`  $arg1 as {xs:date?|xs:time?},`
`  $arg2 as {xs:date?|xs:time?})`
`as xdt:dayTimeDuration?`
	Subtraktion von Datums- bzw. Uhrzeitangaben mit Bezug auf einen Wert von Datentyp xdt:dayTimeDuration

`op:{subtract|`
`    add}-{yearMonthDuration|`
`        dayTimeDuration}-`
`        {from|to}-{dateTime|`
`                   date|`
`                   time}(`
`  $arg1 as {xs:dateTime|`
`           xs:date|`
`           xs:time},`
`  $arg2 as {xdt:yearMonthDuration|`
`           xdt:dayTimeDuration})`
`as {xs:dateTime|`
`    xs:date|`
`    xs:time}`
	Operatoren zur Subtraktion bzw. Addition von zwei Zeitangaben mit unterschiedlichem Ausgangszeitpunkt vom Typ
	· xs:dateTime
	· xs:date
	· xs:time
	und unterschiedlichen Intervallen
	· xsd:yearMonthDuration
	· xdt:dayTimeDuration
	(ausgenommen der Kombination von xsd:yearMonthDuration und xs:time)

`op:{multiply|divide}-`
`           {yearMonthDuration|`
`           dayTimeDuration}(`
`  $arg1 as {xdt:yearMonthDuration|`
`           xdt:dayTimeDuration},`
`  $arg2 as xs:double)`
`as xdt:yearMonthDuration`
	Multiplikation bzw. Division einer Zeitdauer vom Typ
	· xsd:yearMonthDuration
	· xdt:dayTimeDuration
	mit bzw. durch eine(r) Zahl vom Datentyp
	· xs:double

Tab. 7–14   *Arithmetische Operatoren und Funktionen für Zeitangaben*

Wertepaaren vom Typ xs:dateTime mit den jeweiligen Datentypen als
Ergebnistyp ermöglichen.

7.4   Benutzerdefinierte Funktionen

Funktionskopf und   Obwohl XQuery ein reiches Portfolio an Funktionen anbietet, gibt es
Funktionsrumpf   die Möglichkeit, benutzerdefinierte Funktionen zu erstellen. Eine
benutzerdefinierter   benutzerdefinierte Funktion besteht dabei – wie im klassischen pro-
Funktionen   grammiersprachlichen Kontext – aus zwei Teilen:

■ *Funktionskopf*
  Der Kopf der Funktion repräsentiert die Signatur der Funktion und
  besteht aus einem Funktionsbezeichner, einer Liste von Parametern
  mit korrespondierendem Datentyp und der Angabe eines Daten-
  typs für die Rückgabewerte. Wird die explizite Angabe eines
  Datentyps nicht vorgenommen, so wird automatisch sowohl für
  Parameter als auch für den Rückgabewert der Datentyp item*
  angenommen.
■ *Funktionsrumpf*
  Der Rumpf der Funktion besteht entweder aus einem XQuery-
  Ausdruck oder einer Referenz auf eine externe Realisierung, angedeutet durch das Schlüsselwort external.

Die Unterstützung extern realisierter Funktionen ist einer XQuery-
Implementierung freigestellt. Entsprechend existieren Freiräume hinsichtlich Strategie der Parameterübergabe und Erweiterung bzw.
Anpassung des Typsystems. Extern realisierte Funktionen sind dabei
insofern interessant, als dass sie die Möglichkeit eröffnen, andere
Datenquellen anzusprechen. Damit kann beispielsweise der Zugriff
auf relationale Datenbanken oder Datenquellen realisiert werden, die
nur über proprietäre Protokolle zugänglich sind.

7.4.1   Deklaration benutzerdefinierter Funktionen

Der Auszug aus der Grammatik zur Deklaration einer benutzerdefinierten Funktion in XQuery ergibt sich wie folgt:

```
FunctionDecl    ::= declare function QName (
                      ParamList? ( ) | ( ) as SequenceType)
                      (EnclosedExpr | external)
ParamList       ::= Param (, Param)*
Param           ::= $ VarName TypeDeclaration?
TypeDeclaration ::= as SequenceType
```

Der Bezeichner einer benutzerdefinierten Funktion muss ein QName *Deklaration*
mit einem nicht leeren Präfix zur Angabe eines Namensraumes sein.
Da in der aktuellen Version des XQuery-Standards im Bereich der
benutzerdefinierten Funktionen kein Überladen von Funktionen
erlaubt ist[2], muss der Bezeichner einer Funktion innerhalb des Moduls
(Abschnitt 8.1) eindeutig sein. Darüber hinaus ist es nicht erlaubt, eine
Funktion mit dem gleichen Namen wie ein bereits existierender Typ zu
deklarieren, da für jeden atomaren Datentyp grundsätzlich eine Konstruktorfunktion deklariert wird.

Die Forderung nach einer Namensraumangabe würde im Prinzip
die Einführung eines neuen Namensraumes auch für lokal verwendete
Funktionen innerhalb des aktuellen Moduls implizieren. Um dies zu
vermeiden, führt XQuery einen impliziten Namensraum (`http://`
`www.w3.org/2003/11/xquery-local-functions`) mit dem Präfix `local` ein,
der bei der Deklaration benutzerdefinierter Funktionen für den lokalen Gebrauch verwendet werden kann.

Der Einsatz benutzerdefinierter Funktionen wird an folgendem
Beispiel illustriert:

```
declare function local:BetreutePatienten(
  $a as element(Arzt_T))
as element(Patient)*
{
  fn:distinct-values(
    for $p in fn:collection("Patienten")//Patient_stationär
    where xqb:follow-xlink($p/Einlieferung/Arzt/@xlink:href) is $a
    return $p )
};

for $a in fn:doc("Hochwaldklinik.xml")//Angestellte/Arzt,
    $p in local:BetreutePatienten($a)
return
  <Patientenliste>
    <Patient>
      <Patientname>{ $p/Name/* }</Patientname>
      <Arztname>{ $a/Name/* }</Arztname>
    </Patient>
  </Patientenliste>
```

2. Die Einschränkung wird insbesondere dadurch begründet, dass es aktuell noch
    keine hinreichende Regel zum Umgang mit dem Prinzip der Atomisierung
    (Abschnitt 3.3) bei der Auflösung von Parametern gibt; so ist bei einer Situa-
    tion mit zwei gleichnamigen Funktionen, wo eine Funktion einen Knoten, die
    andere einen atomaren Wert als Parameter besitzt, unklar, welche der beiden
    Funktionen ausgeführt wird.
    Des Weiteren sei angemerkt, dass die XQuery-Standardbibliothek bereits das
    Prinzip des Overloading verwendet. So kann die Funktion `fn:string()`
    sowohl mit als auch ohne Parameter aufgerufen werden.

Dabei werden innerhalb der Funktion für einen konkreten Arzt alle vom ihm aufgenommenen Patienten ermittelt. Der Parameter ist somit vom Typ `Arzt_T`; der Rückgabewert der Funktion ist vom Sequenztyp `Patient`.

Im folgenden Beispiel wird das Gehalt der Angestellten berechnet, wobei in Abhängigkeit von der Zugehörigkeit zur Berufsgruppe die Überstunden unterschiedlich entlohnt werden:

```
declare function local:Gehaltsberechnung(
  $a as element(Angestellter_T),
  $h as xs:integer)
as xs:decimal
{
  typeswitch ($a)
      case element(*, Arzt_T)
          return ($h + local:AnzahlÜberstunden($h)*0.5) * 25
      case element(*, Pfleger_T)
          return ($h + local:AnzahlÜberstunden($h)*0.4) * 15
      case element(*, Techniker_T)
          return ($h + local:AnzahlÜberstunden($h)*0.2) * 20
      case element(*, Sekretärin_T)
          return ($h + local:AnzahlÜberstunden($h)*0.09) * 10
      default return 0
};
declare function local:AnzahlÜberstunden(
  $h as xs:integer)
as xs:integer
{
  if ($h > 38.5) then $h − 38.5
                 else 0
};
```

In diesem Beispiel werden zwei benutzerdefinierte Funktionen eingesetzt, um das Gehalt einschließlich der Zulagen bei Überstunden zu ermitteln. Die Funktion `local:Gehaltsberechnung()` nimmt eine Fallunterscheidung vor und berechnet mit dem jeweils gültigen Stundensatz multipliziert mit der Anzahl geleisteter Stunden das Gehalt pro Woche. Der Anteil der Überstunden, welcher mit der Funktion `local:Anzahl-Überstunden()` durch einen konditionalen Ausdruck ermittelt wird, wird dabei mit einem zusätzlichen Faktor belegt. Zum Beispiel erhält ein Arzt pro Überstunde neben seinem regulären Stundensatz zusätzlich 50% als Zuschlag. Eine Gehaltsliste für die Klinik wird dann wie folgt erstellt:

```
<Gehaltsliste>
{
  for $a in fn:doc("Hochwaldklinik.xml")
                              //element(*, Angestellte_T)
  for $z in fn:doc("Zeiterfassung.xml")
              //Wochenstunden[@Kalenderwoche="48"]/Angestellter
  where $a/Nummer = $z/Nummer
  return
    <Angestellter>
      <Name>{ $a//Vorname, $a//Nachname }</Name>
      <Gehalt>{ local:Gehaltsberechnung($a, $z/Stunden) }</Gehalt>
    </Angestellter>
}
</Gehaltsliste>
```

Als weiteres Beispiel wird in [W3C-19] argumentiert, dass die Existenz von Standardwerten bei der Auswertung von Ausdrücken ein häufiges Szenario reflektiert. Die folgende benutzerdefinierte Funktion local:if-absent() akzeptiert eine Sequenz von Knoten und einen Standardwert vom Typ xdt:anyAtomicType.

```
declare function local:if-absent(
  $node as node?,
  $value as xdt:anyAtomicType) as xdt:anyAtomicType*
{
  if ($node)
    then fn:data($node)
    else $value
}
```

Der konditionale Ausdruck überprüft dabei auf die Existenz eines Elementes innerhalb der Sequenz und liefert im positiven Fall die Sequenz selbst, im negativen Falls den als zweiten Parameter übergebenen Wert. Der konditionale Ausdruck kann durch

```
if ($node and $node/child::fn:node())
```

dahingehend erweitert werden, dass der Standardwert zurückgeliefert wird, wenn die Sequenz entweder leer ist oder ein Element mit einem komplexen Inhalt besitzt.

7.4.2   Verfolgung von XLink

XQuery stellt selbst keine Sprachmittel für eine Verfolgung von XLink-Angaben zur Verfügung. In den vorangegangenen Beispielen wurde dabei auf eine benutzerdefinierte Funktion zurückgegriffen. Diese Funktion wird im Folgenden auf zwei unterschiedliche Arten realisiert.

Beide Varianten haben dabei identische Signaturen und erwarten eine Zeichenkette mit dem Locator-Attribut eines XLink-Elementes als Parameter und liefern ein beliebiges Element zurück, welches das Ziel des XLink in dem entsprechenden Dokument repräsentiert. In einem ersten Schritt wird dieser Teil des XLink-Elementes syntaktisch mit Hilfe der Funktionen zur Bearbeitung und Analyse von Zeichenketten (Abschnitt 7.2) in seine Komponenten zerlegt. Die Variable `$docValue` repräsentiert dabei die URI für das zugrunde liegende XML-Dokument und `$idValue` enthält das Ziel des XLink zur Identifikation des entsprechenden Elementes.

```
declare namespace xqb="http://www.xquerybuch.de";
declare function xqb:follow-xlink(
  $href as xs:string)
as element
{
  let $docValue := fn:substring-before($href, "#")
  let $x := fn:substring-after($href, "#xpointer(id(""")
  let $idValue := fn:substring-before($x, """)")
  return
  (: Kontrolle, ob es sich um eine gültige Syntax handelt :)
  if ( fn:matches($href, "[^#]*#xpointer\(id\([^(]*\)\)") ) then
      fn:doc($docValue)/fn:id($idValue)
  else
      fn:error("XPointer-Syntax nicht unterstützt!")
};
```

Die erste Variante basiert auf den beiden Funktionen `fn:doc()` und `fn:id()` zum Zugriff auf ein externes XML-Dokument bzw. der Auflösung von Referenzen. Wird in diesem Fall kein über den ID-Wert zu referenzierendes Element gefunden, so liefert diese Variante keinen Fehler, sondern ein leeres Ergebnis zurück. In der zweiten Variante wird dieser Fehlerfall explizit abgefangen. Dabei wird nach dem Zugriff auf die externe XML-Dokumentenressource mit Hilfe der Funktion `fn:doc()` eine Filterung über einen angefügten Pfadausdruck realisiert. Die Variable `$result` enthält alle Elemente in dem Dokument, deren Attribut ID mit dem vorgegebenen Wert der Referenz übereinstimmt. Falls diese Variable den Wert einer leeren Sequenz nach der Bindung enthält, kann festgestellt werden, dass es sich zwar um einen syntaktisch korrekten, jedoch nicht gültigen XLink-Eintrag gehandelt hat:

```
declare namespace xqb="http://www.xquery-buch.de";
declare function xqb:follow-xlink(
  $href as xs:string)
as element
{
  let $docValue := fn:substring-before($href, "#")
  let $x := fn:substring-after($href, "#xpointer(id("""")
  let $idValues := fn:substring-before($x, """")")
  return
  if ( fn:matches($href,"[^#]*#xpointer\(id\([^(]*\)\)") ) then
    let $result := fn:doc($docValue)/fn:id($idValue)
    return
      if ($result) then
        $result
      else
        fn:error("XLink nicht aufgelöst!")
    else
      fn:error("XPointer-Syntax nicht unterstützt!")
};
```

7.4.3   Rekursive benutzerdefinierte Funktionen

Das Prinzip der benutzerdefinierten Funktionen kann in vielfältiger Hinsicht die Fomulierung von komplexen Sachverhalten einfacher und übersichtlicher gestalten. Dies wird insbesondere dadurch erreicht, dass sowohl direkte als auch indirekte Rekursion erlaubt ist: Innerhalb einer Funktion können somit ein oder mehrere Aufrufe der aktuellen Funktion (mit variierenden Parameterbelegungen) stehen.

Als Beispiel dient an dieser Stelle die Nachbildung der Kernfunktion fn:max() als benutzerdefinierte Funktion zur Ermittlung des wertemäßig größten Elementes innerhalb einer Sequenz.

Rekursion

```
declare function local:mymax(
  $values as xdt:anyAtomicType*)
as xdt:anyAtomicType
{
  if (every $v in $values satisfies $values[1] ge $v)
    then $values[1]
    else local:mymax(fn:subsequence($values, 2))
};
```

Der konditionale Ausdruck überprüft dabei in jedem Rekursionsschritt, ob das Element an erster Position innerhalb der Sequenz größer als alle nachfolgenden Werte ist. Falls dies zutrifft, so ist der maximale Wert gefunden und wird als Rückgabewert an den Aufrufer zurückgegeben. Andernfalls wird rekursiv in der verbleibenden Sequenz (ab Position 2) das Maximum ermittelt.

Rekursion ist insbesondere dann von Interesse, wenn in einem hierarchisch angeordneten XML-Dokument Analysevorgänge, z. B. Suchvorgänge, zu realisieren sind. Folgende benutzerdefinierte Funktion bestimmt die maximale Pfadlänge, ausgehend von einem Knoten, der als Parameter übergeben wird.

```
declare function local:maxpath(
  $e as node())
as xs:integer
{
  if (fn:empty($e/*))
    then 0
    else 1 + fn:max(for $c in $e/*
                    return local:maxpath($c) )
};
```

Die Pfadlänge ist dabei wieder rekursiv definiert, indem ein Knoten ohne weitere Kinder keinen Beitrag zu einer Pfadlänge liefert. Andernfalls wird zunächst im Rahmen eines FLWOR-Ausdrucks rekursiv für jedes Kindelement des aktuellen Kontextknotens die Pfadlänge bestimmt. Aus der Sequenz der Ergebniswerte des FLWOR-Ausdrucks wird dann mit der fn:max()-Funktion der größte Wert ausgewählt und nach einer Inkrementierung zur Berücksichtigung der aktuellen Generation das Ergebnis an den aufrufenden Kontext übergeben. Abbildung 7–1 illustriert die Berechnung der Dokumententiefe und der Auswahl der lokal größten Pfadlänge in jeder Rekursionsstufe.

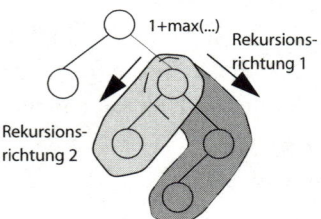

Abb. 7–1   *Illustration zur rekursiven Ermittlung der Pfadlängen*

Als letztes Beispiel einer rekursiven benutzerdefinierten Funktion wird das Prinzip der Erreichbarkeit in XML-Dokumenten aufgearbeitet [W3C-18]. Ausgehend von einem Knoten sollen alle direkt darunter liegenden oder per Referenz erreichbaren Knoten als Rückgabewert zurückgeliefert werden:

```
declare function local:erreichbareElemente(
  $e as element()*)
as element()*
{let $x :=
     (for $el in $e
      return
      local:erreichbareElemente(local:verbundeneElemente($el)))
 return $e union $x
};

declare function local:verbundeneElemente(
  $e as element())
as element()*
{let $x := (for $el in $e/@*
             where fn:data($el) instance of xs:id
             return fn:id($el))
 return $e/* union $x
};
```

Die Funktion local:erreichbareElemente() liefert als Rückgabewert das aktuelle Ausgangselement und alle Elemente, die mit dem aktuellen Ausgangselement (direkt oder indirekt) verbunden sind.

Zwei Elemente können dadurch verbunden sein, dass sie entweder in einem Vater-Kind-Verhältnis stehen oder per Referenz aufeinander verweisen. Analog liefert die Funktion local:verbundeneElemente() alle direkten Kinder und alle Elemente, die sich durch Auflösung der Referenz hinsichtlich aller Attribute des aktuellen Elementes erreichen lassen.

7.4.4 Fehlerbehandlung

Auch wenn das Problem der Fehlerbehandlung nicht ausschließlich spezifisch für benutzerdefinierte Funktionen ist, so ist das Abfangen bzw. das »kontrollierte« Ende einer Ausführungseinheit innerhalb einer Funktion von zentraler Wichtigkeit. Allgemein werden in XQuery drei Arten von Fehlern erkannt:

Statische Fehler
Dynamische Fehler
Typfehler

- *Statische Fehler (»static error«)*
  Ein statischer Fehler muss während der Analysephase, d. h. zur Übersetzungszeit des XQuery-Ausdrucks, erkannt werden. Prominentes Beispiel eines statischen Fehlers ist ein Syntaxfehler.
- *Dynamische Fehler (»dynamic error«)*
  Ein dynamischer Fehler wie beispielsweise eine Division durch null kann bereits in der Analysephase, muss aber spätestens in der Ausführungsphase, d. h. zur Laufzeit einer Anfrage, erkannt werden.

■ *Typfehler (»type error«)*

Typfehler werden sowohl während der Übersetzungs- als auch während der Ausführungszeit erkannt und zeugen davon, dass ein Typ eines Ausdrucks nicht kompatibel mit dem erwarteten Typ in der jeweiligen Umgebung ist.

fn:error() Die Mechanismen zur Behandlung von Fehlerfällen sind – im Vergleich zu klassischen Programmiersprachen – nur rudimentär ausgeprägt. Wann immer ein Fehler auftritt, wird implizit die XQuery-Funktion fn:error() aufgerufen und die Bearbeitung eingestellt. Diese Wirkung wird dadurch erzielt, dass die Funktion fn:error() als Rückgabewert den speziellen »Datentyp« none besitzt, der für normale Benutzer nicht verwendbar ist und ausschließlich für diesen Zweck existiert. Im folgenden Beispiel wird die Fehlerfunktion benutzt, um – auf ungewöhnliche Art – eine unerwartete Datensituation zu signalisieren.

```
let $p := fn:collection("Patienten")//Patient_stationär
let $e := if ($p) then 1
                  else fn:error("Keine stationären Patienten!!!")
return $p
```

Tabelle 7–15 gibt die Signatur der Fehlerfunktion wieder.

Signatur	Beschreibung
fn:error([$srcval as item?]) as none	bricht die Bearbeitung mit einer optionalen Fehlermeldung ab

fn:trace(
  $value as item*,
  $label as xs:string)
as item*
	liefert funktional den übergebenen Wert unverändert zurück; als Seiteneffekt wird sowohl der Wert als auch die Zeichenkette an eine implementierungsabhängige Protokollierungskomponente übertragen

Tab. 7–15 *Funktionen zur Analyse von Zeitangaben*

fn:trace() Zur Vermeidung inhaltlicher Fehler existiert in diesem Zusammenhang eine weitere Funktion zur Protokollierung von Ergebnissen der Auswertung eines Ausdrucks. Die fn:trace()-Funktion erlaubt ein rudimentäres Debugging von XQuery-Ausdrücken und benutzerdefinierten Funktionen. Der erste Parameter stellt dabei den Gegenstand der Untersuchungen dar und wird zunächst unverändert an den aufrufenden Kontext übergeben. Zusätzlich wird der Wert des Ausdrucks zusammen mit der zusätzlich anzugebenden Zeichenkette an eine Protokollierungskomponente überreicht.

```
let $x := (12, 4711)
return
   fn:trace(fn:max($x), "Maximaler Wert")
```

Zum Beispiel resultiert der vorangegangene FLWOR-Ausdruck in der Aufzeichnung (bzw. direkten Ausgabe) der Zeichenketten "4711" und "Maximaler Wert" in implementierungsabhängiger Reihenfolge.

7.5 Zusammenfassung

XQuery stellt eine Vielzahl von Funktionen zur Verfügung, die in diesem Kapitel einer umfangreichen Betrachtung unterzogen werden. Die Aufarbeitung erfolgt dabei unterteilt in drei große Bereiche. Im ersten Teil werden Funktionen (und der Vollständigkeit halber) Operatoren für numerische und boolesche Ausdrücke eingeführt. Die zweite Klasse umfasst Funktionen zum Vergleich und zur Manipulation von Zeichenketten. In diesem Kontext spielen die Methoden zur Auswertung regulärer Ausdrücke eine zentrale Rolle. In der dritten Klasse werden schließlich Funktionen auf Zeitangaben klassifiziert und einer Erläuterung unterzogen. Neben Operatoren, welche die klassischen Vergleichs- und Substraktions-/Additionsoperatoren auf funktionaler Ebene repräsentieren, werden auch Funktionen zur Extraktion von Komponenten und für den Umgang mit Zeitangaben in unterschiedlichen Zeitzonen diskutiert.

Im letzten Abschnitt wird schließlich die Möglichkeit zur Deklaration benutzerdefinierter Funktionen aufgearbeitet. Dabei werden neben der prinzipiellen Vorgehensweise Beispiele für die Einbettung von Rekursion geliefert und die Möglichkeiten der Fehlerbehandlung beschrieben.

7.6 Übungen

1. Fassen Sie alle Texte zusammen, die das Ergebnis einer Behandlung pro Patient beschreiben.

2. Suchen Sie die Patienten heraus, die in ihrem Krankheitsverlauf »Diabetes« aufweisen.

3. Geben Sie das Durchschnittsalter aller Patienten pro Station gerundet auf Tage, Monate und Jahre an.

4. Berechnen Sie die durchschnittliche Operationsdauer für Operationen, die entweder eine Implantation oder eine Transplantation aufweisen.

5. Erstellen Sie eine benutzerdefinierte Funktion, die die k teuersten Medikamente zurückliefert, wobei k als Parameter in der Funktion anzugeben ist.

6. Erstellen Sie eine benutzerdefinierte Funktion, die die Position eines als Parameter zu übergebenden Knotens innerhalb einer ebenfalls als Parameter zu übergebenden Sequenz von Knoten zurückliefert.

7. Erstellen Sie benutzerdefinierte Funktionen zur Nachbildung von `fn:count()`, `fn:min()`, `fn:sum()` und `fn:avg()`.

8. Realisieren Sie im Rahmen einer benutzerdefinierten Funktion eine komponentenbasierte Differenz zweier `xs:date`-Werte unter der Berücksichtigung möglicher unterschiedlicher Zeitzonen.

9. Berechnen Sie innerhalb einer benutzerdefinierten Funktion für jeden Angestellten die durchschnittliche wöchentliche Arbeitsdauer.

10. Erstellen Sie eine benutzerdefinierte Funktion, die die beiden Angestellten mit den meisten und zweitmeisten Arbeitsstunden in der Kalenderwoche 48 ausgibt.

8 Erweiterte Konzepte

In den vorangegangenen Kapiteln sind die wesentlichen Bestandteile von XQuery bzw. von mit XQuery in Verbindung stehenden Konzepten erläutert worden. Dabei handelt es sich um das zugrunde liegende Datenmodell, XQuery-Ausdrücke (Pfadausdrücke, FLWOR-Ausdrücke, ...) zusammen mit deren Komponierbarkeit und die Standardfunktionsbibliothek von XQuery. In diesem Kapitel werden nun abschließend erweiterte Konzepte diskutiert.

So wurde bereits in den vorhergehenden Kapiteln mehrfach angedeutet, dass man für XQuery-Anfragen einen Kontext definieren kann, der die Verarbeitung der Anfrage beeinflusst. Zu diesem Zweck gibt es den Prolog, den man jeder XQuery-Anfrage voranstellen kann. In diesem Prolog können auch Funktionen importiert werden. Dadurch ist es in XQuery möglich, wiederverwendbaren Code zu schreiben.

Darüber hinaus wird die Einbettung von XQuery-Anfragen in andere Programmiersprachen durch den XQuery-Prolog unterstützt. Im Folgenden werden die einzelnen Teile des XQuery-Prologs erläutert.

Für das tiefere Verständnis von XQuery ist es hilfreich, das Verarbeitungskonzept und die Unterschiede von statischer Analyse und dynamischer Verarbeitung zu kennen. Darauf geht der Abschnitt 8.3 des vorliegenden Kapitels ein.

8.1 Das Modulkonzept von XQuery

Ein XQuery-Modul ist ein Stück XQuery-Code. Es besteht aus Prolog-Anteilen, wie sie im Folgenden beschrieben werden. Wenn es außerdem eine Anfrage enthält, heißt es Hauptmodul, anderenfalls Bibliotheksmodul. Bibliotheksmodule können nicht für sich selbst ausgewertet werden und müssen mit einer Moduldeklaration beginnen:

Haupt- und Bibliotheksmodul

```
ModuleDecl      ::= module namespace NCName = StringLiteral;
```

Mit dieser Moduldeklaration wird ein Namensraum definiert, dem alle aus dem Modul exportierten Funktionen und Variablen angehören. Ebenso wird ein Namensraumpräfix definiert, das bei allen Definitionen von zu exportierenden Funktionen und Variablen in dem Modul verwendet werden muss, zum Beispiel das Präfix math bei folgender Moduldeklaration:

```
module namespace math = "http://example.org/math-functions";
```

Ein Hauptmodul darf keine Moduldeklaration enthalten. Eine Anfrage kann nur genau ein Hauptmodul haben, so dass es nicht möglich ist, mit XQuery-Mitteln mehrere Anfragen zusammenzufassen. Haupt- und Bibliotheksmodule können mit einer Versionsangabe beginnen:

```
xquery version "1.0";
```

Versionsangabe Da es momentan nur die Version 1.0 gibt, ist diese Angabe nicht weiter von Belang.

Darüber hinaus ist anzumerken, dass ein Modul ein anderes Modul importieren und dabei gleichzeitig ein Namensraumpräfix für den Namensraum des Moduls definieren kann:

```
ModuleImport    ::= import module (namespace NCName =)? StringLiteral
                    (at StringLiteral)? ;
```

Hinter dem Schlüsselwort at kann eine Stelle definiert sein, an welcher das Modul gefunden werden kann; zum Beispiel:

```
import module namespace m = "http://example.org/math-functions" at
"C:\XQueryModules\math.xqm";
```

Modulimport Diese Anweisung kann jedoch von einer XQuery-Implementierung ignoriert werden, woraus folgt, dass es pro Namensraum nur ein einziges Modul geben kann. Wie man am Beispiel sieht, kann das beim Import definierte Präfix von dem Präfix abweichen, welches im Modul selbst für den Namensraum verwendet wird.

Modulimporte sind nicht transitiv. Das bedeutet, dass nur direkt im importierten Modul definierte Funktionen verfügbar sind, nicht die von diesem importierten Funktionen. Definitionen können auch nicht überlagert werden: Es ist ein Fehler, wenn ein bereits definierter Funktions- oder Variablenname nochmals importiert wird.

Beim Import eines Moduls muss darauf geachtet werden, dass alle Typen, die zum Beispiel von importierten Funktionen verwendet werden, auch verfügbar sind. Gegebenenfalls müssen die entsprechenden Schemata ebenfalls importiert werden.

8.2   Weitere Bestandteile des XQuery-Prologs

Neben dem Modulkonzept, wie es im vorangegangenen Abschnitt gezeigt wurde, existieren noch weitere Möglichkeiten, eine »Konfiguration« einer XQuery im XQuery-Prolog vorzunehmen. In diesem Abschnitt werden die zusätzlichen Angaben zum Namensraum, zur Möglichkeit des Schemaimports und Variablendefinition und zu Einstellungen des Validierungsmodus, des Verhaltens bei begrenzendem Leerraum und der Voreinstellung für die Sortierordnung gegeben.

8.2.1   Namensraumdefinitionen

Wie in XML-Dokumenten, so können auch in XQuery-Modulen Präfixe an Namensräume gebunden werden. Die Syntax dazu ist:

```
NamespaceDecl    ::= declare namespace NCName = StringLiteral ;
```

Das definierte Präfix ist im gesamten XQuery-Modul gültig, kann aber innerhalb eines Elementkonstruktors durch ein `xmlns:`-Attribut überschrieben werden. Im folgenden Beispiel gehört das Element `X` zum Namensraum `http://www.xquery-buch.de/X`, das Element `Y` zum Namensraum `http://www.xquery-buch.de/Y`:

```
declare namespace N = "http://www.xquery-buch.de/X";
<N:X><N:Y xmlns:N="http://www.xquery-buch.de/Y"/></N:X>
```

Alle Präfixe, die in einem XQuery-Modul verwendet werden, müssen an einen Namensraum gebunden sein. Folgende Präfixe sind vordefiniert:

Vordefinierte Namensraumpräfixe

```
xml = http://www.w3.org/XML/1998/namespace
xs = http://www.w3.org/2001/XMLSchema
xsi = http://www.w3.org/2001/XMLSchema-instance
fn = http://www.w3.org/2003/11/xpath-functions
xdt = http://www.w3.org/2003/11/xpath-datatypes
local = http://www.w3.org/2003/11/xquery-local-functions
```

Diese Namensraumangaben können (mit Ausnahme des `xml`-Präfixes) überdefiniert werden. Aus nahe liegenden Gründen darf das Präfix `xmlns` nicht definiert werden.

Der Namensraum von Elementen und Typen, die kein Namensraumpräfix tragen, kann ebenfalls definiert werden:

Vorbelegung für Elemente

```
DefaultNamespaceDecl(1) ::= declare default element namespace StringLiteral ;
```

Wenn es keine solche Definition gibt, dann gehören unqualifizierte Elementnamen und Typnamen zu keinem Namensraum. Für Elemente kann der Namensraum durch ein `xmlns`-Attribut überschrieben werden, wie folgendes Beispiel zeigt:

```
declare default element namespace "http://example.org/names";
<A><B xmlns="http://example.org/altnames"/></A>
```

Das Element A gehört zum Namensraum `http://example.org/names`, das Element B zum Namensraum `http://example.org/altnames`.

Vorbelegung für Funktionen

Analog gibt es eine Definition für den Namensraum von Funktionsnamen:

```
DefaultNamespaceDecl(2) ::= declare default function namespace StringLiteral ;
```

Liegt keine solche Definition vor, gehören alle Funktionsnamen zum Namensraum `http://www.w3.org/2003/11/xpath-functions`. Das bedeutet, dass alle »eingebauten« XQuery-Funktionen nur dann ohne das Präfix `fn:` aufgerufen werden können, wenn kein anderer `default element namespace` definiert wurde.

8.2.2   Schemaimport

Das Prinzip des Modulimports wurde bereits in Abschnitt 8.1 eingeführt. Neben Modulen können in XQuery aber auch XML-Schema-Definitionen importiert werden. Dadurch werden Typdefinitionen bekannt gemacht, die im XQuery-Modul verwendet werden können – XQuery hat keine eigenen Sprachmittel zur Typdefinition. Die Syntax für den Schemaimport lautet:

```
SchemaImport    ::= import schema SchemaPrefix? StringLiteral
                        (at StringLiteral)?
SchemaPrefix    ::= (namespace NCName =) | (default element namespace)
```

Identifikation des Schemas

Eine XQuery-Implementierung identifiziert das Schema über seinen Namensraum und gegebenenfalls mit der optionalen Angabe, an welchem Ort das Schema zu finden ist:

```
import schema namespace xhtml="http://www.w3.org/1999/xhtml" at
"http://example.org/xhtml/xhtml.xsd";
```

Schemata ohne Namensraum können importiert werden, indem eine leere Zeichenkette für den Namensraum angegeben wird:

```
import schema "" at "http://www.xquery-buch.de/Hochwaldklinik.xsd";
```

Mit dem Schemaimport kann auch gleichzeitig ein Präfix an den Namensraum des Schemas gebunden werden, oder der Namensraum kann als Vorbelegung für den Namensraum aller Elemente im XQuery-Modul definiert werden. Das Schema zum Namensraum `http://www.w3.org/2001/XMLSchema` (Metaschema von XML Schema, in dem alle Typen von XML Schema definiert sind, zum Beispiel `xs:integer`) muss nicht explizit importiert werden.

8.2.3   Variablendefinitionen

Es ist möglich, in einem Modul Variablen auch außerhalb von XQuery-Ausdrücken zu definieren. Wenn es sich um ein Bibliotheksmodul handelt, muss eine solche Variable explizit dem Namensraum des Bibliotheksmoduls angehören:

```
VarDecl              ::= declare variable $QName (as SequenceType)? { Expr };
```

Wenn ein Typ angegeben wird, muss er zu dem Ergebnis des Ausdrucks passen. Der Ausdruck darf alle Funktionen benutzen, die irgendwo im Prolog definiert oder importiert werden, aber, um zyklische Definitionen zu vermeiden, nur solche Variablen, die an einer früheren Stelle im Prolog definiert wurden. Solchermaßen definierte Variablen sind dann im gesamten Modul bekannt. Damit kann zum Beispiel eine zentrale Stelle für Codeanpassungen geschaffen werden:

```
xquery version "1.0";
module namespace Steuer = "http://example.org/Steuerberechnung";
declare variable $Steuer:MWSt-Satz as xs:decimal {16};
import schema namespace Geld = "http://example.org/Geld";

declare function Steuer:inclMWSt(
  $Netto as Geld:EuroBetrag)
as Geld:EuroBetrag
{
  ($Netto * (100 + $Steuer:MWSt-Satz)) div 100
};

declare function Steuer:exclMWSt(
  $Brutto as Geld:EuroBetrag)
as Geld:EuroBetrag
{
  $Netto * 100 div (1 + $Steuer:MWSt-Satz)
};
```

In diesem Beispiel wird angenommen, dass es ein Schema mit dem Namensraum `http://example.org/Geld` gibt, in dem der Typ `EuroBetrag` (als Untertyp von `xs:decimal` mit zwei Nachkommastellen) definiert ist. Das Modul stellt Funktionen zur Mehrwertsteuerberechnung zur Verfügung: eine Funktion, um die Mehrwertsteuer auf einen Netto-

betrag zu addieren, eine, um die Mehrwertsteuer aus einem Betrag her-
auszurechnen. Der Mehrwertsteuersatz ist dabei als Variable definiert,
die in beiden Funktionen verwendet wird. So muss nur an einer Stelle
des Moduls eine Änderung vorgenommen werden, wenn sich der Steu-
ersatz ändert. Man kann sich auch vorstellen, dass es mehrere umfang-
reichere XQuery-Module zur Steuerberechnung gibt. Dann kann es
sinnvoll sein, alle relevanten Steuersätze usw. in einem eigenen Modul
zu definieren, das dann nur Variablendefinitionen enthält.

Einbettung von XQuery   Wenn XQuery-Anfragen in andere Programmiersprachen eingebettet werden sollen, ist es wünschenswert, Werte aus diesen anderen
Umgebungen nach XQuery übertragen zu können. Solche Werte können einem XQuery-Modul mit einer Variablendeklaration bekannt
gemacht werden. Statt des Ausdrucks, aus dem sich der Wert der Variablen ergibt, steht dann das Schlüsselwort `external`:

```
declare variable $Steuer:MWSt-Satz as xs:decimal external;
```

Fehlt bei einer Variablendefinition der Typ, so wird er aus dem Ausdruck hergeleitet. Für externe Variablen muss er dann ebenso wie der
Wert zur Laufzeit übergeben werden.

8.2.4 Validierungsmodus

Schon im Abschnitt 3.8.2 haben wir die verschiedenen Validierungsmodi (`strict`, `lax`, `skip`) kennen gelernt, die man bei der `validate`-
Anweisung angeben kann. Fehlt die Angabe des Validierungsmodus
oder werden Elementkonstruktoren außerhalb von `validate`-Anwei-
sungen validiert, dann wird der Validierungsmodus `lax` verwendet.
Diese Voreinstellung kann im XQuery-Prolog verändert werden:

```
ValidationDecl      ::= declare validation (strict | lax | skip) ;
```

8.2.5 Behandlung von begrenzendem Leerraum

Bei der Erklärung des direkten Elementkonstruktors in
Abschnitt 3.5.1 wurde schon über die Behandlung von begrenzendem
Leerraum gesprochen. Diese Behandlung lässt sich über den XQuery-
Prolog steuern:

```
XMLSpaceDecl        ::= declare xmlspace (preserve | strip) ;
```

Wenn `xmlspace` auf `preserve` gesetzt wird, dann wird begrenzender
Leerraum nicht entfernt. Bei `strip` oder falls `xmlspace` überhaupt nicht
spezifiziert ist, wird begrenzender Leerraum entfernt. In einem Brow-

ser fällt dieser Unterschied vielleicht nicht auf, weil dieser automatisch
eine für den menschlichen Betrachter »schöne« Darstellung wählt. In
einer DOM-Repräsentation des Ergebnisses zeigt sich der Unterschied
allerdings deutlich, denn wenn begrenzender Leerraum erhalten bleibt,
entstehen viele Textknoten, die ansonsten nicht erzeugt werden würden.

8.2.6   Voreinstellung für die Sortierordnung

Bereits in Abschnitt 7.2.1 wurden die nationalen Sortierordnungen
ausführlich besprochen. Im XQuery-Prolog kann die Sortierordnung
eingestellt werden, die für entsprechende Operatoren (zum Beispiel gt)
verwendet wird, oder für Funktionen, bei denen keine Sortierordnung
explizit angegeben wurde:

```
DefaultCollationDecl ::= declare default collation StringLiteral ;
```

Die Sortierordnung muss als URI angegeben werden. XQuery macht
allerdings keine Angaben darüber, wie diese URIs aufgebaut sind. Die
so definierte Voreinstellung beeinflusst alle Operatoren und Funktionen, die auf Sortierordnungen reagieren. Dazu gehört auch die Sortierung über order by. Ausgenommen sind die Funktionen fn:contains,
fn:starts-with, fn:ends-with, fn:substring-before und fn:substring-
after. Diese benutzen immer die Unicode-Codepoint-Sortierordnung,
wenn im Aufruf keine andere Sortierordnung angegeben wird.

Erfolgt keine Deklaration der Voreinstellung für eine Sortierordnung, dann wird normalerweise die Unicode-Codepoint-Sortierordnung http://www.w3.org/2003/11/xpath-functions/collation/codepoint
verwendet. Eine XQuery-Implementierung kann in diesem Fall allerdings auch eine andere Sortierordnung vorsehen.

8.2.7   XQuery-Prolog im Überblick

Zusammenfassend kann der XQuery-Prolog folgende Komponenten
enthalten, die in beliebiger Reihenfolge auftreten dürfen:

- Modulimporte
- Schemaimport
- Namensraumdeklarationen
- Vorbelegung für den Namensraum von Elementen und
  Funktionen
- Vorbelegung für die Sortierordnung
- Voreinstellung für den Validierungsmodus

- Einstellung für die Behandlung von begrenzendem Leerraum
- Variablendeklarationen, auch für externe Variablen
- Benutzerdefinierte Funktionen

Versionsangabe und Moduldeklaration gehören nicht zum Prolog, sondern müssen diesem vorangehen.

8.3   Das Verarbeitungskonzept von XQuery

Die XQuery-Spezifikation definiert nicht nur eine Sprache und ein Datenmodell, sondern auch ein Verarbeitungskonzept für die Sprache. Das Verarbeitungsmodell kann beim Verständnis des Verhaltens einer XQuery-Implementierung helfen; deshalb soll es hier kurz erklärt werden. Abbildung 8–1 gibt eine grafische Darstellung des Verarbeitungskonzepts. Alle grau unterlegten Komponenten gehören nicht zum eigentlichen Umfang von XQuery, sondern werden von XQuery vorausgesetzt.

Statischer Kontext   Die Auswertungsumgebung (d. h. die XQuery-Implementierung oder die Umgebung, in die diese eingebettet ist) kann einen statischen Kontext für die Auswertung vorgeben, also beispielsweise Variablenwerte, Verarbeitungsdirektiven und mehr. Wir werden weiter unten sehen, was alles zu einem solchen statischen Kontext gehört. Es handelt sich jedenfalls um Einstellungen, die von den zu verarbeitenden Daten unabhängig sind. Dieser statische Kontext wird in der statischen Analyse noch erweitert.

8.3.1   Statische Analyse

Die erste Phase der Auswertung wird »Statische Analyse« genannt, weil sie nur von der Anweisung und dem statischen Kontext, aber nicht von den verarbeiteten Daten abhängt. Ein XQuery-Hauptmodul wird zunächst analysiert (»parse«). Der XQuery-Prolog wird benutzt, um den statischen Kontext zu erweitern und zu verändern (Abschnitt 8.3.4). Die eigentliche Anfrage wird in einen Operatorbaum, d. h. eine interne Darstellung, überführt. Dabei wird geprüft, ob alle Typnamen, Namensraumpräfixe, Funktionsnamen und Variablennamen, die nicht in der Anfrage selbst definiert werden, im statischen Kontext vorliegen. Ist dies nicht der Fall, ist die Anfrage fehlerhaft und wird nicht weiter verarbeitet (Abschnitt 7.4.4).

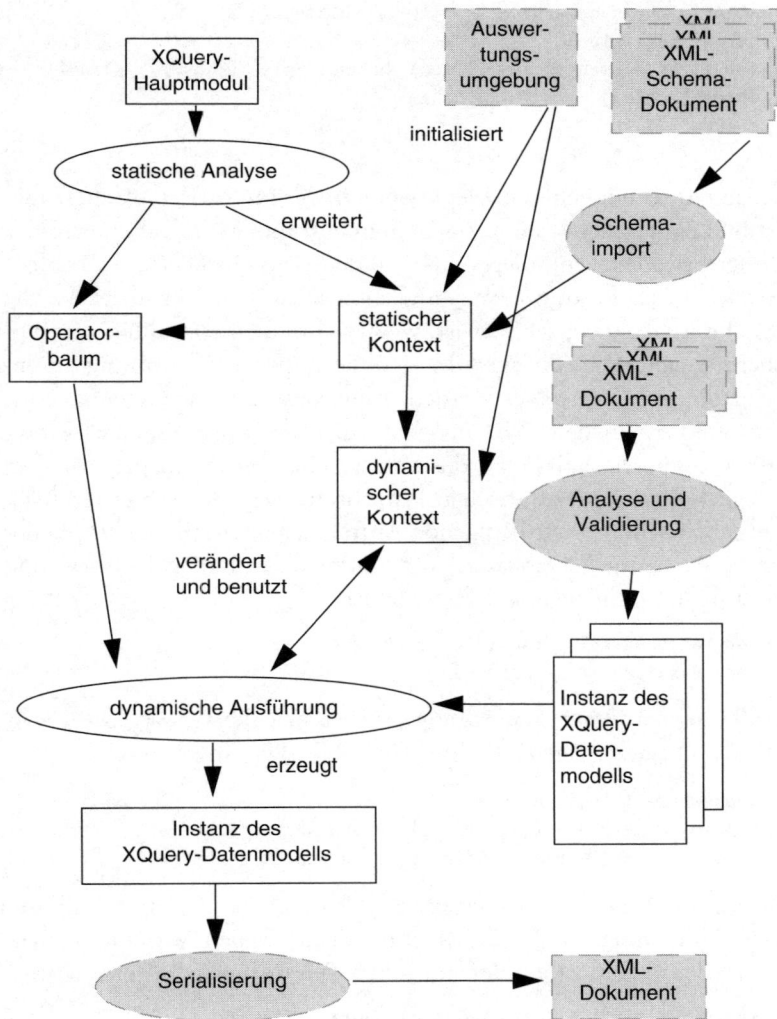

Abb. 8–1 *Das Verarbeitungskonzept von XQuery (nach [W3C-19])*

Statische Typprüfung

Im Rahmen der statischen Analyse kann eine XQuery-Implementierung bereits konstante Ausdrücke berechnen und einige Typzuweisungen und -prüfungen vornehmen (statische Typanalyse). So kann die folgende Anfrage schon in der statischen Analyse mit einem Fehler zurückgewiesen werden, weil die zu vergleichenden Variablen $i und $j einen inkompatiblen Typ haben:

```
import schema namespace x="http://example.org/x"
for $i in (1 to 3)
for $j as element(*, xs:string) in doc("Beispiel.xml")//x:Zahl
where $i gt $j
return
   ($i, "ist größer als", $j)
```

Ebenso würde ein Fehler erzeugt, wenn in der importierten Schemadefinition kein Element Zahl aus dem Namensraum http://example.org/x definiert ist oder wenn dieses nicht zu dem Typ element(*, xs:string) passt, weil es z. B. komplexen Inhalt hat. Man bemerkt hier, dass die statische Analyse konservativ ist, wenn es um die Beurteilung der Typsicherheit geht. Die Anfrage könnte ohne statische Typprüfung durchaus erfolgreich bearbeitet werden, ohne dass ein Typfehler auftritt, wenn nämlich in dem Dokument Beispiel.xml kein Element x:Zahl auftritt. In diesem Fall liefert die Anfrage eine leere Sequenz.

Konservatives Verhalten

Das Verhalten der statischen Typprüfung kann auf den ersten Blick erstaunlich sein. So wird folgende Anfrage einen statischen Typfehler liefern, wenn im Schema das Vorkommen der Elemente Bonus und Gehalt nicht auf höchstens 1 begrenzt ist:

```
for $a in fn:collection("Angestellte")
return $a/Gehalt + $a/Bonus
```

Gerade bei statischer Typprüfung erweist sich die typeswitch-Anweisung als hilfreich ([Katz04] und [MBC+04]). Die Anweisung

```
typeswitch ($Angestellter)
  case $a as element(*, Arzt_T) return $a/Fähigkeit
  case $k as element(*, Pfleger_T) return $k/Zertifikat
```

wird die statische Typprüfung problemlos bestehen, während die folgende Anweisung, die bezüglich ihres dynamischen Verhaltens identisch zu der obigen ist, an der statischen Typprüfung scheitern wird:

```
if ($Angestellter instance of element(*, Arzt_T)
  then $Angestellter/Fähigkeit
  else if ($Angestellter instance of element(*, Pfleger_T)
      then $Angestellter/Zertifikat
```

Vorteil von treat as

Das liegt daran, dass die Ableitungsregeln, wie sie in [W3C-17] definiert sind, nicht beweisen können, dass auf das Element Zertifikat nur zugegriffen wird, wenn $Angestellter vom Typ Pfleger_T ist. In einer XQuery-Implementierung, die statische Typprüfung unterstützt (Abschnitt 9.1), ist daher nur die erste Anfrageformulierung möglich. Die treat as-Anweisung wurde nur wegen der statischen Typprüfung eingeführt. Sie sichert einen Typ zu, so dass sich die statische Typprüfung darauf verlassen kann (dafür wird gegebenenfalls in der dynamischen Ausführung ein Fehler erzeugt, wenn die Zusicherung nicht zutrifft). So kann die obige Anfrage noch gerettet werden:

```
if ($Angestellter instance of element(*, Arzt_T)
   then ($Angestellter treat as Arzt_T)/Fähigkeit
   else if ($Angestellter instance of element(*, Pfleger_T)
        then ($Angestellter treat as Pfleger_T)/Zertifikat
```

Statische Typprüfung ist besonders dann hilfreich, wenn Daten aus einem bekannten und definierten Eingabeschema in ein bekanntes und definiertes Ausgabeschema umgeformt werden sollen. Allerdings muss man sehr diszipliniert mit Typen umgehen, um keine unangenehmen Überraschungen zu erleben. Schon folgende triviale Anfrage liefert einen statischen Typfehler:

```
let $x as xs:decimal := 1
let $y as xs:integer := $x*2
return $y
```

Die Variable $x hat zwar einen Wert, der zum Typ xs:integer passt, wird aber von der statischen Typprüfung nicht zur Zuweisung an $y zugelassen, weil ihre Typannotation xs:decimal ist.

In Szenarien, in denen dieselbe XQuery-Anfrage mehrfach ausgeführt werden soll, ist zu erwarten, dass die XQuery-Implementierung ein Prepare/Execute-Modell anbietet, bei dem eine Anfrage nur einmal übersetzt (und damit der statischen Analyse unterzogen) wird, aber mehrfach ausgeführt wird (ggf. mit anderen Variablenwerten). Dann lohnt sich ein höherer Aufwand in der statischen Analyse besonders, denn dadurch kann oft der Aufwand während der dynamischen Ausführung reduziert werden. *Prepare/Execute*

8.3.2 Dynamische Ausführung

Wenn die statische Analyse keine Fehler festgestellt hat, folgt die dynamische Ausführung, also die eigentliche Auswertung der Anfrage, zu der nun auch die Eingabedaten verwendet werden. Die Eingabedaten, wie sie von den Funktionen fn:doc und fn:collection geliefert werden, müssen dabei als Instanzen des XQuery-Datenmodells vorliegen. Die damit unter Umständen verbundenen Analyse- und Validierungsschritte werden von XQuery vorausgesetzt, gehören aber nicht zum Verarbeitungsmodell von XQuery. Während der dynamischen Ausführung wird ein *dynamischer Kontext* (Abschnitt 8.3.5) aufgebaut, der zum Beispiel die aktuellen Variablenbindungen enthält. Jedem Ausdruck wird außerdem ein dynamischer Typ zugewiesen, der spezifischer sein kann als der während der statischen Analyse abgeleitete *Dynamischer Kontext*

Typ. Während der dynamischen Ausführung kann es – selbst wenn eine statische Typprüfung durchgeführt wurde – zu typbedingten Fehlern kommen, wenn zum Beispiel ein Wert, der einer Typumwandlung unterzogen wird (cast), nicht mit dem Zieltyp kompatibel ist.

8.3.3   Serialisierung

Eine XQuery-Anfrage liefert immer eine Sequenz und somit eine Instanz des XML-Datenmodells. Es liegt bei der XQuery-Implementierung, wie diese Instanz des XML-Datenmodells weitergegeben wird. In vielen Fällen wird eine Serialisierung vorgenommen werden, d. h., die Instanz des XML-Datenmodells wird in eine Zeichenkette (z. B. ein XML-Dokument) überführt.

Eine eigene Spezifikation aus der XQuery-Familie [W3C-23] beschreibt, wie durch Serialisierung aus einer Instanz des XQuery-Datenmodells ein XML-Dokument oder ein XML Entity entsteht.

Dazu wird die zu serialisierende Sequenz zunächst transformiert (normalisiert), und zwar in folgenden Schritten:

- Aus einer leeren Sequenz wird eine leere Zeichenkette.
- Alle atomaren Werte der Sequenz werden durch Typumwandlung mittels xs:string() in Zeichenketten transformiert.
- Aufeinander folgende Zeichenketten werden miteinander verschmolzen, getrennt durch ein Leerzeichen.
- Jede Zeichenkette wird durch einen Textknoten ersetzt. Jetzt besteht die Sequenz nur noch aus Knoten.
- Jeder Dokumentknoten wird durch seine Kinder ersetzt.
- Ein neuer Dokumentknoten wird erzeugt und alle Einträge der Sequenz werden zu seinen Kindern.

Wenn der entstehende Dokumentknoten genau einen Elementknoten als Kind hat und außerdem nur Kommentarknoten oder Knoten für Verarbeitungsanweisungen, dann wird daraus ein wohlgeformtes XML-Dokument. Anderenfalls wird ein Dokumentfragment erzeugt, das ein wohlgeformtes XML-Dokument ergibt, wenn es in folgendes XML-Dokument »eingepackt« wird (d. h. seine URI als entity-URI eingesetzt wird):

```
<!DOCTYPE doc [
    <!ENTITY e SYSTEM "entity-URI">
  ]>
<doc>&e;</doc>
```

Die Serialisierungsspezifikation nennt außerdem einige Parameter, die
das Ergebnis der Serialisierung beeinflussen können, wie etwa:

- das Encoding des Ergebnisses
- den Media-Type des Ergebnisses

So kann beispielsweise ein entstehendes XML-Dokument als SVG-
Grafik gekennzeichnet werden.

Es ist allerdings nicht zwingend, dass das Ergebnis einer XQuery-
Auswertung zu XML wird. Zum einen ist dies nicht immer möglich,
z. B. dann, wenn das Ergebnis der XQuery-Auswertung eine Sequenz
von Attributknoten ist. Zum anderen wäre es aber auch eine Einschränkung der Möglichkeiten von XQuery. So kann mit einer
XQuery-Anfrage ja auch ein HTML-Dokument oder ein anderes Aus-
gabeformat erzeugt werden. Die Spezifikation der Serialisierung
[W3C-23] lässt daher neben der Serialisierungsmethode xml, die oben
skizziert wurde, weitere Serialisierungsmethoden zu.

8.3.4   Statischer Kontext

Der statische Kontext, der die Auswertung einer XQuery-Anfrage
steuert, besteht unter anderem aus folgenden Komponenten:

■ *Bekannte Namensräume (»in-scope namespaces«)*
Bei bekannten Namensräumen handelt es sich um Paare aus Präfix
und Namensraum-URI. Diese werden benutzt, um qualifizierte
Namen (QNames) innerhalb des XQuery-Moduls aufzulösen.
Einige Namensräume sind vordefiniert (Abschnitt 8.2.1). Hinzu
kommen noch weitere Namensräume durch die Namensraumde-
klarationen im XQuery-Prolog sowie mit einem eingeschränkten
Gültigkeitsbereich noch diejenigen Namensraumdeklarationen, die
über Konstruktoren für Namensraumknoten (Abschnitt 3.5.4)
oder in Namensraumattributen in direkten Elementkonstruktoren
(Abschnitt 3.5.1) definiert werden.
■ *Vorbelegung für den Elementnamensraum*
Elementnamen und Typnamen, die kein Namensraumpräfix tragen, gehören zu diesem Namensraum. Dieser kann durch den
XQuery-Prolog gesetzt werden (Abschnitt 8.2.1). Ist er nicht
gesetzt, so gehören die entsprechenden Elemente und Typen zu keinem Namensraum. Innerhalb von Elementkonstruktoren kann dieser Namensraum durch ein xmlns-Attribut oder einen Namensraumknoten umdefiniert werden.

▩ *Vorbelegung für den Funktionsnamensraum*
Funktionsnamen, die kein Namensraumpräfix haben, gehören zu diesem Namensraum, der mit dem Namensraum der XQuery-Funktionen vorbesetzt ist, aber im XQuery-Prolog umdefiniert werden kann (Abschnitt 8.2.1).

▩ *Schemadefinitionen (»in-scope schema definitions«)*
Schemadefinitionen beinhalten alle Typdefinitionen, Element- und Attributdefinitionen, die zum Auswertungszeitpunkt bekannt sind. Das sind zum einen die Typen aus XML Schema und die Typen aus XQuery (Abschnitt 3.4), zum anderen die Typen, Elemente und Attribute, die in importierten Schemata (Abschnitt 8.2.2) definiert wurden.

▩ *Variablendefinitionen (»in-scope variables«)*
Dies sind die Variablen, die in einem XQuery-Ausdruck verwendet werden dürfen, mit ihrem Typ. Dazu gehören die im XQuery-Prolog definierten Variablen (Abschnitt 8.2.3) und die in importierten Modulen definierten Variablen, aber auch (mit eingeschränktem Gültigkeitsbereich) die Variablen, die in XQuery-Anweisungen wie z. B. FLWOR-Ausdrücken gebunden oder in Parameterleisten von Funktionen definiert werden.

▩ *Funktionen (»in-scope functions«)*
Dies sind alle Funktionen, die in einem XQuery-Ausdruck aufgerufen werden dürfen. Zunächst gehören dazu alle XQuery-Funktionen (Kapitel 7) und die Konstruktoren für alle bekannten Typen (Abschnitt 3.2.1). Hinzu kommen alle Funktionen, die in importierten Modulen definiert wurden, und alle Funktionen, die im XQuery-Prolog definiert werden.

▩ *Vorbelegung für die Sortierordnung*
Dies ist üblicherweise die Unicode-Codepoint-Sortierordnung, dies kann aber durch den XQuery-Prolog verändert werden (Abschnitt 8.2.6).

▩ *Validierungsmodus*
Dieser Modus steuert unter anderem, wie neu konstruierte Elemente validiert werden. Initial hat er den Wert `lax`, kann aber im XQuery-Prolog verändert werden (Abschnitt 8.2.4). Mit eingeschränktem Wirkungsbereich kann er auch durch eine `validate`-Anweisung (Abschnitt 3.8.2) überschrieben werden.

▩ *Behandlung von begrenzendem Leerraum*
Begrenzender Leerraum wird normalerweise unterdrückt (`strip`). Dies kann jedoch durch die Angabe von `declare xmlspace preserve` (Abschnitt 8.2.5) im XQuery-Prolog geändert werden.

Die XQuery-Spezifikation lässt es zu, dass eine XQuery-Implementierung die initialen Werte des statischen Kontexts erweitert (also zum Beispiel weitere vordefinierte Namensraumpräfixe hinzufügt) oder ändert.

8.3.5 Dynamischer Kontext

Analog zum statischen Kontext gibt es auch einen dynamischen Kontext, der aber erst während der dynamischen Ausführung existiert und durch die vorgefundenen Daten beeinflusst wird. Zum dynamischen Kontext gehören zum Beispiel folgende Komponenten:

- *Der Fokus (»focus«)*
  Der so genannte Fokus besteht aus mehreren Komponenten. Dazu gehört der aktuell betrachtete Eintrag (»context item«), das ist der Eintrag der gerade betrachteten Sequenz, der von dem Ausdruck ».« geliefert wird. Hinzu kommt die Eintragsposition (»context position«), also das Ergebnis des Funktionsaufrufs `fn:position()`. Die letzte Komponente ist die Anzahl der Einträge in der gerade betrachteten Sequenz (»context size«), also das Ergebnis des Funktionsaufrufs `fn:last()`.
- *Die dynamischen Variablen*
  Bei den dynamischen Variablen handelt es sich um eine Menge von Paaren aus Variablenname und aktuellem Wert.
- *Datum und Uhrzeit*
  Dies ist ein von der XQuery-Implementierung gewählter Zeitpunkt, der aber innerhalb der Zeitspanne liegen muss, in der die aktuelle Auswertung geschieht. Auf diese Komponente des dynamischen Kontexts kann man mit den Funktionen `fn:current-date()`, `fn:current-time()` und `fn:current-dateTime()` zugreifen (Abschnitt 7.3.1). Mehrfache Aufrufe dieser Funktionen innerhalb einer XQuery-Anfrage liefern jeweils denselben Wert.
- *Implizite Zeitzone*
  Dies ist die Zeitzone, die benutzt wird, wenn in einem Vergleich oder einer anderen Operation ein Wert vom Typ `xs:date`, `xs:time` oder `xs:dateTime` auftritt, der keine Zeitzone hat.

8.4 Zusammenfassung

XQuery besitzt ein Modulkonzept, das es erlaubt, XQuery-Bausteine wie zum Beispiel Funktionen wiederverwendbar zu realisieren. Module können – wie im ersten Abschnitt ausführlich erläutert – von anderen Modulen importiert werden, wodurch die in ihnen definierten Variablen und Funktionen verfügbar werden.

Im XQuery-Prolog, der Gegenstand der Beschreibung im zweiten Abschnitt dieses Kapitels ist, erfolgen beispielsweise Importe von Modulen und darüber hinaus weiter gehende Voreinstellungen und Anreicherungen des Verarbeitungskontexts, wie Funktionsdefinitionen, Schemaimporte und Namensraumdeklarationen.

Die in einem Prolog vorgenommenen Einstellungen haben direkten Einfluss auf die Verarbeitungskonzepte von XQuery, die im dritten Abschnitt erläutert werden. So werden beispielsweise bei der Verarbeitung alle Importe aufgelöst und bilden so mit den weiteren Vereinbarungen den statischen Kontext. In der statischen Analyse wird dieser statische Kontext benutzt, um die Anfrage auf Korrektheit zu prüfen, bevor sie in der dynamischen Auswertung ausgeführt wird und dann aus XML-Instanzen, die um Typinformation angereichert sind, die Ausgabe erzeugt.

Das Kapitel liefert somit die Bestandteile von XQuery, die nicht primär zur Definition einfacher Anfragen benötigt werden, sondern für die Realisierung umfangreicher XQuery-Bibliotheken Verwendung finden (Modulekonzept, Prolog). Darüber hinaus wird ein Einblick in das Verarbeitungskonzept einschließlich der Konzepte der Serialisierung und des statischen/dynamischen Kontextes gegeben.

8.5   Übungen

1. Das Modul mit dem Namensraum `http://www.xquery-buch.de/Medizin` beinhaltet eine Funktion `Kunstfehler`. Die Funktion hat die folgende Signatur:

```
declare function Kunstfehler(
   $op as element(Operation))
as xs:boolean;
```

Wenden Sie diese Funktion auf alle Operationen von Patienten in der Collection `Patient` an, um festzustellen, ob ein Kunstfehler vorliegt. Nehmen Sie an, dass Ihre XQuery-Implementierung das Modul schon findet, wenn es seinen Namensraum kennt. Falls die Funktion `true` liefert, geben Sie bitte den Namen des Arztes an, der die Leitung der Operation hatte. Sie können dazu die Funktion `xqb:follow-xlink()` verwenden.

2. Welcher der folgenden Ausdrücke liefert das Ergebnis XX?

- **translate(<A> </A>," ","X") (: <A>2 Leerzeichen</A> :)**

- **translate(<A> </A>," ","X")**

- **translate(<A>" " </A>," ","X")**

- **translate(<A>{" "} </A>," ","X")**

- **translate(<A>{" "}</A>," ","X") (: {2 Leerzeichen} :)**

- **translate(<A> {" "}   </A>," ","X")**

- **translate(<A>X </A>," ","X")**

- **translate(<A> {" "} {" "}</A>," ","X")**

- **translate(<A> </A>," ","X")**

- **translate(<A>
</A>," ","X")**

3. Wie verändert sich das Ergebnis aus der vorangegangenen Aufgabe, wenn im Prolog declare xmlspace preserve steht?

9 Zukünftige Entwicklungen

Die Anfragesprache XQuery ist, wie es in der Einleitung zum Buch bereits ausführlich dargelegt worden ist, das Ergebnis einer Vielzahl von Ansätzen, deren historische Wurzeln in der Verarbeitung, d. h. der Analyse und der Aktualisierung von semistrukturierten Daten liegen. Darüber hinaus ist XQuery nicht isoliert von anderen, rasanten Entwicklungen entworfen worden, so dass sich die Frage stellt, inwieweit sich XQuery behaupten wird und inwieweit der aktuelle Stand von XQuery in Zukunft eine stärkere Wechselwirkung mit anderen Standardisierungsbestrebungen aufweisen wird.

Wie bereits erwähnt, befindet sich XQuery noch nicht im Stadium eines endgültigen Standards, sondern noch auf einer recht frühen Stufe im Standardisierungsprozess. Die zunehmende Anzahl von Implementierungen und die Aufnahme von XQuery-Funktionalität in marktbeherrschende Datenbanksysteme lassen jedoch kaum einen Zweifel, dass XQuery die noch fehlenden Standardisierungsschritte durchlaufen wird und damit zu einem »W3C-Standard«[1] aufsteigt. Ungeachtet der Tatsache, dass an XQuery nun schon seit dem Jahr 2000 gearbeitet wird, fehlen noch essenzielle Bausteine aus Sicht der Funktionalität in XQuery. Einige Bereiche, in denen der Mangel offensichtlich ist, und auch nebenläufige Entwicklungen sollen im Rahmen dieses Kapitels beleuchtet werden.

Als Erstes besprechen wir eine etwas stiefmütterlich behandelte Spezifikation der XQuery-Familie: XQueryX. Daran schließt sich eine Aufarbeitung der Aktualisierungsproblematik an. Obwohl der aktuelle Sprachumfang von XQuery noch keinerlei Mechanismen zur Manipulation von XML-Datenbeständen berücksichtigt, existieren erste richtungsweisende Vorarbeiten, die in diesem Abschnitt vorge-

---

1. Genau genommen ist das W3C kein Standardisierungsgremium. Seine *Recommendations* sind daher »nur« De-facto-Standards, keine De-jure-Standards. Mit einem Aufstieg von XQuery zu einem Standard ist jedoch nicht vor 2005 zu rechnen.

stellt werden. Im dritten Abschnitt wird schließlich beispielhaft gezeigt, dass XQuery auch im reinen Lesebereich noch Defizite hat. Einige Bemerkungen zur Einbettung in eine Wirtssprache und zum SQL/XML-Standard schließen das Kapitel ab.

9.1 Optionale Funktionalität

Die XQuery-Spezifikation lässt einer XQuery-Implementierung die Wahl, einige der besprochenen Funktionalitäten zu implementieren oder wegzulassen. Die zukünftigen Versionen von XQuery werden darüber zu befinden haben, inwieweit die Freiheiten beizubehalten sind oder zu Gunsten einer erhöhten »Portabilität« auch im semantischen Umfeld eingeschränkt werden müssen. Im Einzelnen handelt es sich in der aktuellen Version um folgende optional zu realisierende Funktionalitäten:

- *Schemaimport*
  Wenn diese Funktionalität nicht unterstützt wird, ist die Anweisung `import schema` (Abschnitt 8.2.2) im XQuery-Prolog nicht erlaubt. Dann sind nur die vordefinierten Typen aus XML Schema verfügbar. Als Konsequenz entfällt auch die Validierung bei Elementkonstruktoren (Abschnitt 3.5.1).
- *Statische Typprüfung*
  Die Typprüfung während der statischen Analyse (Abschnitt 8.3.1) kann entfallen. Dann werden Typfehler erst zur Laufzeit entdeckt. Im Rahmen der Laufzeit ist eine Typprüfung aber verpflichtend vorgeschrieben.
- *Erweiterte statische Typprüfung*
  Eine XQuery-Implementierung kann die Regeln zur Typinferenz, wie sie [W3C-17] vorgibt, noch weiter präzisieren.
- *Volle Achsenunterstützung*
  Eine XQuery-Implementierung kann darauf verzichten, die Achsen `ancestor`, `ancestor-or-self`, `following`, `following-sibling`, `preceding` und `preceding-sibling` zu unterstützen.
- *Module*
  Eine XQuery-Implementierung kann auf die Unterstützung von Bibliotheksmodulen (Abschnitt 8.1) verzichten. Dann ist auch die Anweisung `import module` nicht erlaubt.
- *Pragmas*
  Mit einem Pragma kann man dem XQuery-Prozessor Hinweise zur Verarbeitung geben. Die XQuery-Spezifikation gibt keine Pragmas vor, definiert jedoch eine allgemeine Syntax für Pragmas:

```
Pragma            ::= (:: pragma QName PragmaContents* ::)
```

Ein Pragma muss immer ein Namensraumpräfix tragen, wie in folgendem Beispiel aus der XQuery-Spezifikation:

```
declare namespace exq = "http://example.org/XQueryImplementation";
(:: pragma exq:timeout 1000 ::)
fn:count($doc//author)
```

Das Pragma könnte bedeuten, dass die Anfrage nicht mehr als 1000ms Antwortzeit haben darf. Findet eine XQuery-Implementierung, die keine Pragmas versteht, ein Pragma vor, dann muss sie es ignorieren.

■ *Zwingende Erweiterungen (»must-understand extensions«)*
Diese exotische Funktionalität erlaubt es, bestimmte Funktionalität von einer XQuery-Implementierung zu fordern, die über die Funktionalität der Spezifikation hinausgeht. Auch hier gibt die Spezifikation nur den syntaktischen Rahmen vor:

```
MUExtension    ::= (:: extension QName ExtensionContents* ::)
```

Findet eine Implementierung, die diese Funktionalität nicht unterstützt, eine solche Anweisung vor, muss sie einen Fehler liefern.

9.2 XQueryX

Wie bereits in der Einleitung erwähnt, gibt es eine Arbeitsvorlage für die Darstellung von XQuery in einer XML-Syntax, die den Namen XQueryX trägt. Diese befindet sich zurzeit (Juni 2004) noch nicht in dem fortgeschrittenen Stadium, das andere Teile der XQuery-Spezifikation erreicht haben. Das generelle Vorgehen bei der Formulierung eines XQuery-Ausdrucks mit XQueryX ist die direkte Übersetzung der abstrakten XQuery-Syntax in XML-Elemente. Man kann sich das so vorstellen, dass ein XQuery-Ausdruck unter Zuhilfenahme der XQuery-Syntax einem Parser vorgelegt wird. Der entstehende Syntaxbaum wird dann in XML dargestellt. So entsteht aus dem XQuery-Ausdruck

```
<Arzt>
{
  for $b in doc("http://www.xquery-buch/Hochwaldklinik.xml")//Arzt
    return $b/Name
}
</Arzt>
```

die folgende XQueryX-Repräsentation:

```
            <xqx:module xmlns:xsi="http://www.w3.org/2001/XMLSchema-instance"
                        xmlns:xqx="http://www.w3.org/2003/12/XQueryX"
               xsi:schemaLocation="http://www.w3.org/2003/12/XQuery/xquerx.xsd">
<xqx:mainModule>
 <xqx:queryBody>
  <xqx:expr xsi:type="xqx:elementConstructor">
   <xqx:tagName>Arzt</xqx:tagName>
   <xqx:elementContent>
    <xqx:expr xsi:type="xqx:flwrExpr">
     <xqx:forClause>
      <xqx:forClauseItem>
       <xqx:typedVariableBinding>
        <xqx:varName>b</xqx:varName>
       </xqx:typedVariableBinding>
       <xqx:forExpr>
        <xqx:expr xsi:type="xqx:pathExpr">
         <xqx:expr xsi:type="xqx:functionCallExpr">
          <xqx:functionName>doc</xqx:functionName>
          <xqx:parameters>
           <xqx:expr xsi:type="xqx:stringConstantExpr">
            <xqx:value>
                http://www.xquery-buch.de/Hochwaldklinik.xml
            </xqx:value>
           </xqx:expr>
          </xqx:parameters>
         </xqx:expr>
         <xqx:stepExpr>
          <xqx:xpathAxis>descendent</xqx:xpathAxis>
          <xqx:elementTest>
           <xqx:nodeName>
            <xqx:QName>Arzt</xqx:QName>
           </xqx:nodeName>
          </xqx:elementTest>
         </xqx:stepExpr>
        </xqx:expr>
       </xqx:forExpr>
      </xqx:forClauseItem>
     </xqx:forClause>
     <xqx:returnClause>
      <xqx:expr xsi:type="xqx:pathExpr">
       <xqx:expr xsi:type="xqx:variable">
        <xqx:name>b</xqx:name>
       </xqx:expr>
       <xqx:stepExpr>
        <xqx:xpathAxis>child</xqx:xpathAxis>
        <xqx:elementTest>
         <xqx:nodeName>
          <xqx:QName>Name</xqx:QName>
         </xqx:nodeName>
        </xqx:elementTest>
```

```
      </xqx:stepExpr>
     </xqx:expr>
    </xqx:returnClause>
   </xqx:expr>
  </xqx:elementContent>
 </xqx:expr>
 </xqx:queryBody>
</xqx:mainModule>
</xqx:module>
```

Dieser Vorgang ist in der Spezifikation momentan nur beispielhaft *Rücktransformation*
gezeigt. Es gibt ein XSL-Stylesheet, das die umgekehrte Abbildung vornimmt, also aus einem XQueryX-Dokument einen Ausdruck in
XQuery-Syntax erzeugt, der inhaltlich identisch zum Ausgangsaus-
druck sein soll, aber nicht literal mit diesem übereinstimmen muss. Der
tatsächliche Nutzen dieser XML-Darstellung, die nur zur maschinellen
Verarbeitung geeignet ist, erschließt sich uns noch nicht.

9.3 Änderungsoperationen

Obwohl es ein integraler Bestandteil von Sprachen wie SQL ist, dass
man mit der Sprache nicht nur Anfragen formulieren, sondern auch
Daten ändern kann, wurde diese Funktionalität bisher von der XML
Query Working Group ausgeklammert. Stattdessen hat man in den
Anforderungen verankert, dass die erste Version von XQuery das spä-
tere Hinzufügen von Änderungsfunktionalität nicht verhindern darf.
Für die Anwender und Hersteller von Datenhaltungssystemen ist diese
Situation natürlich unbefriedigend, da man sich einen einheitlichen
Mechanismus wünscht, um auf Daten zuzugreifen und sie zu manipu-
lieren. Gerade in XML-Dokumenten besteht oft der Wunsch, nur
bestimmte Teile irgendwo »tief im Dokument« zu ändern, die man
gerne mit XQuery-Mitteln beschreiben möchte. Da von der Working
Group keine Aktivitäten in dieser Richtung erkennbar sind, gibt es von
verschiedenen Seiten proprietäre Ansätze zur Formulierung von Ände- *Proprietäre Ansätze*
rungsoperationen, die teilweise keine Beziehung zu XQuery haben,
teilweise aber auch Erweiterungen von XQuery darstellen [Schö03].

Wie eine solche Erweiterung von XQuery aussehen kann, soll am
Beispiel der Änderungssyntax gezeigt werden, wie sie im Datenbanksystem Tamino (`http://www.tamino.com`) implementiert ist (basierend
auf [Leht01]).

Eine Änderungsanweisung beginnt (nach dem XQuery-Prolog) mit
dem Schlüsselwort `update`. Dann können `for`-, `let`- und `where`-Klau-
seln folgen, statt der `return`-Klausel gibt es aber ein `do`, nach dem die
Änderungsoperationen angegeben werden. Hier einige Beispiele:

```
update (: Änderung der Telefonnummer :)
  replace fn:collection("Patienten")/
        Patient_stationär[@ID="pat_res_010002"]/Telefon/fn:text()
  with "+49 355-23426"

update (: geänderte Anamnese und ein neuer Befund :)
  for $p in fn:collection("Patienten")/Patient_stationär
  where $p/@ID="pat_res_010001""
  do (replace $p//Anamnese/fn:text()
        with "unbestimmte Beschwerden seit der Kindheit"
      insert <Befund>Simulant</Befund>
        following $p//Untersuchung/Befund[fn:last()])

update (: alle billigen Artikel um 10% verteuern :)
  for $k in collection("Katalog")
  let $durchschnittspreis := avg($k/Artikel/Preis)
  for $a in $k/Artikel
  let $p := $a/Preis
  where $p lt $durchschnittspreis
  do replace $p with $p*1.1
```

deklarativ   Wie hier gezeigt, kann es mehrere solcher Änderungsoperationen in einer Anweisung geben. Wie XQuery ist auch diese Erweiterung deklarativ, d. h., die Reihenfolge der Änderungsanweisungen spielt keine Rolle. Werden widersprüchliche Änderungen spezifiziert, dann wird ein Fehler gemeldet. Ansonsten wird nach der Änderungsoperation gegen das Schema der geänderten Dokumente validiert. Nur wenn diese Validierung erfolgreich ist, wird die Änderungsoperation wirksam. Als Änderungsoperationen stehen zur Verfügung:

- `insert following`
  Einfügen hinter dem spezifizierten Element
- `insert preceding`
  Einfügen vor dem spezifizierten Element
- `insert into`
  Einfügen in das spezifizierte Element (z. B. ein Attribut)
- `delete`
  Löschen der spezifizierten Knoten
- `rename`
  Umbenennen von Knoten
- `replace with`
  Ersetzen von Knoten

Es ist momentan nicht abzusehen, wann die Standardisierung einer Änderungsfunktionalität in XQuery begonnen werden wird. Man kann jedoch davon ausgehen, dass das Ergebnis ähnlich sein wird wie die oben vorgestellte Lösung.

9.4 Erweiterte Lesezugriffe

Neben der Aktualisierung von Datenbeständen wird die Zukunft von XQuery vermutlich Erweiterungen hinsichtlich der Analyse von Datenbeständen bringen. Die beiden wichtigsten Punkte, Unterstützung für Text-Retrieval und Realisierung des Sichtenkonzepts, werden im Folgenden kurz angeschnitten.

Text-Retrieval

XML-Dokumente enthalten oft erhebliche Textanteile, so dass eine Volltextsuche für solche XML-Dokumente eigentlich unabdingbar ist. Eine entsprechende Funktionalität ist in XQuery noch nicht enthalten, man findet sie jedoch in allen kommerziellen Datenbanksystemen, die XML abspeichern können [Schö03]. Ein erster Schritt zur Erweiterung von XQuery in diese Richtung ist bereits getan: Es existieren zwei Working Drafts:

- *XML Query and XPath Full-Text Use Cases* beschreibt die Anwendungsfälle, die mit der Textfunktionalität von XQuery abgedeckt werden sollen. Dies beginnt mit trivialen Forderungen, wie der Suche nach einem einzelnen Wort, und geht weiter zu komplexen Anforderungen, wie der Suche nach Synonymen.
- *Die XML Query and XPath Full-Text Requirements* beschreiben die daraus abgeleiteten Anforderungen an eine entsprechende XQuery-Erweiterung.

Auch hier gibt es noch kein Indiz, wann die Arbeit an dieser Funktionalität in den XQuery-Standard einfließen wird. Man kann aber davon ausgehen, dass die erste Version von XQuery keine Volltextsuchfunktionalität enthalten wird.

Sichtenkonzept

In relationalen Datenbanken hat sich der View-Mechanismus von SQL als äußerst hilfreich erwiesen, sei es, um Anwendungssemantik in einem Schema auszudrücken und dadurch Anfragen zu vereinfachen, sei es, um Zugriffsrechte zu definieren. Ein ähnlicher Mechanismus ist für XQuery auch denkbar und liegt wegen der Abgeschlossenheit der Sprache sogar nahe. Bisher wurde jedoch noch kein Schritt in diese Richtung unternommen.

View

9.5 Einbettung in eine Wirtssprache

In XQuery existieren rudimentäre Anteile, die aus der Modulsicht eine Übernahme von Daten aus der »Außenwelt« ermöglichen, wie zum Beispiel externe Variablen, oder die Initialisierung des statischen und dynamischen Kontexts durch eine XQuery-Implementierung. Das Gegenstück, die Beschreibung, wie XQuery in eine Programmiersprache eingebettet werden kann (»language binding«), fehlt jedoch noch (etwa auf der Ebene eines JDBC für relationale Datenbanken).

XQJ　　Daher finden sich viele proprietäre Lösungen in den verschiedenen Datenbankschnittstellen von XML-Datenbanksystemen. Erste Aktivitäten zur Standardisierung gibt es aber bereits für Java. Unter dem Namen XQJ wird im Java Community Process eine XQuery-Schnittstelle für Java entwickelt [XQJ2004].

9.6 SQL/XML

Oft wird im Zusammenhang mit Anfragesprachen für XML auch SQL/XML genannt. SQL/XML ist als Teil 14 der neuesten SQL-Spezifikation entwickelt worden. Es unterliegt damit einer echten Standardisierung (»de jure«-Standard). Umso interessanter ist es, dass SQL/XML sich explizit auf XQuery bezieht und dessen Syntax für Konstruktoren übernimmt. SQL/XML ist jedoch *keine* Anfragesprache. Vielmehr besteht SQL/XML aus zwei Teilen ([Türk03] und [Schö03]):

■ *Strukturelle Abbildung*
  In einem Teil wird die Abbildung von SQL-Datenbanken auf XML beschrieben, angefangen bei Namen (die im Fall von SQL Zeichen enthalten dürfen, die in XML nicht erlaubt sind) und Datentypen (bei denen es erhebliche Unterschiede zwischen SQL und XML Schema gibt), bis hin zu Tabellen, Schemata und Katalogen.
■ *XML-Datentyp*
  In einem zweiten Teil wird ein neuer SQL-Datentyp XML eingeführt, für den Operationen zur Konstruktion und Manipulation definiert werden.

SQL/XML ist daher als Ergänzung von XQuery zu verstehen und nicht als Konkurrenz.

9.7   Zusammenfassung

Der aktuelle Stand von XQuery umfasst ausschließlich einen lesenden Zugriff auf XML-Datenbestände, so dass in einer Vielzahl von Punkten Ergänzungen und parallele Entwicklungen vonnöten sind. Einige der zu diesem Kontext gehörenden Punkte werden in diesem Kapitel angesprochen und aktuelle Tendenzen erläutert. Neben der Erweiterung von XQuery »in die Tiefe« im Sinne einer Ergänzung von Funktionalität ist in der zukünftigen Entwicklung jedoch auch eine Erweiterung »in die Breite« vorzunehmen, da sich XQuery explizit auf einige andere XML-Standards bezieht, ohne diese jedoch in allen Fällen voll zu unterstützen:

- *XML 1.0* [W3C-3]
  Einige Bestandteile von XML 1.0 sind in XQuery nicht wiederzufinden. DTDs sind implizit über die Validierung von Instanzen unterstützt, aber Entity-Definitionen lassen sich schon im Datenmodell von XQuery nicht ausdrücken. Daher ist es zum Beispiel nicht möglich, Entity-Definitionen, die in Eingabedokumenten vorhanden sind, in das Ergebnis eines XQuery-Ausdrucks zu »retten«.
- *XPath 1.0* [W3C-7]
  Hier bezieht XQuery klar Stellung: Eine volle Kompatibilität ist nicht gewollt. Augenfälligstes Beispiel hierfür ist die geringere Zahl unterstützter Achsen in Pfadausdrücken.
- *XML-Namensräume* [W3C-4]
  Diese werden von XQuery vollständig unterstützt.
- *XML Schema* [W3C-13]; [W3C-14]
  Das Konzept der Typableitung durch Listenbildung und Typvereinigung findet sich in XQuery nicht wieder.
- *XLink* [W3C-6] *und XPointer* [W3C-9]
  Beide werden von XQuery nicht direkt unterstützt.

Es bleibt abzuwarten, ob sich die Unterstützung dieser Standards durch XQuery in einer späteren Version verbessern wird.

10 Zusammenfassung

»Die Grenzen meiner Sprache bedeuten die Grenzen meiner Welt.«
(Satz 5.6 aus Ludwig Wittgenstein: Tractatus logico-philosophicus)

Der Inhalt dieses Satzes ist gewaltig und in eine Vielzahl von Situationen bzw. Anwendungsszenarien übertragbar. XQuery ist – durch die Brille eines Informatikers gesehen – ein gutes Beispiel. Das ursprüngliche Dokumentenaustauschformat XML hat sich im Bereich des elektronischen Datenaustausches mittlerweile so weit etabliert, dass es die Grundlage für eine Vielzahl geschäftskritischer Anwendungen bildet. Der zentrale Vorteil von XML liegt in dem Charakter einer Metasprache, die es erlaubt, durch Angabe einer Schemadefinition flexibel und anwendungsbezogen konkrete Szenarien zu unterstützen. Der Erfolg dieser Idee hat dabei weitreichende Konsequenzen. Ganze Anwendungssysteme werden in absehbarer Zukunft auf der Web-Service-Technologie aufgebaut werden, wobei XML als Beschreibungssprache und somit Darstellungsmittel des Kontroll- und Datenflusses eine zentrale Rolle einnimmt.

Einer adäquaten Anfragesprache kommt somit eine Schlüsselposition zu. Daten müssen aus existierenden Beständen extrahiert, in die anwendungsspezifischen Schemata konvertiert und – last but not least – in eine darstellungsbezogene Form (z. B. HTML) transformiert werden. XQuery repräsentiert nach einer Vielzahl von unterschiedlichen Versuchen, den Bereich der XML-Datenbestände mit einer Anfragesprache zu unterstützen, den aktuellen Trend, wobei der Weg zu einem allgemein anerkannten Standard (für den ersten Teil von XQuery) geebnet zu sein scheint.

Eigenschaften der Anfragesprache XQuery

In der aktuellen Fassung erfüllt XQuery bereits wesentliche allgemeine Anforderungen an ein Anfragesprache. Das XQuery zugrunde liegende Datenmodell bildet eine solide Basis für die darauf aufbauenden Sprachkonzepte. Die Kompositionalität unterschiedlicher Arten von XQuery-Ausdrücken erfüllt darüber hinaus die Anforderungen an *Vollständigkeit* und *Kombinierbarkeit*, wobei die Sequenz als zentrale Datenstruktur aus dem Datenmodell dient. Weitere Eigenschaften wie leichte *Formulier- und Lesbarkeit* sind aus Sicht der Benutzung von XQuery sicherlich bis zu einem bestimmten Grad erfüllt. Der Anfänger hat es dabei mit den Mechanismen der Klammerung und Schachtelung von Ausdrücken, der Einbettung von Elementkonstruktoren und der Angabe korrekter Pfadausdrücke bis hin zur Formulierung von FLWOR-Ausdrücken sicherlich nicht leicht; die Lernkurve ist aber steil und Anfragen mit komplexen Transformationen können bereits nach einer kurzen Einarbeitungsphase formuliert werden.

Für den Anwender weniger interessant, für die Entwickler von XQuery-Prozessoren jedoch umso wichtiger ist der Aspekt der Optimierbarkeit. Die Bindung von Variablen unter Berücksichtigung von Abhängigkeiten und Sortierreihenfolgen und der »semideskriptive Charakter« beispielsweise in FLWOR-Ausdrücken grenzen den Spielraum der Optimierbarkeit von XQuery-Anfragen sehr ein. Der Siegeszug von XQuery und darunter liegenden großen XML-strukturierten Datenbeständen werden diesen Aspekt in Zukunft sicherlich stärker in den Vordergrund rücken und für Forschung und Entwicklung in diesem Bereich noch ein weites Betätigungsfeld eröffnen.

Ziel und Inhalt des Buches

Wie bereits im Vorwort angedeutet, ist es das Ziel des Buches, dem Leser eine solide Einführung in die Konzepte und Sprachmittel der Anfragesprache XQuery zu geben. Der wesentliche Anspruch liegt darin, nicht ausschließlich syntaktische Feinheiten aufzulisten, sondern dem Leser ein Gefühl für die Sprache zu vermitteln. Dieser Anspruch ruht auf drei Säulen, die das Gesamtkonzept des Buches tragen. Die erste Säule umfasst eine detaillierte Aufarbeitung aller Konzepte, die mit dem zugrunde liegenden *Datenmodell* in Verbindung stehen. Neben Sequenzen als zentrale Datenstruktur werden atomare Werte und unterschiedliche Knoten mit ihren Eigenschaften aus Modellsicht aufgearbeitet. Die zweite Säule fokussiert die der Anfragesprache zugrunde liegenden unterschiedlichen Ausdrücke. Von einfachen Ausdrücken über Pfadausdrücke bis hin zu FLWOR-Ausdrücken werden die Idee und der jeweilige Anwendungshintergrund erläutert. Die dritte Säule umfasst die zum XQuery-Standard gehörige *Funktionsbibliothek*, welche eine Vielzahl unterschiedlicher Methoden zur Anreicherung der durch Ausdrücke vorgegebenen Sprachskelette bietet. Die Darstellung orientiert sich dabei an den jeweiligen Anwendungsszenarien und versucht den Mittelweg zwischen Konzepten und Sprachkonstrukten für den Leser interessant zu gestalten. Alle drei Säulen zusammen geben einen umfassenden Einblick in die Methodik der Anfragesprache und ermöglichen sowohl ein effizientes als auch effektives Arbeiten mit XQuery.

Fazit

Die Anfragesprache XQuery versucht mit einem wohl durchdachten und sehr mächtigen Sprachkonzept den Anforderungen an eine Anfragesprache gerecht zu werden. Dies ist auf der einen Seite sicherlich zu einem hohen Grad gelungen, auf der anderen Seite wird es noch ein weiter Weg sein, XQuery zu einer vollständigen und vielleicht SQL ebenbürtigen Anfragesprache zu entwickeln. Man darf also gespannt sein ...

Anhang A: XQuery-Grammatik

Die folgende Liste repräsentiert die XQuery-Grammatik in der erweiterten Backus-Naur-Form (EBNF). Die Grammatik ist dabei aufgeteilt in die Definition terminaler Symbole und nichtterminaler Symbole.

Terminale Symbole

[1]	Pragma	::=	"(::" "pragma" QName PragmaContents* "::)"
[2]	MUExtension	::=	"(::" "extension" QName ExtensionContents* "::)"
[3]	ExprComment	::=	"(:" (ExprCommentContent | ExprComment)* ":)"
[4]	ExprCommentContent	::=	Char
[5]	PragmaContents	::=	Char
[6]	ExtensionContents	::=	Char
[7]	IntegerLiteral	::=	Digits
[8]	DecimalLiteral	::=	("." Digits) | (Digits "." [0-9]*)
[9]	DoubleLiteral	::=	(("." Digits) | (Digits ("." [0-9]*)?)) ("e" | "E") ("+" | "-")? Digits
[10]	StringLiteral	::=	('"' (PredefinedEntityRef | CharRef | ('"' '"') | [^"&])* '"') | ("'" (PredefinedEntityRef | CharRef | ("'" "'") | [^'&])* "'")
[11]	S	::=	[http://www.w3.org/TR/REC-xml1NT-S] XML
[12]	SchemaMode	::=	"lax" | "strict" | "skip"
[13]	SchemaGlobalTypeName	::=	"type" "(" QName ")"
[14]	SchemaGlobalContext	::=	QName | SchemaGlobalTypeName
[15]	SchemaContextStep	::=	QName
[16]	Digits	::=	[0-9]+
[17]	EscapeQuot	::=	'"' '"'
[18]	PITarget	::=	NCName
[19]	NCName	::=	[http://www.w3.org/TR/REC-xml-names/NT-NCName] Names
[20]	VarName	::=	QName

[21]	QName	::=	[http://www.w3.org/TR/REC-xml-names/NT-QName] Names
[22]	PredefinedEntityRef	::=	"&" ("lt" | "gt" | "amp" | "quot" | "apos") ";"
[23]	HexDigits	::=	([0-9] | [a-f] | [A-F])+
[24]	CharRef	::=	"&" (Digits | ("x" HexDigits)) ";"
[25]	EscapeApos	::=	"''"
[26]	Char	::=	[http://www.w3.org/TR/REC-xmlNT-Char] XML
[27]	ElementContentChar	::=	Char - [{}<&]
[28]	QuotAttContentChar	::=	Char - ["{}<&]
[29]	AposAttContentChar	::=	Char - ['{}<&]

Nichtterminale Symbole

[30]	Module	::=	VersionDecl? (MainModule | LibraryModule)
[31]	MainModule	::=	Prolog QueryBody
[32]	LibraryModule	::=	ModuleDecl Prolog
[33]	ModuleDecl	::=	<"module" "namespace"> NCName "=" StringLiteral Separator
[34]	Prolog	::=	((NamespaceDecl | XMLSpaceDecl | DefaultNamespaceDecl | DefaultCollationDecl | BaseURIDecl | SchemaImport | ModuleImport | VarDecl | ValidationDecl | FunctionDecl) Separator)*
[35]	Separator	::=	";"
[36]	VersionDecl	::=	<"xquery" "version" StringLiteral> Separator
[37]	ModuleImport	::=	<"import" "module"> ("namespace" NCName "=")? StringLiteral <"at" StringLiteral>?
[38]	VarDecl	::=	<"declare" "variable" "$"> VarName TypeDeclaration? (("{" Expr "}") | "external")
[39]	QueryBody	::=	Expr
[40]	Expr	::=	ExprSingle ("," ExprSingle)*
[41]	ExprSingle	::=	FLWORExpr | QuantifiedExpr | TypeswitchExpr | IfExpr | OrExpr
[42]	FLWORExpr	::=	(ForClause | LetClause)+ WhereClause? OrderByClause? "return" ExprSingle
[43]	ForClause	::=	<"for" "$"> VarName TypeDeclaration? PositionalVar? "in" ExprSingle ("," "$" VarName TypeDeclaration? PositionalVar? "in" ExprSingle)*
[44]	PositionalVar	::=	"at" "$" VarName

[45]	LetClause	::=	<"let" "$"> VarName TypeDeclaration? ":=" ExprSingle ("," "$" VarName TypeDeclaration? ":=" ExprSingle)*
[46]	WhereClause	::=	"where" Expr
[47]	OrderByClause	::=	(<"order" "by"> | <"stable" "order" "by">) OrderSpecList
[48]	OrderSpecList	::=	OrderSpec ("," OrderSpec)*
[49]	OrderSpec	::=	ExprSingle OrderModifier
[50]	OrderModifier	::=	("ascending" | "descending")? (<"empty" "greatest"> | <"empty" "least">)? ("collation" StringLiteral)?
[51]	QuantifiedExpr	::=	(<"some" "$"> \| <"every" "$">) VarName TypeDeclaration? "in" ExprSingle ("," "$" VarName TypeDeclaration? "in" ExprSingle)* "satisfies" ExprSingle
[52]	TypeswitchExpr	::=	<"typeswitch" "("> Expr ")" CaseClause+ "default" ("$" VarName)? "return" ExprSingle
[53]	CaseClause	::=	"case" ("$" VarName "as")? SequenceType "return" ExprSingle
[54]	IfExpr	::=	<"if" "("> Expr ")" "then" ExprSingle "else" ExprSingle
[55]	OrExpr	::=	AndExpr ("or" AndExpr)*
[56]	AndExpr	::=	InstanceofExpr ("and" InstanceofExpr)*
[57]	InstanceofExpr	::=	TreatExpr (<"instance" "of"> SequenceType)?
[58]	TreatExpr	::=	CastableExpr (<"treat" "as"> SequenceType)?
[59]	CastableExpr	::=	CastExpr (<"castable" "as"> SingleType)?
[60]	CastExpr	::=	ComparisonExpr (<"cast" "as"> SingleType)?
[61]	ComparisonExpr	::=	RangeExpr ((ValueComp | GeneralComp | NodeComp) RangeExpr)?
[62]	RangeExpr	::=	AdditiveExpr ("to" AdditiveExpr)?
[63]	AdditiveExpr	::=	MultiplicativeExpr (("+" | "-") MultiplicativeExpr)*
[64]	MultiplicativeExpr	::=	UnaryExpr (("*" | "div" | "idiv" | "mod") UnaryExpr)*
[65]	UnaryExpr	::=	("-" | "+")* UnionExpr
[66]	UnionExpr	::=	IntersectExceptExpr (("union" | "|") IntersectExceptExpr)*
[67]	IntersectExceptExpr	::=	ValueExpr (("intersect" | "except") ValueExpr)*
[68]	ValueExpr	::=	ValidateExpr | PathExpr
[69]	PathExpr	::=	("/" RelativePathExpr?) | ("//" RelativePathExpr) | RelativePathExpr
[70]	RelativePathExpr	::=	StepExpr (("/" | "//") StepExpr)*
[71]	StepExpr	::=	AxisStep | FilterStep
[72]	AxisStep	::=	(ForwardStep | ReverseStep) Predicates
[73]	FilterStep	::=	PrimaryExpr Predicates
[74]	ContextItemExpr	::=	"."
[75]	PrimaryExpr	::=	Literal | VarRef | ParenthesizedExpr | ContextItemExpr | FunctionCall | Constructor

[76]	VarRef	::=	"$" VarName

[77]	Predicates	::=	("[" Expr "]")*

[78]	ValidateExpr	::=	(<"validate" "{"> | (<"validate" "global"> "{") | (<"validate" "context"> SchemaContextLoc "{") | (<"validate" SchemaMode> SchemaContext? "{")) Expr "}"

[79]	SchemaContext	::=	("context" SchemaContextLoc) | "global"

[80]	Constructor	::=	DirElemConstructor | ComputedConstructor | XmlComment | XmlPI | CdataSection

[81]	ComputedConstructor	::=	CompElemConstructor | CompAttrConstructor | CompDocConstructor | CompTextConstructor | CompXmlPI | CompXmlComment | CompNSConstructor

[82]	GeneralComp	::=	"=" | "!=" | "<" | "<=" | ">" | ">="

[83]	ValueComp	::=	"eq" | "ne" | "lt" | "le" | "gt" | "ge"

[84]	NodeComp	::=	"is" | "<<" | ">>"

[85]	ForwardStep	::=	(ForwardAxis NodeTest) | AbbrevForwardStep

[86]	ReverseStep	::=	(ReverseAxis NodeTest) | AbbrevReverseStep

[87]	AbbrevForwardStep	::=	"@"? NodeTest

[88]	AbbrevReverseStep	::=	".."

[89]	ForwardAxis	::=	<"child" "::"> | <"descendant" "::"> | <"attribute" "::"> | <"self" "::"> | <"descendant-or-self" "::"> | <"following-sibling" "::"> | <"following" "::">

[90]	ReverseAxis	::=	<"parent" "::"> | <"ancestor" "::"> | <"preceding-sibling" "::"> | <"preceding" "::"> | <"ancestor-or-self" "::">

[91]	NodeTest	::=	KindTest | NameTest

[92]	NameTest	::=	QName | Wildcard

[93]	Wildcard	::=	"*" | <NCName ":" "*"> | <"*" ":" NCName>

[94]	Literal	::=	NumericLiteral | StringLiteral

[95]	NumericLiteral	::=	IntegerLiteral | DecimalLiteral | DoubleLiteral

[96]	ParenthesizedExpr	::=	"(" Expr? ")"

[97]	FunctionCall	::=	<u>QName</u> "(" (<u>ExprSingle</u> ("," <u>ExprSingle</u>)*)? ")"
[98]	DirElemConstructor	::=	"<" <u>QName</u> <u>AttributeList</u> ("/>" | (">" <u>ElementContent</u>* "</" <u>QName</u> <u>S</u>? ">"))
[99]	CompDocConstructor	::=	<"document" "{"> <u>Expr</u> "}"
[100]	CompElemConstructor	::=	(<"element" <u>QName</u> "{"> | (<"element" "{"> <u>Expr</u> "}" "{")) <u>Expr</u>? "}"
[101]	CompNSConstructor	::=	<"namespace" <u>NCName</u> "{"> <u>Expr</u> "}"
[102]	CompAttrConstructor	::=	(<"attribute" <u>QName</u> "{"> | (<"attribute" "{"> <u>Expr</u> "}" "{")) <u>Expr</u>? "}"
[103]	CompXmlPI	::=	(<"processing-instruction" <u>NCName</u> "{"> | (<"processing-instruction" "{"> <u>Expr</u> "}" "{")) <u>Expr</u>? "}"
[104]	CompXmlComment	::=	<"comment" "{"> <u>Expr</u> "}"
[105]	CompTextConstructor	::=	<"text" "{"> <u>Expr</u>? "}"
[106]	CdataSection	::=	"<![CDATA[" <u>Char</u>* "]]>"
[107]	XmlPI	::=	"<?" <u>PITarget</u> <u>Char</u>* "?>"
[108]	XmlComment	::=	"<!--" <u>Char</u>* "-->"
[109]	ElementContent	::=	<u>ElementContentChar</u> | "{{" | "}}" | <u>DirElemConstructor</u> | <u>EnclosedExpr</u> | <u>CdataSection</u> | <u>CharRef</u> | <u>PredefinedEntityRef</u> | <u>XmlComment</u> | <u>XmlPI</u>
[110]	AttributeList	::=	(<u>S</u> (<u>QName</u> <u>S</u>? "=" <u>S</u>? <u>AttributeValue</u>)?)*
[111]	AttributeValue	::=	('"' (<u>EscapeQuot</u> | <u>QuotAttrValueContent</u>)* '"') | ("'" (<u>EscapeApos</u> | <u>AposAttrValueContent</u>)* "'")
[112]	QuotAttrValueContent	::=	<u>QuotAttContentChar</u> | <u>CharRef</u> | "{{" | "}}" | <u>EnclosedExpr</u> | <u>PredefinedEntityRef</u>
[113]	AposAttrValueContent	::=	<u>AposAttContentChar</u> | <u>CharRef</u> | "{{" | "}}" | <u>EnclosedExpr</u> | <u>PredefinedEntityRef</u>
[114]	EnclosedExpr	::=	"{" <u>Expr</u> "}"
[115]	XMLSpaceDecl	::=	<"declare" "xmlspace"> ("preserve" | "strip")
[116]	DefaultCollationDecl	::=	<"declare" "default" "collation"> <u>StringLiteral</u>
[117]	BaseURIDecl	::=	<"declare" "base-uri"> <u>StringLiteral</u>
[118]	NamespaceDecl	::=	<"declare" "namespace"> <u>NCName</u> "=" <u>StringLiteral</u>
[119]	DefaultNamespaceDecl	::=	(<"declare" "default" "element"> | <"declare" "default" "function">) "namespace" <u>StringLiteral</u>

[120] FunctionDecl	::=	`<"declare" "function"> <`<u>QName</u>` "("> `<u>ParamList</u>`? (")" | (<")" "as"> ` <u>SequenceType</u>`)) (`<u>EnclosedExpr</u>` | "external")`
[121] ParamList	::=	<u>Param</u> `("," `<u>Param</u>`)*`
[122] Param	::=	`"$" `<u>VarName</u> <u>TypeDeclaration</u>`?`
[123] TypeDeclaration	::=	`"as" `<u>SequenceType</u>
[124] SingleType	::=	<u>AtomicType</u> `"?"?`
[125] SequenceType	::=	`(`<u>ItemType</u> <u>OccurrenceIndicator</u>`?)` `| <"empty" "(" ")">`
[126] AtomicType	::=	`QName`
[127] ItemType	::=	<u>AtomicType</u> ` | ` <u>KindTest</u> ` | <"item" "(" ")">`
[128] KindTest	::=	<u>DocumentTest</u> `| `<u>ElementTest</u> `| `<u>AttributeTest</u> `| `<u>PITest</u> `| `<u>CommentTest</u> `| `<u>TextTest</u> `| `<u>AnyKindTest</u>
[129] ElementTest	::=	`<"element" "("> ((`<u>SchemaContextPath</u> <u>ElementName</u>`)` `| (`<u>ElementNameOrWildcard</u> `("," `<u>TypeNameOrWildcard</u>` "nillable"?)?))? ")"`
[130] AttributeTest	::=	`<"attribute" "("> ((`<u>SchemaContextPath</u> <u>AttributeName</u>`)` `| (`<u>AttribNameOrWildcard</u> `("," `<u>TypeNameOrWildcard</u>`)?))? ")"`
[131] ElementName	::=	`QName`
[132] AttributeName	::=	`QName`
[133] TypeName	::=	`QName`
[134] ElementNameOrWildcard	::=	<u>ElementName</u> ` | "*"`
[135] AttribNameOrWildcard	::=	<u>AttributeName</u> ` | "*"`
[136] TypeNameOrWildcard	::=	<u>TypeName</u> ` | "*"`
[137] PITest	::=	`<"processing-instruction" "("> (`<u>NCName</u>` | `<u>StringLiteral</u>`)? ")"`
[138] DocumentTest	::=	`<"document-node" "("> `<u>ElementTest</u>`? ")"`
[139] CommentTest	::=	`<"comment" "("> ")"`
[140] TextTest	::=	`<"text" "("> ")"`
[141] AnyKindTest	::=	`<"node" "("> ")"`
[142] SchemaContextPath	::=	`<`<u>SchemaGlobalContext</u>` "/"> <`<u>SchemaContextStep</u>` "/">*`
[143] SchemaContextLoc	::=	`(`<u>SchemaContextPath</u>`? QName) | `<u>SchemaGlobalTypeName</u>
[144] OccurrenceIndicator	::=	`"?" | "*" | "+"`
[145] ValidationDecl	::=	`<"declare" "validation"> `<u>SchemaMode</u>
[146] SchemaImport	::=	`<"import" "schema"> `<u>SchemaPrefix</u>`? `<u>StringLiteral</u>` <"at" `<u>StringLiteral</u>`>?`
[147] SchemaPrefix	::=	`("namespace" `<u>NCName</u>` "=") | (<"default" "element"> "namespace")`

Die folgenden Bezeichner dürfen nicht als benutzerdefinierte Funktionsbezeichner verwendet werden:

* `if`
* `typeswitch`
* `node`
* `comment`
* `text`
* `processing-instruction`

Mit Bezug auf die Vorrangordnung gelten jeweils die in der Grammatik spezifizierten Reihenfolgen. Falls mehrere Varianten aus Sicht der Grammatik gültig sind, werden die Ausdrücke immer von links nach rechts ausgewertet.

Anhang B: Alphabetischer Überblick über Funktionen und Operatoren

fn:abs(
  $arg as numeric?) as numeric?
op:add-dayTimeDuration-to-date(
  $arg1 as xs:date,
  $arg2 as xdt:dayTimeDuration) as xs:date
op:add-dayTimeDuration-to-dateTime(
  $arg1 as xs:dateTime,
  $arg2 as xdt:dayTimeDuration) as xs:dateTime
op:add-dayTimeDuration-to-time(
  $arg1 as xs:time,
  $arg2 as xdt:dayTimeDuration) as xs:time
op:add-dayTimeDurations(
  $arg1 as xdt:dayTimeDuration,
  $arg2 as xdt:dayTimeDuration) as xdt:dayTimeDuration
op:add-yearMonthDuration-to-date(
  $arg1 as xs:date,
  $arg2 as xdt:yearMonthDuration) as xs:date
op:add-yearMonthDuration-to-dateTime(
  $arg1 as xs:dateTime,
  $arg2 as xdt:yearMonthDuration) as xs:dateTime
op:add-yearMonthDurations(
  $arg1 as xdt:yearMonthDuration,
  $arg2 as xdt:yearMonthDuration) as xdt:yearMonthDuration
fn:adjust-date-to-timezone(
  $arg as xs:date?) as xs:date?
fn:adjust-date-to-timezone(
  $arg as xs:date?,
  $timezone as xdt:dayTimeDuration?) as xs:date?
fn:adjust-dateTime-to-timezone(
  $arg as xs:dateTime?) as xs:dateTime?
fn:adjust-dateTime-to-timezone(
  $arg as xs:dateTime?,
  $timezone as xdt:dayTimeDuration?) as xs:dateTime?
fn:adjust-time-to-timezone(
  $arg as xs:time?) as xs:time?
fn:adjust-time-to-timezone(
  $arg as xs:time?,
  $timezone as xdt:dayTimeDuration?) as xs:time?

op:anyURI-equal(
  $arg1 as xs:anyURI,
  $arg2 as xs:anyURI**)** as xs:boolean

fn:avg(
  $arg as xdt:anyAtomicType***)** as xdt:anyAtomicType?

fn:base-uri(
  $arg as node()?**)** as xs:string?

fn:base-uri() as xs:string

op:base64Binary-equal(
  $value1 as xs:base64Binary,
  $value2 as xs:base64Binary**)** as xs:boolean

fn:boolean(
  $arg as item()***)** as xs:boolean

op:boolean-equal(
  $value1 as xs:boolean,
  $value2 as xs:boolean**)** as xs:boolean

op:boolean-greater-than(
  $arg1 as xs:boolean,
  $arg2 as xs:boolean**)** as xs:boolean

op:boolean-less-than(
  $arg1 as xs:boolean,
  $arg2 as xs:boolean**)** as xs:boolean

fn:ceiling(
  $arg as numeric?**)** as numeric?

fn:codepoints-to-string(
  $arg as xs:integer***)** as xs:string

fn:collection(
  $arg as xs:string?**)** as node()*

fn:compare(
  $comparand1 as xs:string?,
  $comparand2 as xs:string?[,
  $collation as xs:string]**)** as xs:integer?

fn:concat(
  $arg1 as xs:string?,
  $arg2 as xs:string?,
  ...**)** as xs:string

op:concatenate(
  $seq1 as item()*,
  $seq2 as item()***)** as item()*

fn:contains(
  $arg1 as xs:string?,
  $arg2 as xs:string?[,
  $collation as xs:string]**)** as xs:boolean

fn:count(
  $arg as item()***)** as xs:integer

fn:current-date() as xs:date

fn:current-dateTime() as xs:dateTime

fn:current-time() as xs:time

fn:data(
  $arg as item()***)** as xdt:anyAtomicType*

op:date-equal(
  $arg1 as xs:date,
  $arg2 as xs:date**)** as xs:boolean

op:date-greater-than(
  $arg1 as xs:date,
  $arg2 as xs:date**)** as xs:boolean

```
op:date-less-than(
  $arg1 as xs:date,
  $arg2 as xs:date) as xs:boolean
op:dateTime-equal(
  $arg1 as xs:dateTime,
  $arg2 as xs:dateTime) as xs:boolean
op:dateTime-greater-than(
  $arg1 as xs:dateTime,
  $arg2 as xs:dateTime) as xs:boolean
op:dateTime-less-than(
  $arg1 as xs:dateTime,
  $arg2 as xs:dateTime) as xs:boolean
op:dayTimeDuration-equal(
  $arg1 as xdt:dayTimeDuration,
  $arg2 as xdt:dayTimeDuration) as xs:boolean
op:dayTimeDuration-greater-than(
  $arg1 as xdt:dayTimeDuration,
  $arg2 as xdt:dayTimeDuration) as xs:boolean
op:dayTimeDuration-less-than(
  $arg1 as xdt:dayTimeDuration,
  $arg2 as xdt:dayTimeDuration) as xs:boolean
fn:deep-equal(
  $parameter1 as item()*,
  $parameter2 as item()*[,
  $collation as string]) as xs:boolean
fn:default-collation() as xs:string
fn:distinct-values(
  $arg as xdt:anyAtomicType*[,
  $collation as xs:string]) as xdt:anyAtomicType*
op:divide-dayTimeDuration(
  $arg1 as xdt:dayTimeDuration,
  $arg2 as xs:double) as xdt:dayTimeDuration
op:divide-yearMonthDuration(
  $arg1 as xdt:yearMonthDuration,
  $arg2 as xs:double) as xdt:yearMonthDuration
fn:doc(
  $uri as xs:string?) as document?
fn:document-uri(
  $arg as node()?) as xs:string?
fn:empty(
  $arg as item()*) as xs:boolean
fn:ends-with(
  $arg1 as xs:string?,
  $arg2 as xs:string?[,
  $collation as xs:string]) as xs:boolean
fn:error([
  $arg as item()?]) as none
fn:escape-uri(
  $uri-part as xs:string?,
  $escape-reserved as xs:boolean) as xs:string
fn:exactly-one(
  $arg as item()*) as item()
op:except(
  $parameter1 as node()*,
  $parameter2 as node()*) as node()*
```

```
fn:exists(
  $arg as item()*) as xs:boolean
fn:expanded-QName(
  $paramURI as xs:string?,
  $paramLocal as xs:string) as xs:QName
fn:false() as xs:boolean
fn:floor(
  $arg as numeric?) as numeric?
op:gDay-equal(
  $arg1 as xs:gDay,
  $arg2 as xs:gDay) as xs:boolean
fn:get-day-from-date(
  $arg as xs:date?) as xs:integer?
fn:get-day-from-dateTime(
  $arg as xs:dateTime?) as xs:integer?
fn:get-days-from-dayTimeDuration(
  $arg as xdt:dayTimeDuration?) as xs:integer?
fn:get-hours-from-dateTime(
  $arg as xs:dateTime?) as xs:integer?
fn:get-hours-from-dayTimeDuration(
  $arg as xdt:dayTimeDuration?) as xs:integer?
fn:get-hours-from-time(
  $arg as xs:time?) as xs:integer?
fn:get-in-scope-prefixes(
  $element as element) as xs:string*
fn:get-local-name-from-QName(
  $arg as xs:QName?) as xs:string?
fn:get-minutes-from-dateTime(
  $arg as xs:dateTime?) as xs:integer?
fn:get-minutes-from-dayTimeDuration(
  $arg as xdt:dayTimeDuration?) as xs:integer?
fn:get-minutes-from-time(
  $arg as xs:time?) as xs:integer?
fn:get-month-from-date(
  $arg as xs:date?) as xs:integer?
fn:get-month-from-dateTime(
  $arg as xs:dateTime?) as xs:integer?
fn:get-months-from-yearMonthDuration(
  $arg as xdt:yearMonthDuration?) as xs:integer?
fn:get-namespace-uri-for-prefix(
  $prefix as xs:string,
  $element as element) as xs:string?
fn:get-namespace-uri-from-QName(
  $arg as xs:QName?) as xs:string?
fn:get-seconds-from-dateTime(
  $arg as xs:dateTime?) as xs:decimal?
fn:get-seconds-from-dayTimeDuration(
  $arg as xdt:dayTimeDuration?) as xs:decimal?
fn:get-seconds-from-time(
  $arg as xs:time?) as xs:decimal?
fn:get-timezone-from-date(
  $arg as xs:date?) as xdt:dayTimeDuration?
fn:get-timezone-from-dateTime(
  $arg as xs:dateTime?) as xdt:dayTimeDuration?
```

```
fn:get-timezone-from-time(
   $arg as xs:time?) as xdt:dayTimeDuration?
fn:get-year-from-date(
   $arg as xs:date?) as xs:integer?
fn:get-year-from-dateTime(
   $arg as xs:dateTime?) as xs:integer?
fn:get-years-from-yearMonthDuration(
   $arg as xdt:yearMonthDuration?) as xs:integer?
op:gMonth-equal(
   $arg1 as xs:gMonth,
   $arg2 as xs:gMonth) as xs:boolean
op:gMonthDay-equal(
   $arg1 as xs:gMonthDay,
   $arg2 as xs:gMonthDay) as xs:boolean
op:gYear-equal(
   $arg1 as xs:gYear,
   $arg2 as xs:gYear) as xs:boolean
op:gYearMonth-equal(
   $arg1 as xs:gYearMonth,
   $arg2 as xs:gYearMonth) as xs:boolean
op:hexBinary-equal(
   $value1 as xs:hexBinary,
   $value2 as xs:hexBinary) as xs:boolean
fn:id(
   $arg as xs:string*) as element()*
fn:idref(
   $arg as xs:string*) as node()*
fn:implicit-timezone() as xdt:dayTimeDuration?
fn:index-of(
   $seqParam as xdt:anyAtomicType*,
   $srchParam as xdt:anyAtomicType[,
   $collation as xs:string]) as xs:integer*
fn:insert-before(
   $target as item()*,
   $position as xs:integer,
   $inserts as item()*) as item()*
op:intersect(
   $parameter1 as node()*,
   $parameter2 as node()*) as node()*
op:is-same-node(
   $parameter1 as node(),
   $parameter2 as node()) as xs:boolean
fn:lang(
   $testlang as xs:string?) as xs:boolean
fn:last() as xs:integer
fn:local-name([
   $arg as node()?]) as xs:string
fn:lower-case(
   $arg as xs:string?) as xs:string
fn:matches(
   $input as xs:string?,
   $pattern as xs:string[,
   $flags as xs:string]) as xs:boolean
fn:max(
   $arg as xdt:anyAtomicType*[,
   $collation as string]) as xdt:anyAtomicType?
```

fn:min(
  $arg as xdt:anyAtomicType*[,
  $collation as string]**)** as xdt:anyAtomicType?

op:multiply-dayTimeDuration(
  $arg1 as xdt:dayTimeDuration,
  $arg2 as xs:double**)** as xdt:dayTimeDuration

op:multiply-yearMonthDuration(
  $arg1 as xdt:yearMonthDuration,
  $arg2 as xs:double**)** as xdt:yearMonthDuration

fn:name([
  $arg as node()?]**)** as xs:string

fn:namespace-uri([
  $arg as node()?]**)** as xs:string

op:node-after(
  $parameter1 as node(),
  $parameter2 as node()**)** as xs:boolean

op:node-before(
  $parameter1 as node(),
  $parameter2 as node()**)** as xs:boolean

fn:node-name(
  $arg as node()?**)** as xs:QName?

fn:normalize-space([
  $arg as xs:string?]**)** as xs:string

fn:normalize-unicode(
  $arg as xs:string?[,
  $normalizationForm as xs:string]**)** as xs:string

fn:not(
  $arg as item()***)** as xs:boolean

op:NOTATION-equal(
  $arg1 as xs:NOTATION, $arg2 as xs:NOTATION**)** as xs:boolean

fn:number([
  $arg as item()?]**)** as xs:double

op:numeric-add(
  $arg1 as numeric,
  $arg2 as numeric**)** as numeric

op:numeric-divide(
  $arg1 as numeric,
  $arg2 as numeric**)** as numeric

op:numeric-equal(
  $arg1 as numeric,
  $arg2 as numeric**)** as xs:boolean

op:numeric-greater-than(
  $arg1 as numeric,
  $arg2 as numeric**)** as xs:boolean

op:numeric-integer-divide(
  $arg1 as xs:integer,
  $arg2 as xs:integer**)** as xs:integer

op:numeric-less-than(
  $arg1 as numeric,
  $arg2 as numeric**)** as xs:boolean

op:numeric-mod(
  $arg1 as numeric,
  $arg2 as numeric**)** as numeric

op:numeric-multiply(
  $arg1 as numeric,
  $arg2 as numeric**)** as numeric

```
op:numeric-subtract(
    $arg1 as numeric,
    $arg2 as numeric) as numeric
op:numeric-unary-minus(
    $arg as numeric) as numeric
op:numeric-unary-plus(
    $arg as numeric) as numeric
fn:one-or-more(
    $arg as item()*) as item()+
fn:position() as xs:integer
op:QName-equal(
    $arg1 as xs:QName,
    $arg2 as xs:QName) as xs:boolean
fn:remove(
    $target as item()*,
    $position as xs:integer) as item()*
fn:replace(
    $input as xs:string?,
    $pattern as xs:string,
    $replacement as xs:string[,
    $flags as xs:string]) as xs:string
fn:resolve-QName(
    $qname as xs:string?,
    $element as element()?) as xs:QName?
fn:resolve-uri(
    $relative as xs:string?[,
    $base as xs:string]) as xs:string?
fn:reverse(
    $arg as item()*) as item()*
fn:root([
    $arg as node()?]) as node()?
fn:round(
    $arg as numeric?) as numeric?
fn:round-half-to-even(
    $arg as numeric?[,
    $precision as xs:integer]) as numeric?
fn:starts-with(
    $arg1 as xs:string?,
    $arg2 as xs:string?[,
    $collation as xs:string]) as xs:boolean
fn:string([
    $arg as item()?]) as xs:string
fn:string-join(
    $arg1 as xs:string*,
    $arg2 as xs:string) as xs:string
fn:string-length([
    $arg as xs:string]) as xs:integer
fn:string-to-codepoints(
    $arg as xs:string?) as xs:integer*
fn:subsequence(
    $sourceSeq as item()*,
    $startingLoc as xs:double[,
    $length as xs:double]) as item()*
fn:substring(
    $sourceString as xs:string?,
```

```
          $startingLoc as xs:double[,
          $length as xs:double]) as xs:string
fn:substring-after(
          $arg1 as xs:string?,
          $arg2 as xs:string?[,
          $collation as xs:string]) as xs:string
fn:substring-before(
          $arg1 as xs:string?,
          $arg2 as xs:string?[,
          $collation as xs:string]) as xs:string
op:subtract-dates(
          $arg1 as xs:date?,
          $arg2 as xs:date?) as xdt:dayTimeDuration?
fn:subtract-dateTimes-yielding-dayTimeDuration(
          $arg1 as xs:dateTime?,
          $arg2 as xs:dateTime?) as xdt:dayTimeDuration?
fn:subtract-dateTimes-yielding-yearMonthDuration(
          $arg1 as xs:dateTime?,
          $arg2 as xs:dateTime?) as xdt:yearMonthDuration?
op:subtract-dayTimeDuration-from-date(
          $arg1 as xs:date,
          $arg2 as xdt:dayTimeDuration) as xs:date
op:subtract-dayTimeDuration-from-dateTime(
          $arg1 as xs:dateTime,
          $arg2 as xdt:dayTimeDuration) as xs:dateTime
op:subtract-dayTimeDuration-from-time(
          $arg1 as xs:time,
          $arg2 as xdt:dayTimeDuration) as xs:time
op:subtract-dayTimeDurations(
          $arg1 as xdt:dayTimeDuration,
          $arg2 as xdt:dayTimeDuration) as xdt:dayTimeDuration
op:subtract-times(
          $arg1 as xs:time?,
          $arg2 as xs:time?) as xdt:dayTimeDuration?
op:subtract-yearMonthDuration-from-date(
          $arg1 as xs:date,
          $arg2 as xdt:yearMonthDuration) as xs:date
op:subtract-yearMonthDuration-from-dateTime(
          $arg1 as xs:dateTime,
          $arg2 as xdt:yearMonthDuration) as xs:dateTime
op:subtract-yearMonthDurations(
          $arg1 as xdt:yearMonthDuration,
          $arg2 as xdt:yearMonthDuration) as xdt:yearMonthDuration
fn:sum(
          $arg as xdt:anyAtomicType*[,
          $zero as xdt:anyAtomicType?]) as xdt:anyAtomicType?
op:time-equal(
          $arg1 as xs:time,
          $arg2 as xs:time) as xs:boolean
op:time-greater-than(
          $arg1 as xs:time,
          $arg2 as xs:time) as xs:boolean
op:time-less-than(
          $arg1 as xs:time,
          $arg2 as xs:time) as xs:boolean
```

```
op:to(
  $firstval as xs:integer,
  $lastval as xs:integer) as xs:integer*
```

```
fn:tokenize(
  $input as xs:string?,
  $pattern as xs:string[,
  $flags as xs:string]) as xs:string+
```

```
fn:trace(
  $value as item()*,
  $label as xs:string) as item()*
```

```
fn:translate(
  $arg as xs:string?,
  $mapString as xs:string,
  $transString as xs:string) as xs:string
```

```
fn:true() as xs:boolean
```

```
op:union(
  $parameter1 as node()*,
  $parameter2 as node()*) as node()*
```

```
fn:unordered(
  $sourceSeq as item()*) as item()*
```

```
fn:upper-case(
  $arg as xs:string?) as xs:string
```

```
op:yearMonthDuration-equal(
  $arg1 as xdt:yearMonthDuration,
  $arg2 as xdt:yearMonthDuration) as xs:boolean
```

```
op:yearMonthDuration-greater-than(
  $arg1 as xdt:yearMonthDuration,
  $arg2 as xdt:yearMonthDuration) as xs:boolean
```

```
op:yearMonthDuration-less-than(
  $arg1 as xdt:yearMonthDuration,
  $arg2 as xdt:yearMonthDuration) as xs:boolean
```

```
fn:zero-or-one(
  $arg as item()*) as item()?
```

Anhang C: Konstruktorfunktionen

Die folgenden Konstruktorfunktionen für eingebaute Datentypen sind in XQuery verfügbar. Dabei ist zu beachten, dass die Semantik der Konstruktorfunktionen mit den entsprechenden cast as-Ausdrücken identisch sind, d. h., xs:TYP(xdt:anyAtomicType) korrespondiert zu dem Ausdruck cast as xs:TYP(xdt:anyAtomicType).

```
xs:string(
    $arg as xdt:anyAtomicType) as xs:string
xs:boolean(
    $arg as xdt:anyAtomicType) as xs:boolean
xs:decimal(
    $arg as xdt:anyAtomicType) as xs:decimal
xs:float(
    $arg as xdt:anyAtomicType) as xs:float
xs:double(
    $arg as xdt:anyAtomicType) as xs:double
xs:duration(
    $arg as xdt:anyAtomicType) as xs:duration
xs:dateTime(
    $arg as xdt:anyAtomicType) as (xs:dateTime, xdt:dayTimeDuration)
xs:time(
    $arg as xdt:anyAtomicType) as (xs:time, xdt:dayTimeDuration)
xs:date(
    $arg as xdt:anyAtomicType) as (xs:date, xdt:dayTimeDuration)
xs:gYearMonth(
    $arg as xdt:anyAtomicType) as xs:gYearMonth
xs:gYear(
    $arg as xdt:anyAtomicType) as xs:gYear
xs:gMonthDay(
    $arg as xdt:anyAtomicType) as xs:gMonthDay
xs:gDay(
    $arg as xdt:anyAtomicType) as xs:gDay
xs:gMonth(
    $arg as xdt:anyAtomicType) as xs:gMonth
xs:hexBinary(
    $arg as xdt:anyAtomicType) as xs:hexBinary
xs:base64Binary(
    $arg as xdt:anyAtomicType) as xs:base64Binary
```

```
xs:anyURI(
   $arg as xdt:anyAtomicType) as xs:anyURI
xs:QName(
   $arg as xdt:anyAtomicType) as xs:QName
xs:normalizedString(
   $arg as xdt:anyAtomicType) as xs:normalizedString
xs:token(
   $arg as xdt:anyAtomicType) as xs:token
xs:language(
   $arg as xdt:anyAtomicType) as xs:language
xs:NMTOKEN(
   $arg as xdt:anyAtomicType) as xs:NMTOKEN
xs:Name(
   $arg as xdt:anyAtomicType) as xs:Name
xs:NCName(
   $arg as xdt:anyAtomicType) as xs:NCName
xs:ID
   $arg as xdt:anyAtomicType) as xs:ID
xs:IDREF(
   $arg as xdt:anyAtomicType) as xs:IDREF
xs:ENTITY(
   $arg as xdt:anyAtomicType) as xs:ENTITY
xs:integer(
   $arg as xdt:anyAtomicType) as xs:integer
xs:nonPositiveInteger(
   $arg as xdt:anyAtomicType) as xs:nonPositiveInteger
xs:negativeInteger(
   $arg as xdt:anyAtomicType) as xs:negativeInteger
xs:long(
   $arg as xdt:anyAtomicType) as xs:long
xs:int(
   $arg as xdt:anyAtomicType) as xs:int
xs:short(
   $arg as xdt:anyAtomicType) as xs:short
xs:byte(
   $arg as xdt:anyAtomicType) as xs:byte
xs:nonNegativeInteger(
   $arg as xdt:anyAtomicType) as xs:nonNegativeInteger
xs:unsignedLong(
   $arg as xdt:anyAtomicType) as xs:unsignedLong
xs:unsignedInt(
   $arg as xdt:anyAtomicType) as xs:unsignedInt
xs:unsignedShort(
   $arg as xdt:anyAtomicType) as xs:unsignedShort
xs:unsignedByte(
   $arg as xdt:anyAtomicType) as xs:unsignedByte
xs:positiveInteger(
   $arg as xdt:anyAtomicType) as xs:positiveInteger
xdt:yearMonthDuration(
   $arg as xdt:anyAtomicType) as xdt:yearMonthDuration
xdt:dayTimeDuration(
   $arg as xdt:anyAtomicType) as xdt:dayTimeDuration
xdt:untypedAtomic(
   $arg as xdt:anyAtomicType) as xdt:untypedAtomic
```

Anhang D: Sonderzeichen für reguläre Ausdrücke

Die folgende Tabelle enthält eine Übersicht über die wichtigsten Spezialsymbole für reguläre Ausdrücke. Für Details zum Aufbau von regulären Ausdrücken im Allgemeinen sei an dieser Stelle auf [Frie02] verwiesen. Für die Grammatik im Kontext von XQuery sei auf [W3C-14] verwiesen.

Zeichen	Beschreibung
\	markiert das folgende Zeichen als Spezialsymbol
^	Beginn einer Textzeile
$	Ende einer Textzeile
*	kein- oder mehrmaliges Auftreten des vorangegangenen Zeichens oder Ausdrucks
+	ein- oder mehrmaliges Auftreten des vorangegangenen Zeichens oder Ausdrucks
?	kein- oder einmaliges Auftreten des vorangegangenen Zeichens oder Ausdrucks
{n}	exakt n-maliges Auftreten des vorangegangenen Zeichens oder Ausdrucks
{n, }	mindestens n-maliges Auftreten des vorangegangenen Zeichens oder Ausdrucks
{n, m}	n- bis m-maliges Auftreten des vorangegangenen Zeichens oder Ausdrucks
?	auf ein *, +, ?, {n}, {n, }, {n, m} signalisiert, dass so wenig wie möglich erkannt werden soll (Erkennung des minimalen Teilstrings)
.	ein beliebiges Zeichen (außer Zeilenende)
(Muster)	markiert ein Muster zur späteren Referenz mit \num (z. B. \1)
a | b	entweder a oder b
[abc]	eines der angegebenen Zeichen
[^abc]	keines der angegebenen Zeichen

Zeichen	Beschreibung
[a-z]	ein Zeichen aus dem angegebenen Bereich (hier a-z)
[^a-z]	kein Zeichen aus dem angegebenen Bereich (hier a-z)
\b	Wortgrenze, zwischen einem Wort und einem Leerzeichen
\B	keine Wortgrenze
\cx	Kontrollzeichen x
\d	ein Zeichen für eine Ziffer
\D	ein Zeichen außer einer Ziffer (Komplement zu \d)
\f	Zeichen für Wagenrücklauf
\n	Zeichen für neue Zeile
\r	Zeilenwechsel (carriage return)
\s	ein beliebiges Leerraumzeichen
\S	ein beliebiges Zeichen außer Leerraumzeichen (Komplement zu \s)
\t	ein Tabulatorzeichen
\v	ein Zeichen für einen vertikalen Tabulator
\w	ein Zeichen für ein Wort einschließlich »_«
\W	ein Zeichen außerhalb eines Wortes (Komplement zu \w)
\xn	hexadezimales Zeichen mit n als ganzzahligem Wert (z. B. \x20)
\num	Referenz des num-ten zuvor erkannten Musters
\un	Unicode-Zeichen mit n als vierstelliger Hexadezimalzahl

Anhang E: Konvertierungsmatrix

Die Tabelle auf der nächsten Seite zeigt die Möglichkeiten einer Konvertierung von Ausprägungen zwischen zwei primitiven Datentypen an. Die Zeileneinträge repräsentieren dabei den jeweiligen Ausgangsdatentyp, die Spalten den Zieldatentyp. Die Einträge in der Konvertierungsmatrix sind wie folgt zu interpretieren:

- +: Konvertierung ist möglich.
- -: Konvertierung ist nicht möglich.
- o: Konvertierung ist möglich in Abhängigkeit vom aktuellen Kontext.

Zur besseren Darstellung werden in der nachfolgenden Tabelle Abkürzungen verwendet, die folgenden Datentypen repräsentieren:

Kürzel	Datentyp	Kürzel	Datentyp
uA	xdt:untypedAtomic	str	xs:string
flt	xs:float	dbl	xs:double
dec	xs:decimal	dur	xs:duration
gMD	xs.gMonthDay	dTD	xs:dayTimeDuration
dT	xs:dateTime	tim	xs:time
dat	xs:date	gYM	xs:gYearMonth
gYr	xs:gYear	yMD	xs:yearMonthDuration
gDay	xs:gDay	gMon	xs:gMonth
bool	xs:boolean	b64	xs:base64Binary
hxB	xs:hexBinary	aURI	xs:anyURI
QN	xs:QName	NOT	xs:NOTATION

	uA	str	flt	dbl	dec	dur	yMD	dTD	dT	tim	dat	gYM	gYr	gMD	gDay	gMon	bool	b64	hxB	aURI	QN	NOT
uA	+	+	o	o	o	o	o	o	o	o	o	o	o	o	o	o	o	o	o	o	o	-
str	+	+	o	o	o	o	o	o	o	o	o	o	o	o	o	o	o	o	o	o	o	-
flt	+	+	+	+	o	-	-	-	-	-	-	-	-	-	-	-	-	+	-	-	-	-
dbl	+	+	+	+	o	-	-	-	-	-	-	-	-	-	-	-	-	+	-	-	-	-
dec	+	+	+	+	+	-	-	-	-	-	-	-	-	-	-	-	-	+	-	-	-	-
dur	+	+	-	-	-	+	+	+	-	-	-	-	-	-	-	-	-	-	-	-	-	-
yMD	+	+	-	-	-	+	+	-	-	-	-	-	-	-	-	-	-	-	-	-	-	-
dTD	+	+	-	-	-	+	-	+	-	-	-	-	-	-	-	-	-	-	-	-	-	-
dT	+	+	-	-	-	-	-	-	+	+	+	+	+	+	+	+	-	-	-	-	-	-
tim	+	+	-	-	-	-	-	-	+	+	-	-	-	-	-	-	-	-	-	-	-	-
dat	+	+	-	-	-	-	-	-	+	-	+	+	+	+	+	+	-	-	-	-	-	-
gYM	+	+	-	-	-	-	-	-	-	-	-	+	-	-	-	-	-	-	-	-	-	-
gYr	+	+	-	-	-	-	-	-	-	-	-	-	+	-	-	-	-	-	-	-	-	-
gMD	+	+	-	-	-	-	-	-	-	-	-	-	-	+	-	-	-	-	-	-	-	-
gDay	+	+	-	-	-	-	-	-	-	-	-	-	-	-	+	-	-	-	-	-	-	-
gMon	+	+	-	-	-	-	-	-	-	-	-	-	-	-	-	+	-	-	-	-	-	-
bool	+	+	+	+	+	-	-	-	-	-	-	-	-	-	-	-	+	-	-	-	-	-
b64	+	+	-	-	-	-	-	-	-	-	-	-	-	-	-	-	-	+	+	-	-	-
hxB	+	+	-	-	-	-	-	-	-	-	-	-	-	-	-	-	-	+	+	-	-	-
aURI	+	+	-	-	-	-	-	-	-	-	-	-	-	-	-	-	-	-	-	+	-	-
QN	-	-	-	-	-	-	-	-	-	-	-	-	-	-	-	-	-	-	-	-	+	-
NOT	+	+	-	-	-	-	-	-	-	-	-	-	-	-	-	-	-	-	-	-	-	+

Literaturverzeichnis

Allgemeine Literaturreferenzen

AQM+97 Abiteboul, S.; Quass, D.; McHugh, J.; Widom, J.; Wiener, J. L.: *The Lorel Query Language for Semistructured Data*. In: International Journal on Digital Libraries, 1(1), 1997.
Elektronisch verfügbar unter: http://www-db.stanford.edu/~widom/pubs.html

BaRi99 Baeza-Yates, R.; Ribeiro-Neto, B.: *Modern Information Retrieval*. Addison-Wesley, 1999.

CaAt96 Cattell, R.; Atwood, T. (Hrsg.): *The Object Database Standard: ODMG-93, Release 1.2*. Morgan Kaufmann Publishers, San Francisco, 1996.

ChRF00 Chamberlin, D.; Robie, J.; Florescu, D.: *Quilt: an XML Query Language for Heterogeneous Data Sources*. In: Lecture Notes in Computer Science, Springer-Verlag, 2000.
Elektronisch verfügbar unter:
  http://www.almaden.ibm.com/cs/people/chamberlin/quilt_lncs.pdf

ClJS99 Cluet, S.; Jacqmin, S.; Simeon, J.: *The New YATL: Design and Specifications*. Technical Report, INRIA, 1999.

CoMa98 Cotton, P.; Malhotra, A.: *Candidate Requirements for XML Query*. In: Proceedings of the Query Languages 98 (QL'98), 1998.
Elektronisch verfügbar unter: http://www.w3.org/TandS/QL/QL98/pp/queryreq.html

DFF+98 Deutsch, A; Fernandez, M.; Florescu, D.; Levy, A.; Suciu, D.: *XML-QL: A Query Language for XML*. Submission to the World Wide Web Consortium 19-August-1998.
Elektronisch verfügbar unter: http://www.w3.org/TR/NOTE-xml-ql

FeSW99 Fernandez, M.; Simeon, J.; Wadler, P.: *XML Query Languages: Experiences and Exemplars*. W3C Technical Report, 1999.
Elektronisch verfügbar unter: http://www.w3.org/1999/09/ql/docs/xquery.html

Frie02 Friedl, J. E. F.: *Mastering Regular Expressions*. 2. Auflage, O'Reilly Verlag, 2002.

FuGr01 Fuhr, N.; Grossjohann, K.: *XIRQL: An Extension of XQL for Information Retrieval*. In: Proceedings of SIGIR Workshop on XML and Information Retrieval, 2001.

HaTK00 Hayashi, Y.; Tomita, J.; Kikui, G.: *Searching Text-Rich XML Documents with Relevance Ranking*. In: Proceedings of SIGIR Workshop on XML and Information Retrieval, 2000.

Jeck03   Jeckle, M.: *Vorlesung Extensible Markup Language*, unveröffentlichtes Manuskript, 2004.
Elektronisch verfügbar unter: `http://www.jeckle.de/vorlesung/xml/script.html`

Katz04   Katz, H. (Hrsg.): *XQuery from the Experts*. Addison-Wesley, Reading, 2004.

KlMe03   Klettke, M.; Meyer, H.: *XML & Datenbanken: Konzepte, Sprachen und Systeme*. dpunkt.verlag, Heidelberg, 2003.

Leht01   Lehti, P.: *Design and Implementation of a Data Manipulation Processor for an XML Query Language*. Diplomarbeit, Technische Universität Darmstadt, 2001.
Elektronisch verfügbar unter: `http://www.lehti.de/beruf/diplomarbeit.pdf`

Maie98   Maier, D.: *Database Desiderata for an XML Query Language*. In: Proceedings of the Query Languages 98 (QL'98), 1998.
Elektronisch verfügbar unter: `http://www.w3.org/TandS/QL/QL98/pp/maier.html`

MBC+04   McGovern, J.; Bothner, P.; Cagle, K.; Linn, J.; Nagarajan, V.: *XQuery Kick Start*. Sams Publishing, Indianapolis, 2004.

MJK+98   Myaeng, S.; Jang, D.-H.; Kim, V; Zhoo, Z.-C.: *A Flexible Model for Retrieval of SGML Documents*. In: Proceedings of SIGIR Workshop on XML and Information Retrieval, 1998.

Robi99   Robie, J. (Hrsg.): *XQL (XML Query Language)*, 1999.
Elektronisch verfügbar unter:
`http://www.ibiblio.org/xql/xql-proposal.html`

Schl01   Schlieder, T.: *Similarity Search in XML Data Using Cost-Based Query Transformations*. In: Proceedings of SIGMOD WebDB Workshop, 2001.
Elektronisch verfügbar unter:
`http://www.inf.fu-berlin.de/inst/ag-db/publications/2001/webdb2001.pdf`

Schö03   Schöning, H.: *XML und Datenbanken*. Carl Hanser Verlag, München, 2003.

ThWe00   Theobald, A.; Weikum, G.: *Adding Relevance to XML*. In: Proceedings of SIGMOD WebDB Workshop, 2000.

Türk03   Türker, C.: *SQL:1999 & SQL:2003*. dpunkt.verlag, Heidelberg, 2003.

Zieg03   Ziegler, C.: *Nach Daten fischen: Anfragesprache für XML*. In: iX Magazin 3/2003.

Standards und Empfehlungen des W3C

W3C-1   World Wide Web Consortium: *Character Model for the World Wide Web*. W3C Working Draft.
Elektronisch verfügbar unter: `http://www.w3.org/TR/charmod/`

W3C-2   World Wide Web Consortium: *Document Object Model (DOM), Level 2 Specification*. W3C Candidate Recommendation.
Elektronisch verfügbar unter: `http://www.w3.org/TR/1999/CR-DOM-Level-2-19991210/`

W3C-3   World Wide Web Consortium: *Extensible Markup Language (XML), Version 1.0, Second Edition*. W3C Recommendation.
Elektronisch verfügbar unter: `http://www.w3.org/TR/2000/REC-xml-20001006`

W3C-4   World Wide Web Consortium: *Namespaces in XML*. W3C Recommendation.
Elektronisch verfügbar unter: `http://www.w3.org/TR/REC-xml-names/`

W3C-5   World Wide Web Consortium: *XML Information Set*. W3C Recommendation, 24 October 2001.
Elektronisch verfügbar unter: `http://www.w3.org/TR/xml-infoset/`

W3C-6   World Wide Web Consortium: *XML Linking Language (XLink) Version 1.0*. W3C Recommendation, 27 June 2001.
Elektronisch verfügbar unter: `http://www.w3.org/TR/xlink/`

W3C-7   World Wide Web Consortium: *XML Path Language (XPath) Version 1.0*. W3C
         Recommendation, 16 November, 1999.
         Elektronisch verfügbar unter: `http://www.w3.org/TR/xpath.html`

W3C-8   World Wide Web Consortium: *XML Path Language (XPath) Version 2.0*. W3C
         Working Draft, 2 May 2003.
         Elektronisch verfügbar unter: `http://www.w3.org/TR/xpath20/`

W3C-9   World Wide Web Consortium: *XML Pointer Language (XPointer)*. W3C Last Call
         Working Draft, 8 January 2001.
         Elektronisch verfügbar unter: `http://www.w3.org/TR/WD-xptr`

W3C-10   World Wide Web Consortium: *XML Query 1.0 Requirements*. W3C Working
         Draft, 15 Feb 2001.
         Elektronisch verfügbar unter: `http://www.w3.org/TR/xmlquery-req`

W3C-11   World Wide Web Consortium: *XML Query Data Model*. Working Draft, Feb 2001.
         Elektronisch verfügbar unter: `http://www.w3.org/TR/2001/WD-query-datamodel-20010215/`

W3C-12   World Wide Web Consortium: *XML Query Use Cases*. W3C Working Draft, 2 May
         2003.
         Elektronisch verfügbar unter: `http://www.w3.org/TR/xmlquery-use-cases/`

W3C-13   World Wide Web Consortium: *XML Schema Part 1: Structures*.
         Elektronisch verfügbar unter: `http://www.w3.org/TR/xmlschema-1/`

W3C-14   World Wide Web Consortium: *XML Schema Part 2: Datatypes*.
         Elektronisch verfügbar unter: `http://www.w3.org/TR/xmlschema-2/`

W3C-15   World Wide Web Consortium: *XPath Requirements Version 2.0*.
         Elektronisch verfügbar unter: `http://www.w3.org/TR/xpath20req`

W3C-16   World Wide Web Consortium: *XQuery 1.0 and XPath 2.0 Data Model*.
         Elektronisch verfügbar unter: `http://www.w3.org/TR/query-datamodel/`

W3C-17   World Wide Web Consortium: *XQuery 1.0 and XPath 2.0 Formal Semantics*.
         Elektronisch verfügbar unter: `http://www.w3.org/TR/query-semantics/`

W3C-18   World Wide Web Consortium: *XQuery 1.0 and XPath 2.0 Functions and
         Operators*. W3C Working Draft.
         Elektronisch verfügbar unter: `http://www.w3.org/TR/xquery-operators/`

W3C-19   World Wide Web Consortium: *XQuery 1.0: An XML Query Language*. W3C
         Working Draft.
         Elektronisch verfügbar unter: `http://www.w3.org/TR/xquery/`

W3C-20   World Wide Web Consortium: *XQueryX, Version 1.0*. W3C Working Draft, 7 June
         2001.
         Elektronisch verfügbar unter: `http://www.w3.org/TR/xqueryx`

W3C-21   World Wide Web Consortium: *XSL Transformations (XSLT) 1.0*. W3C
         Recommendation.
         Elektronisch verfügbar unter: `http://www.w3.org/TR/xslt`

W3C-22   World Wide Web Consortium: *XSL Transformations (XSLT) 2.0*. W3C Working
         Draft.
         Elektronisch verfügbar unter: `http://www.w3.org/TR/xslt20/`

W3C-23   World Wide Web Consortium: *XSLT 2.0 and XQuery 1.0 Serialization*. W3C
         Working Draft, 2 May 2003.
         Elektronisch verfügbar unter: `http://www.w3.org/TR/xslt-xquery-serialization/`

Weitere Standards bzw. Empfehlungen

ANSI X3.64 *ANSI X3.64-1979: Additional Controls for Use with the American National Standard Code for Information Interchange.* American National Standards Institute, 1979.

IEEE754 *IEEE754-1985: IEEE Standard for Binary Floating-Point Arithmetic.* Institute of Electrical and Electronics Engineers, Inc., 1985.
Elektronisch verfügbar unter: `http://standards.ieee.org/reading/ieee/`
`std_public/description/busarch/754-1985_desc.html`

ISO10646 *ISO/IEC 10646-1:2000: Information technology – Universal Multiple-Octet Coded Character Set (UCS) – Part 1: Architecture and Basic Multilingual Plane.* ISO (International Organization for Standardization), 2000.
Elektronisch verfügbar unter: `http://www.iso.ch/`

ISO10967 *ISO/IEC 10967-1:1994: Information technology – Language Independent Arithmetic – Part 1: Integer and floating point arithmetic.* ISO (International Organization for Standardization), 1994.
Elektronisch verfügbar unter: `http://www.iso.ch/`

ISO8601 *ISO/IEC 8601:2000: Data elements and interchange formats – Information interchange – Representations of Dates and Times.* ISO (International Organization for Standardization), 2000.
Elektronisch verfügbar unter: `http://www.iso.ch/`

ISO8859 *ISO/IEC 8859-1:1998: Information technology – 8-bit Single-Byte Coded Graphic Character Sets – Part 1: Latin alphabet No. 1.* ISO (International Organization for Standardization), 1998.
Elektronisch verfügbar unter: `http://www.iso.ch/`

ISO8879 *ISO/IEC 8879:1986: Information processing – Text and office systems – Standard Generalized Markup Language (SGML).* ISO (International Organization for Standardization), 1986.
Elektronisch verfügbar unter: `http://www.iso.ch/`

ISO9075 *ISO/IEC 9075-2:1999: Information technology – Database languages – SQL – Part 2: Foundation (SQL/Foundation).* ISO (International Organization for Standardization), 1999.
Elektronisch verfügbar unter: `http://www.iso.ch/`

RFC1766 IETF: *RFC 1766: Tags for the Identification of Languages.*
Elektronisch verfügbar unter: `http://www.ietf.org/rfc/rfc1766.txt`

RFC2396 IETF: *RFC 2396: Uniform Resource Identifiers (URI): Generic Syntax.*
Elektronisch verfügbar unter: `http://www.ietf.org/rfc/rfc2396.txt`

RFC2732 IETF: *RFC 2732: Format for Literal IPv6 Addresses in URL's.*
Elektronisch verfügbar unter: `http://www.ietf.org/rfc/rfc2732.txt`

UCA04 o.V.: *Unicode Collation Algorithm: Technical Standard 10.* Unicode Inc., 2004.
Elektronisch verfügbar unter: `http://www.unicode.org/unicode/reports/tr10/`

UCM04 o.V.: *Unicode Case Mappings: Technical Standard 21.* Unicode Inc., 2004.
Elektronisch verfügbar unter: `http://www.unicode.org/unicode/reports/tr21/`

UCS03 The Unicode Consortium: *The Unicode Standard, Version 4.0.* Addison-Wesley, Reading, 2003.
Elektronisch verfügbar unter: `http://www.unicode.org/versions/Unicode4.0.0`

XQJ2004 *JSR 225 XQuery API for Java^{TM} (XQJ)*, 2004.
Elektronisch verfügbar unter: `http://web1.jcp.org/en/jsr/detail?id=225`

Stichwortverzeichnis